墨學源流

方授楚著

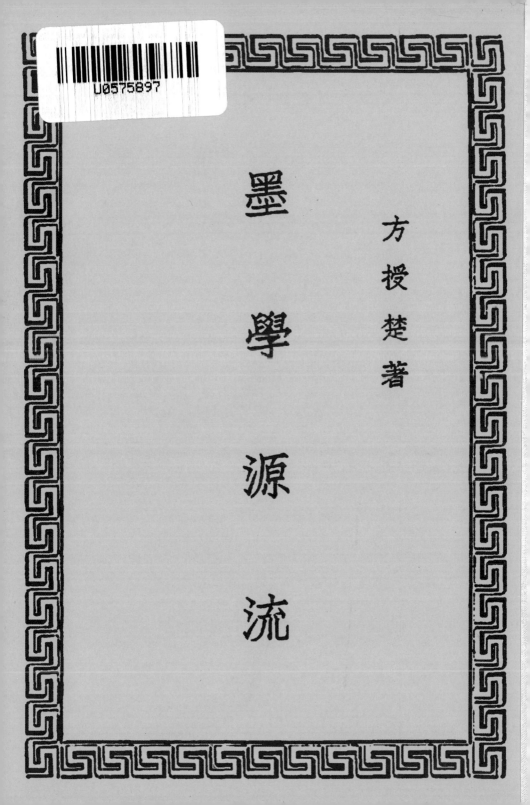

民國滬上初版書·復制版

墨學源流

方授楚 著

上海三聯書店

图书在版编目(CIP)数据

墨学源流 / 方授楚著. ——上海:上海三联书店,2014.3
(民国沪上初版书·复制版)
ISBN 978-7-5426-4566-1
Ⅰ.①墨… Ⅱ.①方… Ⅲ.①墨家—研究 Ⅳ.①B224.5
中国版本图书馆 CIP 数据核字(2014)第 029534 号

墨学源流

著　　者 / 方授楚
责任编辑 / 陈启甸 王倩怡
封面设计 / 清风
策　　划 / 赵炬
执　　行 / 取映文化
加工整理 / 嘎拉 江岩 牵牛 莉娜
监　　制 / 吴昊
责任校对 / 笑然

出版发行 / 上海三联书店
(201199)中国上海市闵行区都市路 4855 号 2 座 10 楼
网　　址 / http://www.sjpc1932.com
邮购电话 / 021-24175971
印刷装订 / 常熟市人民印刷厂

版　　次 / 2014 年 3 月第 1 版
印　　次 / 2014 年 3 月第 1 次印刷
开　　本 / 650×900　1/16
字　　数 / 320 千字
印　　张 / 22.25
书　　号 / ISBN 978-7-5426-4566-1/B·338
定　　价 / 110.00 元

民国沪上初版书·复制版

出版人的话

如今的沪上，也只有上海三联书店还会使人联想起民国时期的沪上出版。因为那时活跃在沪上的新知书店、生活书店和读书出版社，以至后来结合成为的三联书店，始终是中国进步出版的代表。我们有责任将那时沪上的出版做些梳理，使曾经推动和影响了那个时代中国文化的书籍拂尘再现。出版“民国沪上初版书·复制版”，便是其中的实践。

民国的“初版书”或称“初版本”，体现了民国时期中国新文化的兴起与前行的创作倾向，表现了出版者选题的与时俱进。

民国的某一时段出现了春秋战国以后的又一次百家争鸣的盛况，这使得社会的各种思想、思潮、主义、主张、学科、学术等等得以充分地著书立说并传播。那时的许多初版书是中国现代学科和学术的开山之作，乃至今天仍是中国学科和学术发展的基本命题。重温那一时期的初版书，对应现时相关的研究与探讨，真是会有许多联想和启示。再现初版书的意义在于温故而知新。

初版之后的重版、再版、修订版等等，尽管会使作品的内容及形式趋于完善，但却不是原创的初始形态，再受到社会变动施加的某些影响，多少会有别于最初的表达。这也是选定初版书的原因。

民国版的图书大多为纸皮书，精装（洋装）书不多，而且初版的印量不大，一般在两三千册之间，加之那时印制技术和纸张条件的局限，几十年过来，得以留存下来的有不少成为了善本甚或孤本，能保存完好无损的就更稀缺了。因而在编制这套书时，只能依据辗转找到的初版书复制，尽可能保持初版时的面貌。对于原书的破损和字迹不清之处，尽可能加以技术修复，使之达到不影响阅读的效果。还需说明的是，复制出版的效果，必然会受所用底本的情形所限，不易达到现今书籍制作的某些水准。

民国时期初版的各种图书大约十余万种，并且以沪上最为集中。文化的创作与出版是一个不断筛选、淘汰、积累的过程，我们将尽力使那时初版的精品佳作得以重现。

我们将严格依照《著作权法》的规则，妥善处理出版的相关事务。

感谢上海图书馆和版本收藏者提供了珍贵的版本文献，使“民国沪上初版书·复制版”得以与公众见面。

相信民国初版书的复制出版，不仅可以满足社会阅读与研究的需要，还可以使民国初版书的内容与形态得以更持久地留存。

2014 年 1 月 1 日

方授楚著

墨學源流

中華民國二十六年四月

墨學源流

自序

予自弱冠讀章太炎梁任公譚復生（嗣同）諸人著作，見其時時稱道墨義，竊私心好之，而未暇鑽研也。後得曹鏡初墨子箋，於其評論墨家學說，雖所心折，而墨子原文，詮釋甚略，頗難索解。迨讀孫仲容墨子閒詁，見其於奥晦訛奪之文，詳爲校釋，昭若發蒙，最爲快適。其時胡適之中國哲學史及梁氏墨子學案墨經校釋諸書，先後刊布。一時風會所趨，討論墨學，箋釋墨書之作，時見於出版界。倘彙而集之，則其所有，不難充棟梁，汗牛馬也。凡此諸家之作，於墨學皆有所見，有所明，而蔽亦隨之：以墨書爲墨子一人所著，其書又包羅萬有，而備深湛廣博之思；而其人救世捍患，更具堅苦卓絕之行；則視墨子爲全知全能之天帝矣。此一蔽也。不察墨學發生之背景與其演變進步之經過，於其勃興驟衰之理，無所了解，則視墨家如光彩眩目之彗星，乍視而終不復見，儼同神跡矣。此又一蔽也。墨家一宗，自有限界，他派若惠施宋銒公孫龍輩，不復稽其異同，均援之以入墨而張大焉；彷若「驅蛇龍而放之菹」以示墨爲深淵大澤。此又一蔽也。凡此三蔽，皆緣尊墨太過，攷之未審耳。相激相盪，是生二種反響。恐墨奪儒家正宗之席而醜詆之，此一反響也。更有於墨學未能深研，徒從梁胡諸人之著作中，震驚墨家學說之高遠，若河漢而無極，則疑爲戰國時代之中國所萬萬不能產生者，於是漫然曰，墨子非中國人也，禽滑釐非中國人也。雖游移，矛盾，不能自安其說，而終無以祛其所惑。此又一反響也。然則墨書雖復顯於一時，而研究者之態度，或推之使高，或墜之使深，或進加諸膝，或退墜諸淵，其於取眞求信之道，不亦相遠矣乎？此則鄙心所不能自已，而欲有所言議也。

往年在湘，校課之暇，欲爲先秦諸子鉤沉，凡漢書藝文志所著錄諸子之書，其後亡逸者，則於先輩輯佚以外，更加搜採其或漢志所未著錄，在戰國確成一家之學，有言論可以攷見者，如告子公孟子之類，廣爲搜討，粗有撰述，亦未完成。然因此之故，則於諸子流別，及墨家與他宗之關係，路得比較研究之機會矣。民國十七年秋，任敎滬上，友人發刊雜誌，屬爲撰文。適胡寄塵懷琛發表墨子爲印度佛敎徒說，予乃先後草論五篇與之商榷。迨至無錫，敎課有暇，復撰駁墨子非姓墨諸文。胡氏後以自知佛敎徒之說爲未安，乃改爲婆羅門敎徒說，予亦作墨子學辨商兌，繼續討論，惟未發表。此十九年事也。二十四年春，見衛聚賢古史研究第二集中，有其自作墨子爲婆羅門敎徒說及所收墨子爲回敎徒說，乃草墨子果印度或亞剌伯人歟一文，以獻所疑。繼念墨子國籍問題之臆說，所以層出不窮者，其癥結所在，乃墨學源流不明也。暑假既至，爰盡屏他事，而撰墨子之生平及其學派一書，計自七月初著手，迨八月二十六日深夜始成。其間僅以院中襄理攷試，評閱文卷，稍輟數日。而所寓居室，一樓偪窄，酷熱如蒸，正午以後，常達華氏寒暑表百度，汗流腦脹，亦時檢核陳編，執筆寫綴。平日草百字短文，或吸紙菸二三枝，始能脫稿，此時則盡廢而不用。更值小兒女輩亦放假家居，盤日譁笑啼哭跳擲於左右，予亦不暇顧視。幸得脫稿，始覺如釋重負也。此書旣成，列爲上卷，而就往時所作，加以沙汰，名曰墨子氏籍學說辨，列爲下卷。不幸去春所草一文，因故遺失，乃更重寫爲二篇，一曰評古史研究者之墨子國籍觀，一曰駁墨子爲亞刺伯回教徒說，以成完帙。於是合上下兩卷而名之曰墨學源流，即此戔戔之一束也。

憶近十年來，國難日深，而　先父母亦於二十年及二十一年，前後棄養，家禍亦酷。哀撫育之劬勞與民生之多艱，校課之餘，戚戚寡歡。而所以消永晝與長夜而稍紓我抑鬱悲塞之胸懷者，無他娛樂，惟日於故紙堆中討生活，藉以排遣。亦嘗搜集春秋戰國之典籍，妄欲於斷代通史有所撰述，皆未完書。今此所謂墨學源流者，雖於困苦之中粗有成就，未知於世果有何補益也！是以寫成以後，藏之篋笥，初未嘗即欲災禍梨棗重勞手民。惟間嘗寄陳朋好，求其指摘疵病，而直諒多聞之友，或承是正文字，商定體例，更有慫恿問世，而任介紹出版者。此於樂成之美意，固未便過拂。且念曩所爲諸子鈎沉稿本，以變亂散失，不知化爲灰燼，隨風飛揚；抑漂沉海底，難以復鈎？至今猶在縈想也。是書雖敝帚之微，亦復頗費心血；世變愈亟，來日茫茫，安可久置篋中，用以自累耶？況人苦不自知，有明足以察秋毫之末而不能視己之眉睫者；予以人於墨學有所蔽，發憤而寫是書；然則我之所蔽，又不知伊于胡底？用特覥顏佈之，而期讀者有以匡其闕失爾！至墨子之道，摩頂放踵以利天下，而救世之急；今內憂外患深矣，守禦無方，利之無術，若腐心於區區文字之末，而曰此墨學也！是則辱我子墨子於地下矣！尤愚之所萬不敢存此心，而惶悚無窮者也！

一九三六，四月二十四日方授楚

附言

一　墨家尙質而不文，今寫此書，亦用質家言；故篇中於極尊敬之先輩與時賢，一律直書姓名，不用別號。惟下卷於姓名下，閒繫尊稱之詞者，亦不復追改。

二　下卷第二章及第三章之墨子學辨商兌內，或小有與上卷不同者，以上卷之言爲準。

墨學源流目錄

墨學源流

上卷　墨子之生平及其學派

導言

當二千四百年前，春秋戰國遞嬗之際，有一所謂「賤人」起於魯，倡爲學說，以教其時人民，而徒屬充滿天下，以爲一時代之顯學者，則墨翟其人也。墨子之學說固陳義圓滿，而其人格之偉大崇高，及所以救世之急者，不獨在二千年之中國史中無其儔匹，卽求之世界史中，亦不一二覯也！徒以其學派在楚漢之際而微，至司馬遷作史記，不能爲之立傳，乃於孟子荀卿列傳附著云：

蓋墨翟宋之大夫，善守禦，爲節用。或曰並孔子時；或曰在其後。

一名史家爲聖哲如墨子者記述生平，僅此二十四字草草繳卷，如無其他原因，則亦史遷之疏矣。自漢武以後，學術既爲儒家所壟斷，墨子之書，士人多不誦習，而熟聞儒家詆毀之辭，輔以莊氏剽剝之說，於是一孔之士，其意識中，墨書盡屬邪說，墨氏誠非人類，二千年中學者之『倒霉』，均無墨子若也。自清中葉以後，時勢已異，汪中諸人出，於墨書稍加肄習，墨子事跡略事申理，然已負謗於時矣。迨後西學所漸日深，由孫詒讓以及今人，多用新知以印證舊學，於墨經亦稍理董，然猶未得其十之五六也。惟謬說則因以益多，初學轉生迷惑；後生欲探討墨學者，未及披讀本書，則疑問叢起：如墨子姓墨耶？非姓墨耶？名翟耶？非名翟耶？魯人耶？非魯人耶？抑印度人耶？亞拉伯人耶？此其氏籍方面也。其主張，創造耶？因襲耶？竊自印度之佛教耶？婆羅門教耶？抑亞拉伯之回教耶？此其學說淵源也。至墨學在中國社會「其興也勃焉，其亡也忽焉」，如飄風，如暴雨，如光芒萬丈之彗星，未收除舊布新之功，一逝而不可復見。此其盛衰之理，則亦人人所有疑問，雖有加以解釋者，而未能切理饜心也。吾以此故，不自揣其陋劣，爰述墨子之生平及其學派。

第一章　墨子之身世

一　姓名

墨子姓墨名翟，歷來無異辭。自元伊世珍逞其妖妄之臆說，始云墨子姓翟名烏。清周亮工因樹屋書影本其說，謂『以墨爲道，今以姓爲名，以墨爲姓，是老子當姓老耶？』近人江瑔著讀子巵言有論墨子非姓墨一章，亦以伊氏之說爲一大證而推演者也。江氏之言曰：

墨子原書多稱子墨子，夫稱曰子者，皆尊美之詞，不繫於別號，即繫於姓。然皆稱曰某子，斷無以子字加於姓之上者。若子思子，上子思二字合爲孔伋之字，下子字乃尊稱之詞耳。唐宋以後去古日遠，名稱亦濫，始有以子字加於姓之上。若唐之劉禹錫，自稱子劉子，宋之程頤，自稱子程子，明之劉宗周，亦自稱子劉子，於例絕無所據，於理更不可通。禹錫不學，無足深怪；程劉二氏爲當世大儒，乃亦不免，此則因言宋學者紬於考據，故有此陋妄之稱。謂秦漢以前則絕無之。（自注，惟荀子書引宋鈃語，或稱子宋子，顯爲後人所亂。列子書亦稱子列子，然見於莊子者俱無之。）今稱子墨子，適與子思子之稱同。若云墨爲姓，則孔子亦可稱子孔子，莊子亦可稱子莊子乎？

江氏雖列多證，此則其中堅所在。其以「子思子」爲喻，則彼『疑墨子既發揚墨學，因而以墨自名，或別字爲「子墨，」故墨書亦稱子墨子。』江氏所以有此假定，或因『道藏』本大取篇有『天下無人，「子墨」之言也，』而致疑。其實墨書言子墨子者百數，『子墨』僅此一見，孫氏閒詁已據吳鈔本改爲子墨子矣。涵芬樓影印明嘉靖本亦正作『子墨子之言也，』更可明白子墨子非與子思子同類也已。而所以使其疑墨非姓者，則誤認秦漢以前，絕無加子於姓上以稱子某子之例也。然自稱『子某子』固兩劉及程氏之陋妄，而謂秦漢以前無稱『子某子』者，則江氏之陋妄或甚於程劉矣。列子書中常稱子列子，此或晉人僞作，姑置不論。然莊子中稱列禦寇爲子列子者五，一在達生篇，如『子列子問關尹曰；』四在讓王篇，如『子列子窮』等。江氏謂莊子內無稱子列子者謬矣。（按呂氏春秋審己篇言子列子者二，觀世篇言子列子者三，不二篇言子列子者一。）荀子書中之子宋子，江氏武斷爲後人所亂，乃未觀其義例所在也。荀子泛論宋鈃，則稱宋子，與宋鈃之徒討論，則稱子宋子，其用顯然不同。天論篇：（第十七）『宋子有見於少，無見於多。』此與愼子老子墨子相提並論也。其次爲正論篇（第十八）稱子宋子者八。楊倞注云：『言此者蓋以難宋子之徒也。』觀篇中有言『二三子之善於子宋子者，殆不若止之，恐將傷其體也。』則楊氏之說確不可易，豈得謂爲後人所亂乎？且自莊荀二子外，公羊傳言子沈子者三，（一在隱十一年，一在莊十，一在定元年。定元年，穀梁傳作沈子。）言子公羊子者二，（一在桓六，一在宣五）言子女子（閔元）子司馬子（莊二十九）子北宮子（哀四年）者各一。此皆『子某子』之明徵，江氏何以置而不舉耶？然此猶可曰，公羊晚出，至漢始寫定，未必爲秦以前所有也。戰國時人之著作，荀子既有子宋子，莊子亦有子列子矣；墨子書於子墨子外，又稱子禽子，禽滑釐非姓禽耶？呂氏春秋有子華子，（今本子華子則宋人所僞造。）莊子亦有華子與子華子；則陽篇載『華子聞而醜之，』釋文，『華子，魏臣也。』讓王篇載子華子見昭僖侯，以下文子列子例之，華固當爲姓。釋文引司馬云：『子華子，魏人也。』合兩篇所述華子與子華子之思想言之，亦大略相同，當係一人而姓華者也。然則華也，禽也，宋也，列也，非秦漢以前，繫子於姓，以稱『子某子』之顯例乎？然此雖出周代，或在墨子以後，其灼然知其在墨子以前者，國語越語下，王孫雒稱范蠡，一則曰『子范子！先人有言曰，無助天爲虐！』再則曰『子范子！助天爲虐不祥。』范明明爲姓，且在春秋之末；以此而例墨書之『子墨子，』墨之爲姓，又何疑乎？至不稱「某子」而曰「子某子，」此語言演變之例也。春秋之世，尊稱則曰子，弟子稱師亦用之，如孔門稱仲尼曰「子」是矣。師於弟子則直呼其名，或代稱『爾，汝，』論語中其例甚多。戰國則不然，師稱弟子亦曰『子，』呼爲汝爾則甚不敬，孟子所謂『充無受汝爾之實』也。弟子於師，欲尊美之以示異於常人，不得不加以區別。故何休公羊解詁釋子沈子云：『沈子稱子冠氏上者，著其爲師也。不但言子曰者，避孔子也。其不冠子者，他師也。』墨門稱翟爲子墨子，繫子於墨，著其爲師，與彼相類耳。江氏不達此理，疏矣！

江氏不獨疑墨子非姓墨已也，且曰：

墨家諸人，無一稱姓。……竊疑墨家之學，內則薄葬，外則兼愛，無親疏之分，無人我之辨，示大同於天下。……以宗族姓氏爲畛域之所由生，故去姓而稱號，以充其兼愛尙同之量，又與釋氏之法同。……

此亦墨氏之學所以獨異於千古也。

此亦無據之妄言。按墨家諸子，其姓可考者甚多。如禽滑釐之姓禽，此無可疑者；高石子自稱曰石，（耕柱篇）則高當爲姓；公尙過自稱曰過，（魯問篇）則公尙亦當爲姓；勝綽，墨子稱之爲綽，（魯問篇）則勝亦姓也。此就墨子書中直接推證，知墨家未嘗廢姓也。更以此法推斷，則夷之自稱曰之，曾稱則曰夷子，（孟子滕文公上）是夷當爲姓；徐弱自稱曰弱，（呂氏春秋上德篇）則徐當爲姓；屈將子見胡非子，自稱曰將，（太平御覽卷496引胡非子）則屈亦姓也。韓非子言有相里氏，相夫氏，鄧陵氏之墨，以與顏氏，孟氏，漆雕氏，仲良氏，孫氏，樂正氏之儒相對，而別於子張，子思之儒，（均見顯學篇）已足知相里，相夫，鄧陵爲姓。莊子則曰『相里勤之弟子，……鄧陵子之屬』，（天下篇）以此互證，則相里，鄧陵之爲姓，尙何疑哉！此皆自先秦古籍推證而得，灼然知其未廢姓也。他如墨子弟子有高何，髙孫子；禽子弟子有許犯，索盧參；犯弟子有田繫；墨家鉅子有孟勝，腹䵍，田襄子；均當爲姓名具備者。而曰墨家無一稱姓，何江氏之不攷耶！

江氏之說，訛謬矛盾，不可備錄，（詳下卷駁墨子非姓墨說）而今人不察，多信從之，如顧實之漢書藝文志講疏，陳柱之墨學十論，錢穆之墨子，馮友蘭之中國哲學史，及張純一墨子集解附錄是也。更有因此推

(天)演而謂墨子非中國人者，則胡懷琛之墨子學辯及衛聚賢之古史研究第二集，是也。習非幾將勝是，故不憚煩瑣，一爲辯之。

墨非姓之說既破，則吾人仍可結之曰：

墨子名翟，姓墨氏。（按墨子書中，墨子常自稱曰翟，則翟之爲名，毫無可疑。江氏既謂墨家廢姓，又誤從伊氏之說，疑翟爲姓，自相矛盾，已不足辯。呂氏春秋尊師篇一稱子墨子，高義篇稱子墨子者三，稱墨子者二，自稱亦曰翟。此亦足證爲姓墨名翟也。）

二　生地

墨子之生地，亦自來傳說不一：有以爲宋人者，（葛洪神仙傳，文選長笛賦李注引抱朴子，荀子脩身篇楊注，元和姓纂）有以爲楚人者，（畢沅墨子注序，武億授堂文鈔跋墨子。）而呂覽當染愼大篇高誘注，則獨以爲魯人。最近則有以爲印度人，更有以爲亞剌伯人者，衆說紛紜，果何者爲可信耶？

按楚人之說，畢沅武億均由誤解呂覽高注，謂魯人卽是楚之魯陽，而非魯衛之魯。考貴義篇稱：『墨子南遊於楚，』若自楚之魯陽往，當云遊郢，不當云遊楚。又稱：『墨子南遊使衛，』若自魯陽往衛，當云北遊。渚宮舊事載『魯陽文君說楚惠王曰，墨子北方賢聖人，』其非楚人可知。（梁任公墨子學案說）宋人之說則以史記漢書均有墨翟宋大夫之語，因而誤傳。然墨子之止楚攻宋也，則『自魯往，』（從孫詒讓墨子閒詁校改。）『歸過宋，天雨庇其閭中守閭者不內。』均見公輸篇。而魯問篇則言『子墨子出曹公子於宋，三年而反睹 子墨子。』曰過曰出而反此均足以證墨子非宋人也。

魯人之說，最得其實孫詒讓曰：

以本書攷之，似當以魯人爲是。貴義篇云「墨子自魯卽齊。」魯問篇云「越王爲公尚過束車五十乘，以迎子墨子於魯。」呂氏春秋愛類篇云，「公輸般爲雲梯欲以攻宋，墨子聞之自魯往，見荊王曰，臣北方之鄙人也。」淮南子脩務訓亦云，「自魯趨而往，十日十夜至於郢。」並墨子爲魯人之塙證

（墨子傳略）

張純一更舉證以實之曰：

非攻中篇東方有莒之國者，莒在魯東也。貴義篇曰「北之齊，至淄水，不遂而返，」魯在齊南也……魯問篇，魯君與墨子問答者再，設非魯人，何不云游於魯見魯君耶？又魯人有因子墨子而學其子者，觀此魯人，必居距墨子不遠。又魯之南鄙人有吳慮者冬陶夏耕，自比於舜，子墨子聞而見之，顯見墨子居魯北境，故曰南鄙；曰聞而見之，不甚遠故也。……備梯篇，禽滑釐子事子墨子三年，子墨子甚哀之，乃管酒塊脯，寄於太山，滅茅坐之。太山卽魯北境也。……淮南子氾論訓曰：「總鄒魯之儒墨，通先聖之遺教。」凡此皆足爲墨子是魯國人之確證。（墨子魯人說）

孫張所舉之外，墨子平日交接者如公輸般輩，以魯人為多，亦足為一旁證。然則墨子為魯人，則鐵案如山不可動搖矣！

其謂墨子非中國人者，以墨子之思想學說偶有與回教相似者，因附會為亞拉伯人。以墨子之思想學說偶有與釋迦牟尼相似者，因附會為印度佛教徒；經數月之辯論，自知佛教徒之未安也，乃遁而為之辭曰，墨子，印度婆羅門教徒也。其實無絲毫證據，足以指墨子為外國人者。反之其可證墨子非外國人則不一而足。如魯問篇載公尚過東車五十乘為越王迎墨子於魯，墨子語公尚過曰：

抑越不聽吾言，不用吾道，而吾往焉，則是我以義糶也。鈞之糶，亦於中國耳，何必於越哉！

呂氏春秋高義篇載墨子之言則曰：

若越王聽吾言，用吾道，翟度身而衣，量腹而食，比於『賓萌，』未敢求仕。……越王不聽吾言，不用吾道，而受其國，是以義翟（糶）也。義翟，何必越？雖於中國亦可？（按「賓萌」即「客民」也。）

此與論語記柳下惠言『枉道而事人，何必去父母之邦？』其意正同。若墨子為外國人而流寓於魯，則越與魯無甚分別，何必外越而內其所居之魯國哉？即此足證墨子為魯國之土著，而非流寓之外人也。（說詳下卷駁墨子為印度佛教徒說，駁墨子為印度婆羅門人教徒說，駁墨子為亞剌伯回教徒說三章。）

三　生卒年代

墨子之年代，在司馬遷時，已無可攷，故爲疑辭曰，或並孔子時，或在其後。近世汪中始事稽核，其言曰：

墨子實與楚惠王同時，其仕宋當景公昭公之世，其年於孔子差後，或猶及見孔子矣。藝文志以爲在孔子後者，是也。……非攻下篇言『今天下好戰之國，齊晉楚越。』又言『唐叔呂尙邦齊晉，今與楚越四分天下。』節葬下篇言『諸侯力征，南有楚越之王，北有齊晉之君。』明在勾踐稱伯之後，秦獻公未得志之前，全晉之時，三家未分，齊未爲陳氏也。（墨子序：述學內篇三）

汪氏所定，本甚確當，而孫詒讓墨子年表序則不以爲然，曰：

近代治墨子書者，畢沅以爲六國時人，至周末猶存，旣失之太後；汪中沿宋鮑彪之說，謂仕宋得當景公世，又失之太前；殆皆不攷之過。竊以今五十三篇之書推校之；墨子前及與公輸般魯陽文子相問答，而後及見齊太公和，與齊康公興樂，楚吳起之死；上距孔子之卒幾及百年，則墨子之後孔子蓋信。審覈前後，約略計之，墨子當與子思並時，而生年尙在其後。當生於周定王之初年，而卒於安王之季，蓋八九十歲，亦壽考矣。

梁啓超墨子年代考於詒讓所攷稍有修正。曰：

孫氏作墨子年表，大段不謬。但是據親士篇言吳起之死，則謂墨子至周安王二十一年猶存；此亦不確。胡適謂墨子決不及見吳起之死，諒矣。（中國哲學史大綱一四六葉）……以吾所攷證，則如下：

墨子生於周定王初年（元年至十年之間）約當孔子卒後十餘年。

墨子卒於周安王中葉（十二年至二十年之間）約當孟子生前十餘年。（墨子學案）

三說既不同，細數之，尚有其他種種擬議，然則孰可信耶？曰梁氏所考證，專以墨子所曾交接之人爲根據，參伍其年代以求之者。蓋書中所言及之事或有訛誤，而所交接之人則多可信，其方法固甚善。惜其運用，未能精密，故其所攷定之年代，仍有可議耳。

按墨子所曾交接之人，有公輸般。般之年代雖難攷，然禮記檀弓言：季康子之母死，般請以機封。康子母卒年亦無攷，但季桓子卒於魯哀三年，不曰桓子之妻，明在哀三年以後也。康子卒於哀二十七年，其母卒當在前。檀弓又稱：季康子之母死，陳褻衣。敬姜……命徹之。敬姜卽魯語『公父文伯之母，季康子之從祖叔母也。』敬姜行輩之尊而能臨其喪，則年代不可太後，其在哀三四年至十年之間乎！梁氏假定其時般年十七八，必生於魯哀初年，則似誤矣。般之生年果如何？趙岐孟子注：『公輸子，魯班，魯之巧人也。或以爲魯昭公之子。』此說頗可信。昭公卒於敬王十年，至哀公十年卽敬王三十五年，蓋二十五年矣。昭公之子，公爲公衍均見於左傳，然昭公卒時僅五十一歲，其有幼子甚或遺腹子，亦可能也。是般之生年，最遲當爲昭公之卒年。（

孫氏墨子傳略亦云：「公輸子當生於魯昭定之間，至楚惠王四十年以後，五十年以前，約六十歲左右。」）迨季康子之母死最少亦十八九矣。若如梁氏所說『今假定墨子少於公輸般二十歲，』則墨子之生年當爲敬王三十年，（西紀前四九〇）而在孔子卒前十年也。至墨子之卒年，當在威烈王二十三年左右。（西紀前四〇三）據呂氏春秋上德篇吳起死時墨者鉅子爲孟勝。墨門祭酒禽滑釐不爲鉅子，則不獨墨子已卒，卽禽子亦必前卒矣。吳起死於周安王二十一年，梁氏定墨子卒年，仍嫌失之過遲。若依予所攷定，則上距敬王三十年，爲八十餘歲。蓋墨子必甚壽考，故後世言長生久視者引爲同調，抱朴子亦列之神仙傳。此所假定或於事實不相遠也。按此所推定之生卒年代，亦不過大略如是，惟可以相信者，則似尚可移前，而不能再晚也。

茲將墨子行事列爲簡表如左。

西紀前	君主紀元		當時大事	墨子事略	次第
490	辛亥	周敬王30	魯哀公五年	墨子生於魯（？）	一
488	癸丑	32	楚惠王元年		二
479	壬戌	41	孔子卒		十二

前 475	丙寅	元王元年			十六
473	戊辰	3	越滅吳	非攻中篇言南則荆吳之王，北則齊晉之君。	十八
468	癸酉	貞定王元年	魯哀公卒		二十三
465	丙子	4	越勾踐卒	魯問篇：越王請裂故吳之地以封墨子，或係勾踐晚年事。	二十六
464	丁丑	5	越王鹿郢元年	魯問篇：公輸般至楚爲舟戰器，亟敗越人，墨子與論鉤拒，當在此時。	二十七
455	丙戌	14	鄭人弒其君哀公	魯問篇：鄭人三世殺其君，哀或即其一。	三十六
454	丁亥	15		非攻中篇：智伯攻中行氏范氏幷三以爲一家。	三十七
453	戊子	16	趙與韓魏滅智伯。	非攻中篇：智伯圍趙襄子於晉陽，韓魏趙氏擊智伯，大敗之。	三十八
447	甲午	22	楚滅蔡	非攻中篇：蔡亡於吳越之間。	四十二
445	丙申	24	楚滅杞	公輸篇：般爲雲梯將攻宋，墨子至郢見楚王，乃不攻宋。當在惠王滅杞之後	四十六
440	辛丑	考王元年			五十一

439	壬寅		2	楚惠王五十年	貴義篇：墨子見楚惠王，王以老辭。 渚宮舊事：惠王以書社封墨子，不受而歸，	五十二
431	庚戌		10	楚簡王元年滅莒		六十
425	丙辰	威烈王元年				六十六
423	戊午		3	韓武子伐鄭殺幽公	幽公被殺或亦所謂鄭人三世殺其君之一。	六十八
412	己巳		14	田莊子伐魯，攻葛及安陵。	魯問篇：齊項子中三侵魯地此或三侵之一。	七十九
411	庚午		15	齊伐魯取都 田和繼爲相	取都或亦爲三侵之一。 魯問篇：墨子見齊太王，當在此後。	八十
409	壬申		17	魯穆公元年	魯問篇：魯君謂墨子曰，恐齊攻我，或即穆公。	八十二
408	癸酉		18	齊伐魯取郕	取郕或亦三侵之一。	八十三
406	乙亥		20	魏滅中山		八十五
404	丁丑		22	齊康公元年	非樂上篇，齊康公興樂萬，或其初年事，	八十七
403	戊寅		23		墨子或卒於此年以前	八十八

第二章　墨子之事蹟

墨子生平行事，舊史不詳。今以墨書爲主，參以其他有關之載籍，述其事蹟如左：

（甲）蓋出身於匠人

墨子之家庭如何，不可得而知也。然出身貧賤，始終爲平民，則有可攷。貴義篇：

> 子墨子南遊於楚，見楚惠王。獻書，惠王受而讀之，曰『良書也！』不用，使穆賀以老辭。穆賀見子墨子，子墨子說穆賀；穆賀大說，謂子墨子曰『子之言則誠善矣，而君王天下之大王也，毋乃曰「賤人」之所爲而不用乎？』

墨子獻書惠王，蓋年逾五十矣，猶爲賤人，則始終爲平民可知。然觀墨子之所辯護，則曰：

> 今農夫入其稅於大人，大人爲酒醴粢盛，以祭上帝鬼神，豈曰賤人之所爲而不享哉？或雖賤人也，上比之農，下比之藥，曾不若一草之木乎？且主君亦嘗聞湯之說乎？昔者湯將往見伊尹，令彭氏之子御。……彭氏之子曰『伊尹，天下之賤人也！……』湯曰『非女所知也！……』。因下彭氏之子，不使御。

由此則知當時所謂賤人，與後世良賤之分不同，凡士以下之庶民，皆賤人也。故孔子爲破落貴族，當其未得爲士也，亦自承賤人曰『吾少也賤，故多能鄙事。』史記仲尼弟子列傳亦言仲弓父賤人是已。

然則墨子果爲何等賤人農耶？工耶？奴隸耶？曰，殆工人也。貴義篇又曰：

子墨子南遊使衞，關中載書甚多，弦唐子見而怪之……子墨子曰，『昔者周公旦朝讀百篇，夕見七十士；故周公旦佐相天子，其修至於今。翟上無君上之事，下無耕農之難，吾安敢廢此？……』

是墨子之職業，既非官亦非農也。

魯問篇云；

公輸子削竹木以爲鵲，鵲成而飛之，三日不下。公輸子自以爲至巧。子墨子謂公輸子曰，『子之爲鵲也，不如翟之爲車鎋，須臾劉（同斲）三寸之木，而任五十石之重。故所爲巧，利於人謂之巧，不利於人謂之拙。』

是墨子實匠人中之車工也。然墨子究爲工人出身之學者與社會改革家，其工藝之精，視公輸子之專業者，固有遜色。韓非子外儲說左上云：

墨子爲木鳶，三年而成，蜚一日而敗。弟子曰，『先生之巧，至能使木鳶飛！』墨子曰，『不如爲車輗之巧也，用咫尺之木，不費一朝之事，而引三十石之任；致遠力多，久於歲數。今我爲鳶三年成，蜚一日而敗。』

惠子聞之曰，『墨子大巧，巧爲輗，拙爲鳶！』

以墨子之鳶與公輸子之鵲兩相比較，則高下自見。漢以後之書，有謂墨子技藝極巧者，蓋傳聞之異，所謂「語增」也。

知墨子之爲工人，則自備城門以下諸篇所載，不獨深於戰略，亦長於兵器，固無足異也。

（乙）受學於史角之後與儒者。

墨子既爲賤人，在古代則受學不易。幸春秋季年，已開私人講學之風，尙得有所承業。呂氏春秋當染篇：

魯惠公使宰讓請郊廟之禮於天子，桓王使史角往，惠公止之，其後在於魯，墨子學焉。

按惠公與桓王不相値，二者必有一誤。但自惠公至哀公十三君十世；桓王至敬王十二君十一世。史角至墨子時，當亦逾十世矣。然則史角之後人，明非史官而以私人講學也。漢書藝文志因此謂『墨家者流，出於淸廟之守，』誤已。但墨子之生，孔子尙在，墨子居魯北境之太山，又與曲阜鄰接，孟子所謂『去聖人之世，若此其未遠也；近聖人之居，若此其甚也，』於墨子更爲恰切，當然受其影響。淮南子要略訓：

墨子學儒者之業，受孔子之術，以爲其禮煩擾而不悅，（許注云，悅，易也。）厚葬靡財而貧民，久服傷生而害事；故背周道而用夏政。

墨子是否用夏政，尙有問題，其背周道則誠然矣。蓋孔子『從周，』就周道而理想化之，墨子背周，則欲破壞而有所建立。然同出一源，則無可疑，觀儒家習六藝，重詩書春秋，初期之墨家，亦喜徵引詩書春秋，卽其證也。

(丙)初講學之時

墨子何時始授徒講學？不易確定。然非攻中篇云：

飾攻戰者言曰，『南則荆吳之王，北則齊晉之君，始封於天下之時，其土地之方，未至有數百里也，人徒之衆，未至有數十萬人也。以攻戰之故，土地之博，至有數千里，人徒之衆，至有數百萬人；故當攻戰而不可已也。』

是此主戰派破墨子非攻之義，吳尚未亡也。故其始講學之時，當在越未滅吳之日。孫詒讓以墨子生定王初年，改荆吳之吳爲越，曰『墨子時吳已亡，』殊非是。按墨子中言楚越者，如：

今天下好戰之國，齊晉楚越。（非攻下）

昔者楚熊麗始討此睢山之間，越王繄虧出自有遽，始邦於越，唐叔與呂尚邦齊晉。（非攻下）

南有楚越之王，北有齊晉之君。（節葬下）

譬之若楚越之君。（天志下）

皆楚越對舉，未嘗言荆越也。大取篇言：

諸以居運命者，若鄉里，齊荆者皆是。

古人雖無四聲之說，然對齊則言荊，對越則言楚，似於聲調有關，則荊吳不得改爲荊越也。且墨子之答此「飾攻戰者」，則曰：

東方有莒之國者……計莒之所以亡於齊越之間者，以攻戰也。雖南者陳蔡其所以亡於吳越之間者，亦以攻戰。（非攻下）

若吳已亡，則但言越可耳。與齊越對言而稱吳越，明吳尚在也。然則墨子之倡非攻，必在越未滅吳，正其少壯之時也。蓋戰爭之反對，除一二野心之家外，本民衆所同然。是以晉楚會諸侯之大夫於宋，以謀弭兵，在周靈王二十六年（西紀前五四六）乃墨子降生以前五十六年也。墨子生時，各國戰事愈烈，故僅依常識，即可非之，不必有甚深之研究。此非攻一義，所以首倡歟！（墨子之書、非翟自著、乃後人纂輯、非攻中此段自爲起訖、下段言吳之亡、以爲戒、又自爲起訖、蓋非墨子一時之言也、不可泥。）

墨子在少年，即從事倡導，年壽又高，宜其學之有成，而顯於當世也。

（丁）居魯

墨子爲魯人，與魯之政府，則關係殊少。蓋墨子背周道，而魯則周代文化之代表也。且周尚親親，墨子時則三桓專政，季氏尤橫，墨子倡尚賢，似針對此貴族政治而發，宜其不相容也。在民間則孔子一派之儒學甚盛，墨子受其排斥。非儒一篇，則怒而有溢惡之言矣。故墨子在魯，極不易實現其說。然平日所與討論者，仍以魯人爲多如：

巫馬子，蓋魯之儒者，其謂墨子曰，「我與子異，我不能兼愛。我愛鄒人於越人，愛魯人於鄒人，愛我鄉人於魯人……以爲近我也。」前後與墨子辯論者四見耕柱篇。

公孟子，惠棟謂卽公明子，孔子之徒，蓋魯人也。與墨子辯論者十，見耕柱及公孟兩篇。

程繁一稱程子，孫氏謂「蓋兼治儒墨之學者，」就其思想言，乃儒者也未知其爲魯人否耳，曾與墨子辯論。見三辯及公孟。

子夏之徒，亦曾與墨子辯論，未知其魯人否也？見耕柱。

墨子與儒家辯難之多，亦可見其在魯論爭之激烈也。

其於三桓，則耕柱篇：

子墨子曰季孫紹與孟伯常治魯國之政，不能相信，而祝於叢社曰，「苟使我和！」是猶弇其目而祝於叢社曰「苟使我皆視！」豈不繆哉！

所言及者旣小而存鄙夷之意，可見其關係矣！

此外則譏魯祝以一豚祭而求百福於鬼神。（公孟篇）魯人說而用誄，墨子亦譏焉。（魯問篇）皆爲瑣事，無關宏旨。

惟魯問篇則載魯君與墨子問答之辭，或以爲卽穆公，豈墨子晚年名譽已高，始動國君之問歟！

魯君謂子墨子曰，『吾恐齊之攻我也，可救乎？』子墨子曰，『可。……吾願主君之上者尊天事鬼，下者愛利百姓，厚爲皮幣，卑辭令，亟徧禮四鄰諸侯，毆國而以事齊，患可救也。非此，顧無可爲者！』

魯君謂子墨子曰，『我有二子，一人者好學，一人者好分人財，孰以爲太子而可？』子墨子曰，『未可知也，或爲賞譽爲是也。釣者之恭，非賜魚也；餌鼠以蟲，非愛之也。吾願主君之合其志功而觀焉。』

墨子與本國政府之關係止此，豈遭當局之疑忌，與爲儒家攻擊；又或栖栖皇皇，席不暇煖，突不得黔而未嘗安居於魯而然耶？故其關係轉不如他國之密也。

(戊)與宋之關係。

墨子之道，既不易行於魯，自然向國外發展。當時與魯鄰接，與周道系統不同者，宋是也。（宋行殷道，與周政不同。晚周諸子中寓言，多以宋人爲愚，如孟子言揠苗助長、韓非子言守株待兔之類。不知宋以戰敗民族爲周人所侮笑歟，抑文化程度當視各國爲低耶，則無從斷定矣。然以前說爲較可信。）故墨子於宋關係頗深。

公輸篇言：

公輸般爲楚造雲梯之械，成，將以攻宋。子墨子聞之，起於魯，行十日十夜，而至於郢，見公輸般。……公輸般服。……子墨子見〔楚〕王。……王曰，『善哉！雖然，公輸般爲我造雲梯，必取宋！』於是見公輸般，子墨子解帶爲城，以牒爲械。公輸般九設攻城之機變，子墨子九距之。公輸般之攻械盡，子墨子之守圉有餘。公輸般詘而曰，『吾知所以距子矣，吾不言。』子墨子亦曰『吾知子之所以距我者，吾不言。』楚王問其故。子墨子曰，『公輸子之意，不過欲殺臣；殺臣，宋莫能守，可攻也。然臣之弟子禽滑釐等三百人，已持臣守圉之器，在宋城上而待楚寇矣。雖殺臣，不能絕也。』楚王曰，『善哉！吾請無攻宋矣。』子墨子歸，過宋天雨，庇其閭中，守閭者不納也。故曰治於神者，衆人不知其功，爭於明者，衆人知之。

凡此所載吾人可明白三事：一，史記孟荀列傳及漢書藝文志並言墨子爲宋大夫，想係因止楚攻宋而訛。梁啓超曰：

查本書中，絕無曾經仕宋的痕跡。……其實墨子救宋，專爲實行他的兼愛非攻主義，那裏論做官不做官呢？墨子曾說：「道不行不受其賞，義不聽不處其朝。」貴義篇當時的宋國，就會行其道聽其義嗎？墨子是言行一致的人，如何肯立宋之朝？所以我想：墨子始終是個平民，沒有做過官的。——墨子學案頁三

梁氏所言，頗爲近理。即如墨子止楚，其往也則起於魯，其歸也則言過宋，且守閭者不納，其非宋大夫明矣。當墨子獻書楚惠王，乃在止楚攻宋以後，穆賀告墨子曰，『君王天下之大王也，毋乃曰賤人之所爲而不用乎！』若墨子已爲宋大夫，不得云『賤人』也。此足爲墨子始終是平民之證。

二、有謂墨子之學與宋有關者。俞正燮云：

管子立政九敗解云『不能令彼無攻我，彼以教士，我以敺衆；彼以良將，我以無能；其敗必覆軍殺將。』如此正宋襄公之謂。左傳公子目夷謂襄公未知戰：『若愛重傷，則如勿傷；愛其二毛，則如服焉！』兼愛，非攻，蓋宋人之蔽。……據左傳，襄公歿後，華元，向戌皆以止兵爲務。墨子出，始講守禦之法，不如九敗解所譏。……荀子言儒者法後王，所以爲儒；墨以殷後，多感激，不法周而法古，所以爲墨。——癸巳類稿卷十四。

俞氏以墨子爲宋人宋大夫，故有此附會。今人馮友蘭知墨子爲魯人矣，乃本俞氏之說而推演焉，曰：

宋人以愚著稱。……墨子之道，「其生也勤，其死也薄，其道大觳，」「以自苦爲極，」（莊子天下篇）所謂「其智可及也，其愚不可及也，」亦有宋人之風。或者墨子先在魯受孔子……之影響，及後爲宋大夫，又合宋人兼愛非攻之教，遂成墨學歟？——中國哲學史上冊頁一〇九。

按墨子，莊子以爲『才士，』（天下篇）馮氏舉其言而諡曰『愚人，』竊所未喻也。宋襄公敗於泓，非以攻人乃不能守禦；愚儒始加讚賞。墨子書中未嘗稱道及之，且以此類滑稽喜劇爲非。非儒篇：

（儒者）又曰君子勝不逐奔，揜函弗射，施則助之胥車。應之曰若皆仁人也，則無說而相「與」。「與」，敵也。仁人以其取舍是非之理相告，無故從有故也，弗知從有知也，無辭必服，見善必遷，何故相「與」？

若兩暴交爭，其勝者欲不逐奔，揜函弗射，施則助之胥車，雖盡能，猶且不得爲君子也。意暴殘之國也，聖王將爲世除害，興師誅罰。勝將因用儒術令士卒曰「毋逐奔，揜函勿射，施則助之胥車！」暴亂之人得活，天下之害不除，是爲羣殘父母而深賊世也。不義莫大焉！

曹耀湘墨子箋曰：『此言儒者好言仁而究歸於不仁也。若宋襄公不重傷，不禽二毛之類。』然則俞馮二氏謂兼愛非攻之教本於襄公，爲宋人精神，甚至稱之爲愚者，其誣墨子不亦太甚矣乎！非攻之義，墨子提倡最早，已見於前。

三、墨子之學，雖不淵源於宋，然其弟子禽滑釐等三百人，已持守圉之器以待楚寇，則關係之密切可知。魯問篇載：『子墨子出曹公子於宋，』而此曹公子並非高第弟子也，能介紹於宋國當局，使『家厚於始，』『處高爵祿，』『多財，』豈泛泛者所能乎？但墨子雖與宋之政府關係甚深，然其主張乃代表賤人者，與統治階級不易融洽，故墨子本人雖未仕，亦不能不見忌於權門。史記鄒陽列傳所以言『宋信子罕之計，而囚墨翟。』孫詒讓謂宋昭公末年，皇喜（子罕）專政劫君而囚墨子。（墨子傳略）其實墨子之被囚，不必即在子罕劫君之日，而囚墨子者或以觀點不同，亦不必即爲惡人也。

（己）與衞之關係。

自宋以外，則與衞之關係亦不淺。貴義篇：

子墨子南遊「使」衛關中載書甚多。弦唐子見而怪之曰：『吾夫子教公尚過曰，「揣曲直而已。」今夫子載書甚多，何有也？』子墨子曰：『昔者周公旦朝讀書百篇，夕見七十士，故周公旦佐相天子，其脩至於今。翟上無君上之事，下無耕農之難，吾安敢廢此？……』

孫氏傳略列此事於仕宋時，曰『或……奉宋君之命而使衛也。』案孫說殊非。『南遊使衛，』張氏集解云：『楊校：「孔本書鈔一百一引無使字。」紼一案無使字是此文疑本作子墨子南遊於衛。』按以地勢言，衛在宋北，如由宋出發，不得言南遊也。墨子自言上無君上之事，不敢廢書。若仕宋爲大夫而出使，豈得有此語乎？故實墨子南遊於衛也。

墨子於衛守禦之事，亦甚注意。

子墨子謂公良桓子曰：『衛小國也，處於齊晉之間，猶貧家之處於富家之間也；貧家而學富家之衣食多用，則速亡必矣。今簡之子家，飾車數百乘，馬食菽粟者數百匹，婦人衣文繡者數百人。若取飾車食馬之費，與繡衣之財，以畜士，必千人有餘。若有患難，則使數百人處於前，數百人處於後，與婦人數百人處前後，孰安？吾以爲不若畜士之安也！』貴義篇

因與衛之執政交往，故亦能仕其弟子於衛。

子墨子仕人於衛。據荀子富國篇楊注，人當作弟子。所仕者至而反。子墨子曰：『何故反？』對曰：『與我言而

不當。曰，「待女以千盆。」授我五百盆，故去之也。』子墨子曰：『授子過千盆，則子去之乎？』對曰：『不去。』子墨子曰：『然則非爲其不審也，爲其寡也！』（貴義篇）

耕柱篇則言：

子墨子使管黔敖遊高石子於衛。衛君致祿甚厚，設之於卿。高石子三朝必盡言，而言無行者。去而之齊，見子墨子曰：『衛君以夫子之故，致祿甚厚，設我於卿。石三朝必盡言，而言無行者，是以去之也。衛君無乃以石爲狂乎？』子墨子曰：『去之苟道，受狂何傷！』……

總以上四事，是墨子於衛，關係頗密，但仍未能行其道也。

（庚）屢遊楚而善魯陽文君。

楚人與越人（渚宮舊事，「越人」作「吳越」，下同，似較妥。）舟戰於江，越人亟敗楚人。楚惠王時，公輸子自魯南遊楚，於是始爲舟戰之器，作爲鉤拒之備。楚人因此若勢亟敗越人。公輸子善其巧，以語墨子曰：『我舟戰有鉤拒，不知子之義亦有鉤拒乎？』子墨子曰：

我義之鉤拒，賢於子舟戰之鉤拒。我鉤拒，我鉤之以愛，拒之以恭。弗鉤以愛則不親，弗拒以恭則速狎。狎而不親則速離；故交相愛交相恭，猶若相利也。今子鉤而止人，人亦鉤而止子；子強而距人，人亦強而距子。交相鉤，交相拒，猶若相害也。故我義之鉤拒，賢於子舟戰之鉤拒。（魯問篇）

公輸般與墨子同爲魯人，觀此所論，兩者間似有相當交誼。但不知其相遇也，在魯歟？在楚歟？然以在楚爲近。其後能止楚攻宋，亦賴般之力也。

公輸般爲楚造雲梯之械，成，將以攻宋。子墨子聞之，自魯往，……至於郢，見公輸般。公輸般曰：『夫子何命焉爲？』子墨子曰：『北方有侮臣者，願藉子殺之。』公輸般不說。子墨子曰：『請獻十金。』公輸般曰：『吾義固不殺人。』子墨子起，再拜曰：『請說之。吾從北方聞子爲梯，將以攻宋。宋何罪之有？荊國有餘於地，而不足於民；殺所不足，而爭所有餘，不可謂智。宋無罪而攻之，不可謂仁。知而不爭，不可謂忠。爭而不得，不可謂强。義不殺少而殺衆，不可謂知類。』公輸般服。子墨子曰：『然，胡不已乎？』公輸般曰：『不可。吾既已言之王矣。』子墨子曰：『胡不見我於王？』公輸般曰：『諾。』（公輸篇）

公輸般既心服而介紹於楚惠王，則般之不欲攻宋，已決矣。其於楚王前之九攻九距，乃以掩楚王耳目而已。故

公輸子謂子墨子曰：『吾未得見之時，我欲得宋。自我得見之後，予我宋而不義，我不爲！』子墨子曰：『翟之未得見之時也，子欲得宋；自翟得見之後，予子宋而不義，子弗爲；是我予子宋也。子務爲義，翟又將予子天下！』（魯問篇）

觀此，則輸於墨子之道，固甚同情也。

然墨子之告楚惠王，其言亦甚辯。曰：

『今有人於此，舍其文軒，鄰有敝輿，而欲竊之；舍其錦繡，鄰有短褐，而欲竊之；舍其粱肉，鄰有穅糟，而欲竊之：此爲何若人？』王曰：『必爲有竊疾矣。』

子墨子曰：『荆之地，方五千里，宋之地，方五百里：此猶文軒之與敝輿也。荆有雲夢，犀兕麋鹿滿之，江漢之魚鼈黿鼉，爲天下富；宋所謂無雉兔鮒魚也：此猶粱肉之與穅糟也。荆有長松文梓楩枏豫章，宋無長木：此猶錦繡之與短褐也。臣以三事言之，王之攻宋也，爲與此同類。臣見大王之必傷義，而不得宋。』王曰：『善哉！……』

呂氏春秋貴因篇：『墨子見荆王，錦衣吹笙，因也。』疑即此時事。孫詒讓云，『蓋以救宋之急，權爲之也。』觀其行事之通脫與言語之犀利，視今人所想像爲愚不可及者，微異矣。

楚惠王五十年，墨子復南遊於楚，獻書惠王，王受而讀之，曰：『良書也。寡人雖不得天下，而樂養賢人。』墨子辭曰：『翟聞賢人進，道不行不受其賞，義不聽不處其朝。今書未用，請行矣！』將辭王而歸。王使穆賀以老辭。（渚宮舊事二）穆賀見墨子，墨子說穆賀，穆賀大說，謂墨子曰：『子之言則誠善矣，而君王天下之大王也，毋乃曰賤人之所爲而不用乎？』（貴義篇）墨子加以解釋，穆賀無所表示。（其言引見本章之甲）魯陽文君乃言於王曰：『墨子北方賢聖人，君王不見又不爲禮，毋乃失士？』乃使文君追墨子，以『書社』

五里（孫氏疑當作五百里）封之，不受而去。（渚宮舊事三）

墨子與魯陽文君問答之辭甚多，大抵皆言非攻之義。如：

子墨子謂魯陽文君曰：『大國之攻小國，譬猶童子之爲馬也。童子之爲馬，足用而勞。今大國之攻小國也，攻者農夫不得耕，婦女不得織，以守爲事。攻人者亦農夫不得耕，婦人不得織，以攻爲事。故大國之攻小國也，譬猶童子之爲馬也。』（耕柱篇）

此猶泛述非攻之說也。又云：

子墨子謂魯陽文君曰：『今有一人於此，羊牛犓豢，維人但割而和之，食之不可勝食也。見人之作餅，則還然竊之，曰「舍余食！」不知甘肥安不足乎？其有竊疾乎？』魯陽文君曰，『有竊疾也。』子墨子曰：『楚四境之田，曠蕪而不可勝闢，壉墟數千，不可勝入。見宋鄭之閒邑，則還然竊之，此與彼異乎？』魯陽文君曰：『是猶彼也，實有竊疾也。』（同上）

此與止楚攻宋，取譬相同，殆一時之事乎？

魯問篇曰：

魯陽文君將攻鄭，子墨子聞而止之，謂魯陽文君曰：『今使魯四境之內，大都攻其小都，大家伐其小家，殺其人民，取其牛馬狗豕布帛米粟貨財，則何若？』魯陽文君曰：『魯四境之內皆寡人之臣也；今大都攻其小都，大家伐其小家，奪之貨財，則寡人必將厚罰之。』子墨子曰：『夫天之兼有天下也，亦猶君之有四境之內也。今舉兵將以攻鄭，天誅其不至乎？』魯陽文君曰：『先生何止我攻鄭也？我攻鄭順於天之志。鄭人三世殺其父天加誅焉，使三年不全；我將助天誅也。』子墨子曰：『鄭人三世殺其父，而天加誅焉，使三年不全，天誅足矣。今又舉兵將以攻鄭，曰，「吾攻鄭也，順於天之志。」譬有人於此，其子強梁不材，故其父笞之；其鄰家之父，舉木而擊之，曰，「吾擊之也，順於其父之志，」則豈不悖哉！』鄭人三世殺其父之事，孫氏疑為二世殺其君，即哀公幽公也。

墨子又告魯陽文君以攻其鄰國，殺其民人，取其牛馬粟米貨財，則書之於竹帛，鏤之於金石，以為銘於鐘鼎，傳遺後世子孫之不可。魯陽文君曰：『然。吾以子之言觀之，則天下之所謂可者，未必然也。』（魯問篇）觀此則魯陽文君於墨子之說，頗具相當信仰，則攻宋攻鄭，其因此而止歟？

按魯陽，其地在魯山之陽，漢書地理志云：南陽魯陽有魯山。國語楚語曰：惠王以梁與魯陽文子，文子辭，與之魯陽。以地勢言之，則楚欲進攻中原，魯陽殆為重鎮。魯陽文子據文選注引賈逵國語注即司馬子期之子公孫寬；左傳哀十六年寬即為司馬矣。當墨子時年壽已高，殆亦楚之重臣。故欲行非攻之說於楚，則不憚反覆以曉魯陽文君也。墨子告魯陽文君之語，書中尚多，不備錄。

墨子嘗批評葉公子高問政於仲尼，（耕柱篇）並與孟山論王子閭，（魯問篇）或均為在楚時事。耕柱篇：

『子墨子游耕柱子於楚。』畢沅注：『游謂游揚其名而使之仕。』亦可見墨子與楚之關係也。

（辛）屢遊齊晚見齊太王和。

墨子之遊齊，貴義篇曰：

子墨子北之齊，遇日者。日者曰：『帝以今日殺黑龍於北方，而先生之色黑，不可以北。』子墨子不聽，遂北至淄水，不遂而反焉。

此言其遊齊而未果也。貴義篇又言『子墨子自魯即齊，遇故人。』耕柱篇言：

子墨子使管黔敖游高石子於衞……高石子三朝必盡言，而言無行者。去而之齊見子墨子……

見子墨子而必之齊，是墨子有時居齊也。按公輸篇言，『公輸般為楚造雲梯之械成，將以攻宋。子墨子聞之，起於齊，行十日十夜而至於郢。』此雖可通，但就十日十夜言，則以諸作『起於魯』者為可信也。

魯問篇：

齊將伐魯，子墨子謂項子牛曰：『伐魯，齊之大過也。昔者吳王東伐越，棲諸會稽；西伐楚，葆昭王於隨；北伐齊，取國子以歸於吳。諸侯報其仇，百姓苦其勞而弗為用；是以國為虛戾，身為刑戮也。昔者智伯伐范氏與中行氏，兼三晉之地。諸侯報其仇，百姓苦其勞而弗為用；是以國為虛戾，身為刑戮也。故大國之攻小國也。是交相賊也，禍必反於國！』

此事結果如何，書未明言。梁啓超曰：『齊欲攻魯，墨子見項子牛及齊王，說而罷之。』墨子學案頁七十四。按梁說未確。如魯問篇又云：

子墨子使勝綽事項子牛。項子牛三侵魯地，而勝綽三從。子墨子聞之，使高孫子請而退之曰：『我使綽也，將以濟驕而正嬖也；今綽也祿厚而譎夫子。夫子三侵魯，而綽三從，是鼓鞭於馬靳也。翟聞之言義而弗行，是犯明也。綽非弗之知也，祿勝義也！』

是項子牛未止伐魯，侵而至於三也。

魯問篇又載：

子墨子見齊大王曰：『今有刀於此，試之人頭，倅然斷之，可謂利乎？』大王曰：『利。』子墨子曰：『刀則利矣，孰將受其不祥？』大王曰：『刀受其利，試者受其不祥。』子墨子曰：『並國覆軍，賊敖（敖同殺）百姓，孰將受其不祥？』大王俯仰而思之曰：『我受其不祥！』

此或田和初爲執政，墨子以非攻之義曉之也。

非樂上篇言齊康公興樂萬。按史言康公『淫於酒婦人，不聽政。』（史記田敬仲完世家）興樂必初即位事，田和（大王）縱其如此，以便遷之海上。墨子或猶及見聞之也。

（壬）遊越及魏。

魯問篇：

子墨子游公尙過於越。公尙過說越王，越王大說。謂公尙過曰：『先生苟能使子墨子至於越而敎寡人，請裂「故吳」之地方五百里，以封子墨子。』公尙過許諾。遂爲公尙過束車五十乘以迎子墨子於魯。曰：『吾以夫子之道說越王，越王大說，謂過曰，「苟能使子墨子至於越而敎寡人，請裂故吳之地方五百里以封子。」』子墨子謂公尙過曰：『子觀越王之志何若？意越王將聽吾言，用吾道，則翟將往，量腹而食，度身而衣，自比於羣臣，奚能以封爲哉？抑越王不聽吾言，不用吾道，而我往焉，則是我以義糶也。鈞之糶，亦於中國耳，何必於越哉！』

此越王不知何人，然以『故吳』之稱，則知距吳滅不久，或卽勾踐歟？

墨子雖不欲受越王之封，然越則嘗欲往游矣。魯問篇繼上節卽曰：

子墨子游魏越。□曰：『旣得見四方之君子則將先語？』（蘇云、卽「子將奚先」之意。）子墨子曰：『凡入國必擇務而從事焉。國家憙音湛湎，則語之非樂非命；國家淫僻無禮，則語之尊天事鬼；國家務奪侵淩，則語之兼愛非攻。故曰擇務而從事焉。』

『魏越』孫氏以爲『墨子弟子』似誤。蓋墨子實欲西游魏而南游越，所過不止一國，故問者曰『得見四方之君子則將先語』也。若果爲墨子之弟子，則閒詁引『子將奚先』之語，亦翩其反矣。然游魏越是否成行，則本書及他書無所攷見，以意度之，大抵嘗往此墨子所以見稱栖栖遑遑，席不暇暖，突不得黔也歟！

附墨子時代疆域簡圖

（其行蹤雖不能確定於此圖中可得其大概）

（癸）爲義之精神。

墨子之周遊宋衞齊楚魏越諸國也，非以干祿，曰爲、義耳。耕柱篇云：

治徒娛縣子碩問於子墨子曰『爲義孰爲大務？』子墨子曰『譬若築牆然，能築者築，能實壤者實壤，能欣者欣，然後牆成也。爲義猶是也，能談辯者談辯，能說書者說書，能從事者從事，然後義事成也。』

墨子之意，以爲『萬事莫貴於義，』貴義篇故强聒不已。人雖有信之者，亦或以其汲汲施敎爲多事。如：

子墨子自魯卽齊，遇故人，謂子墨子曰『今天下莫爲義，子獨自苦而爲義，子不若已！』（貴義篇）

此故人以爲多事也。

公孟子謂子墨子曰：『實爲善人孰不知？譬若良巫，處而不出有餘糈。譬若美女，處而不出，人爭求之；行而自衒，人莫之取也。今子徧從人而說之，何其勞也！』（公孟篇）

是公孟子以爲多事也。

魯問篇一則曰：

吳慮謂子墨子曰：『義耳！義耳！焉用言之哉？』

再則曰：

吳慮謂子墨子曰：『義耳義耳？焉用言之哉？』

是此『自比於舜』之高人，以墨子爲多事也。

巫馬子則更以爲有狂疾。

巫馬子謂子墨子曰：『子之爲義也，人不見而服，鬼不見而富。而子爲之，有狂疾！』（耕柱篇）

然墨子之告高石子也，曰：『去之苟道，受狂何傷！』（耕柱篇）而其答巫馬子則曰：

『今使子有二臣於此，其一人者見子從事，不見子則不從事。其一人者，見子亦從事，不見子亦從事。子誰貴於此二人？』巫馬子曰：『我貴其見我亦從事不見我亦從事者。』子墨子曰：『然則是子亦貴有狂疾者！』（耕柱篇）

墨子之答故人，其言尤可注意。曰：

今有人於此，有子十人，一人耕而九人處，則耕者不可以不益急矣。何故？則食者衆而耕者寡也。今天下莫爲義，則子如勸我者也，（如，猶宜也。）何故止我！（貴義篇）

蓋墨子重實行，耕柱篇曰：

言足以復行者常之，不足以舉行者勿常。不足以舉行而常之，是蕩口也。（閒詁，蕩口，蓋謂不可行而空言，是徒敝其口也。）

貴義篇則曰：

言足以遷行者常之，不足以遷行者勿常。不足以遷行而常之，是蕩口也。

言行一致，是墨子平日所反覆而叮嚀者也。貴義篇又言：

子墨子曰：必去六辟，嘿則思，言則誨，動則事，使三者代御，必爲聖人。必去喜去怒，去樂去悲，去愛去惡，而用仁義；手足口鼻耳目，從事於義，必爲聖人！（曹箋，辟，偏也；六辟，卽六情也。）

有理智而無感情，以日從事於義，此墨子之精神也。

墨家之所以自道者如此，殆爲實錄。故雖反對其主張者，述其犧牲精神，亦復脗合。如孟子距楊墨者也，則曰：

墨子兼愛，摩頂放踵，利天下爲之。（告子下篇）

莊子剽剝儒墨者也，則曰：

墨者多以裘褐爲衣，以跂蹻爲服，日夜不休，以自苦爲極。……墨子眞天下之好也，將求之不得也，雖枯槁不舍也，才士也夫！

其立義之堅，與爲義之勇，此墨子所以敻絕千古也！

第三章　墨子書之攷證

墨子未嘗自著書也，今所傳墨子書，乃墨翟弟子及其後學所記述，綴緝而成者。（言墨子未自著書，於墨子之價值無損，在古代文具艱難而識字者不多，在一時之效用，著述未必優於口說。故釋迦牟尼，耶穌基督，均未自著書也，其於世界宗教之影響何如？蘇格拉底亦未自著書也，於西洋學術，影響又何如？在墨子以前，孔子明言述而不作，雖作春秋，然因魯史，實猶未作也。）漢書藝文志著錄墨子七十一篇，隋書經籍志則云十五卷目一卷。庾仲容子鈔（見高似孫子略）則十六卷，馬總意林仍之，蓋合目於本書也。唐書經籍志則言十五卷，與今本卷數同。畢沅云：『宋亡九篇，爲六十一篇，見中興館閣書目，實六十三篇，後又亡十篇，爲五十三篇，即今本也。本存道藏中，缺宋諱字，知即宋本。』（墨子注敍）

今本墨子十五卷，五十三篇，既非墨子所著，亦非某一人所著，又非一時所成者。故視如『墨學叢書』最爲恰切。

此五十三篇，胡適梁啓超均分爲五組，頗便說明，茲取其分類，有未安者，別爲解釋：

甲
- 親士
- 修身
- 所染

第一組（卷一）
- 乙
  - 法儀
  - 七患
  - 辭過
  - 三辯

甲三篇中，親士雜道家言，如『銛者必先挫，錯者必先靡』『甘井近竭，招木近伐』『太盛難守』之類是也。修身爲儒家言，汪中墨子序謂；『其言淳實，與曾子立事相表裏，爲七十子後學者所述。』最近實情。畢沅以此二篇『無稱子墨子云，疑翟所著也。』今人尚有從其說者，殊未確。所染篇亦見呂氏春秋。汪中謂：『墨子蓋嘗見染絲者而歎之，爲之學者增成其說耳，故本篇稱禽子，呂氏春秋幷稱墨子。』然染蒼則蒼，染黃則黃，有似性論，殆出各家性說已盛之後歟？故梁氏謂『這三篇非墨家言，純出僞託。』

乙類四篇，閒詁謂：蓋天志節用非樂之餘義。梁氏謂：『這四篇是墨家記墨學概要，很能提綱絜領，當先讀。』

（卷二）尚賢上中下
（卷三）尚同上中下
（卷四）兼愛上中下
（卷五）非攻上中下

第二組入（卷六）節用上中下、節葬下

（卷七）天志上中下

（卷八）明鬼下、非樂上、非命上中下

（卷九）非儒下

右二十四篇多「子墨子曰」字，乃門弟子記墨子之言，惟非攻上，非儒下則否，雖非記墨子之言，然於墨氏宗旨，固無悖也。至每題各有三篇，俞樾墨子閒詁序曰：

墨子死而墨分為三，有相里氏之墨，有相夫氏之墨，有鄧陵氏之墨。今觀尚賢，尚同，兼愛，非攻，節用，節葬，天志，明鬼，非樂，非命，皆分上中下三篇，字句小異而大旨無殊；意者此乃相里相夫鄧陵三家相傳之本不同，後人合以成書，故一篇而有三乎？

梁氏本之則曰：『每題各有三篇，文義大同小異，蓋墨家分為三派，各記所聞。』此殆不然。蓋僅字句之繁簡不同，而非相對立也。今人陳柱曰：

余意墨子隨地演說，弟子各有紀錄，言有時而詳略，記有時而繁簡，是以各有三篇。當時演說，或不止三次，所記亦不止三篇。然古人以三為成數，……故編輯墨子書者，僅存三篇，以備參考，其或以此乎？

（墨學十論頁二十四）

按陳氏之言，較得其實，惟尚未注意時代先後，與其進步之故耳。

第三組
- （卷十）
  - 經上下
  - 經說上下
- （卷十一）
  - 大取
  - 小取

魯勝墨辯注敍云：『墨子著書作辯經以立名本。』又曰：『墨辯有上下經，經各有說，凡四篇。』卽指卷十各篇，似以爲墨子所自著也。畢於經上云：『此翟自著，故號曰經，中亦無「子墨子曰」云云。』梁氏亦言『經上下當是墨子自著。』然汪中卽不以此說爲然，曰：『經上至小取六篇，當時謂之墨經。莊周稱「相里勤之弟子，五侯之徒，南方之墨者，苦獲，己齒，鄧陵子之屬，以堅白異同之辨相訾，以觭偶不仵之辭相應」者也。公孫龍爲平原君客，當趙惠文孝成二王之世，惠施相魏，當惠襄二王之世，二子實始爲是學。是時墨子之沒久矣，其徒誦之，並非墨子本書。』（墨子序）孫氏閒詁亦與汪氏之說相類，曰：『四篇皆名家言，又有算術及光學重學之說，精眇簡奧，未易宣究。其堅白異同之辯，則與公孫龍書及莊子天下篇所述惠施之言相出入。……則似戰國之時，墨家別傳之學，不盡墨子之本恉。畢謂翟所自著，攷之未審。』胡適因汪孫之說，乃謂其中所言，與惠施公孫龍最爲接近。惠施公孫龍之學說，幾全在此六篇內。故以爲此六篇乃惠施公孫龍時代之別墨所作。翟自著與施龍所著，兩說不同，究以何者爲是乎？曰，經上下決非墨子所自著，卽魯勝謂之辯經，名亦不當。蓋所研討者非僅名學，實包形算諸科也。墨子重談辯而尙制器，故謂墨子自著固非，謂乃施龍一派所爲，則亦失當。殆如荀子正名與孔子『必也正名』之說，由略而詳，由粗而精乎？其非施龍一派所作，則章士釗名墨訾應論始述其故。曰：

墨惠兩家，凡所同論之事，其義莫不相反。且細繹兩家之辭意，似惠子諸義先立，而墨家攻之；公輸般九設攻城之機變，而墨子九拒之者。然以如此互相冰炭之兩宗，併爲一宗，謂此是一二，夫亦可謂不思之甚矣。

其後作名墨訾應考言之尤詳。其意以爲不獨墨經非施龍之徒所作，卽施龍亦不得謂『別墨』也。

此六篇蓋均墨家後學所著。

第四組
- （卷十一）耕柱
- （卷十二）貴義　公孟
- （卷十三）魯問　公輸

此五篇乃墨家後學記墨子一生言論行事，體裁頗近論語，作『墨子言行錄』讀可也。

第五組

- （卷十四）
  - 備城門
  - 備高臨
  - 備梯
  - 備水
  - 備突
  - 備穴
  - 備蛾傅
- （卷十五）
  - 迎敵祠
  - 旗幟
  - 號令
  - 雜守

此十一篇言守城備敵之法，蓋墨家後學，因墨子非攻禦寇之術，精研以成者。史記言墨翟善守禦，蓋指此。漢書藝文志兵技巧家注云：『省墨子重，』則劉氏七略入兵技巧家者，當卽此備城門以下諸篇也。

墨子書之內容，大致如上。然七十一篇之本，乃由劉向校定，箸於別錄，而劉歆七略及班固藝文志因之者也。是則由墨子弟子迨劉向之世，皆有造作之可能。今之五十三篇，其作成之期，果何如乎？此亦頗堪研討者也。

夫墨子學說之中堅，在尚賢，尚同，兼愛，非攻，節用，節葬，天志，明鬼，非樂，非命，非儒，卽前所謂第二組諸篇也。此諸篇文字繁衍而質樸，多與其他各組不同。何以如此？則觀田鳩之對楚王，可明其故矣。韓非子外儲說左上篇云：

楚王謂田鳩曰：『墨子者，顯學也，其身體則可，其言多而不辯，何也？』

曰：『昔秦伯嫁其女於晉公子，令晉爲之飾裝，從文衣之媵七十人；至晉，晉人愛其妾而賤公女。此可謂善嫁妾而未可謂善嫁女也。楚人有賣其珠於鄭者，爲木蘭之櫃，薰以桂椒，綴以珠玉，飾以玫瑰，輯以羽翠；鄭人買其櫝而還其珠。此可謂善賣櫝矣，未可謂善鬻珠也。今世之談也，皆道辯說文辭之言，人主覽其文而忘其用。墨子之說，傳先王之道，論聖人之言，以宣告人；若辯其辭，則恐人懷其文，忘其用，直以文害用也。此與楚人鬻珠，秦伯嫁女同類，故其言多不辯。』

此所謂『不辯』即『不文，』故曰『若辯其辭則恐人懷其文直以文害用也，』蓋文字樸僿，而無修辭之功也。『其言多』者，則字句繁衍而不簡要，是也。合此『多而不辯』之條件者，則以第三組各篇爲多。

按第三組各篇字數，據衛聚賢所統計如左：古史研究集冊下、頁五五二

篇名＼篇次	上	中	下
尙賢	八二〇	三三三八	一五一九
尙同	八二四	一三九六	一八八五
兼愛	五八〇	一三〇五	一八八五
非攻	四二〇	一二七六	二〇〇六
節用	六〇三	五七七	
節葬			二六五一
天志	一三八一	一三一九	二三〇二
明鬼			二四二三
非樂	一四五〇		
非命	一四七五	九八〇	一四三六
非儒			一九四〇
總數	七五六二	一〇一九一	一六八五〇
每篇平均數	九四五	一四五六	二一〇六
百分比	二	三	四七

由此觀之，則自天志非樂非命上篇外，大抵以中下篇之文爲多也。

至其不辯，亦有可得而言者：蓋此諸篇乃弟子就墨氏語錄，連綴成篇，亦有稱之爲演講體者。其中語句或爲當時方言俚語。今尚有可言者：

(甲)引詩多散文化。如尚賢中云：

周頌道之曰：『聖人之德若天之高，若地之普。其有昭於天下也；若地之固，若山之承，不坼不崩。若日之光，若月之明，與天地同常。』

「其有昭於天下也，」俞樾云：『……增「其有」「也」三虛字，則非頌體矣，』因疑有錯誤。又非攻中云：

詩曰：『魚水不務，陸將何及乎？』

王念孫讀書雜志云：『陸將何及乎，不類詩詞，乎字蓋淺人所加』（或云：『乎蓋兮字形近之譌。』恐亦未諦。）

兼愛下引周詩：『君子之所履，小人之所視。』今小雅大東篇無兩『之』字也。又云：

先王之書大雅之所道曰：『無言而不讎，無德而不報。』

今大雅抑篇無『而』字也。

凡此改詩爲散文以就當時口語之體，昔人多未達其故。蓋墨子非樂，而古所謂樂，即詩之加以弦歌者也，故亦非詩而改爲散文，俞王諸氏疑非頌體，或不類詩詞，欲加删改以就古詩之形式，皆失墨子本恉矣。

(乙)引古書多改爲當代語。尙同下云：

於先王之書也，大誓之言然曰：『小人見姦巧，乃聞。不言也，發，罪鈞。』

明鬼下云：

然則姑嘗上觀乎夏書，禹誓曰：『……予非爾田野葆士之欲也，予共行天之罰也。』

若此類增助詞『也』字者甚多，非今本尙書所有，蓋改以就當時口語也。

非樂上云：

於武觀曰：『啓乃淫溢康樂，野于飲食……』

在肯定句中，以所介之目的格『野』置於介詞『于』之上，此古今所少有者，亦與下文『湛濁于酒，渝食于野』不同。惟左傳有云：

諺所謂『室於怒，市於色』者，楚之謂矣。——昭十九年。

語法正相巧合。或墨子偶改以同當時之俗諺歟？

(丙)多采通俗之語詞入文。如尙賢中：

古者聖王『唯毋』得賢人而使之。

賢人「唯毋」得明君而事之。

尚賢下：

今「唯毋」以尚賢爲政其國家百姓。

然昔吾所以貴堯舜禹湯文武之道者，何故以哉？以其「唯毋」臨衆發政而治民，使天下之爲善者，『可而』勸也，爲暴者『可而』沮也。（「可而」宜與天志上、「且語有之曰、『「焉而」晏日、「焉而」得罪、將惡避逃之」』之「焉而」參閱。蓋皆俗語也。）

節葬下：

今「雖毋」法執厚葬久喪者言以爲事乎國家。

今「唯無」以厚葬久喪者爲政。

書中用「唯毋」者甚多，（雖毋、亦作唯毋解。）其字或作「毋」，或作「無」，皆是語詞，非有實義也。向來多不得其解，畢本改「毋」爲「母」，蘇疑毋爲「務」字之假借，均非；惟王氏讀書雜志始知其義。按『唯』作『唯毋』此乃當時俗詞，墨子初采以入文，管子立政九敗解篇亦用之，乃襲墨子之文也。此外『可而』『焉而』若此類者甚衆，恐均爲俗詞。

在春秋戰國之際，雖曰言文一致，然尚有『雅言』與非雅言之別，（論語、子所雅言、詩書執禮、皆雅言也。）亦猶今日所謂『官話』與方言也。墨子中此第二組諸篇，既多用方言；又以宣傳其說於當時賤人之前，故多反覆申說，不厭其詳。此所以有多而不辯之譏也歟？

但在第二組中各篇亦不一致，如兼愛上，非攻上，推理縝密，措辭簡要，則『辯而不多』矣。持以與中下篇比較，則有一絕大鴻溝。上篇應用墨經之辯證法，求於論理上獲一根據；且非攻上無『子墨子曰，』兼愛上僅云『故子墨子曰不可以不勸愛人者，此也。』（非攻上之辭句，大都取之天志下篇末段，然一經改易，優劣迥殊，眞有點鐵成金，化臭腐爲神奇之妙也。）此乃墨家辯學進步後之產物，決非與中下篇同時寫成也。以吾所觀察，兼愛非攻乃均下篇最先寫成，次有中篇，再次始有上篇，今本就質以分，故列爲上中下也。論字數則下篇最多，中篇次之，上篇最簡。以古代帛書之繁，有如是現象，頗可異也。就思想言，其方法則中下篇應用墨子三表之法，所謂有本之者，有原之者；故多引傳說及詩書以爲上本之於古者聖王之事。上篇則應用推論也。中篇與下篇孰先孰後，頗難斷定。兼愛中言『譬若挈太山越河濟也，』下篇則曰『猶挈太山以超江河也，』語更夸誕，似「中」先於「下」矣。然下篇舉湯不憚以身爲犧牲作兼愛之證，猶明鬼之習也。非攻中篇言南則荊吳之王，北則齊晉之君，又言陳蔡亡於吳越之間，似有吳未亡時之背景。下篇則言天下好戰之國，齊晉楚越，是吳已亡矣。而於禹征有苗，湯伐桀，武王伐紂，言非所謂攻，所謂誅也，既已矛盾，又各舉鬼神迷信之事爲證，則又似下篇先於中篇也。此雖不易斷定，惟較上篇多而不辯，固無可疑矣。

據此多而不辯之說，吾頗疑楚王與田鳩之時，墨家學說所發表者（最少爲二人所得見者，）僅爲尙賢尙同兼愛非攻之中下，節葬明鬼下，天志上中下，非樂上，非命上下諸篇，蓋皆多而不辯也。餘如非儒則多而辯，尙賢尙同兼愛非攻上，節用上中，非命中，或少而不辯，或辯而不多，固非田鳩與楚王所論及也。

田鳩時代之墨學書，僅此多而不辯之諸篇，已如上述。然則田鳩果何時人乎？按此楚王不知爲誰，但呂氏春秋首時篇言：

> 田鳩欲見秦惠王，留秦三年而弗得見。客有言之於楚王者，往見楚王，楚王說之，與將軍之節以如秦，至因見惠王。告人曰：『之秦之道，乃之楚乎？』

史記蘇秦列傳言「秦孝公卒，惠王方誅商鞅，疾辯士。」故弗用蘇秦之言。田鳩三年弗得見，則必在此時也。其後則腹䵍唐姑果均見信於惠王矣。惠王在位（西紀前337—311）適當楚威王懷王之世，惠王晚年秦楚國交不睦，戰爭時作。然則田鳩爲楚使秦，或在惠王初年，其當楚威王之世乎？（西紀前337—328之十年內）此時約當墨子卒後七十年左右也。

墨子書中有辯而不多者，則第三組各篇是已。此果何時所寫成？則當然在田鳩與楚王討論以後。莊子天下篇曰：

> 相里勤之弟子，五侯之徒；南方之墨者苦獲，己齒，鄧陵子之屬，俱誦墨經而倍譎不同，相謂『別墨』以堅白同異之辯相訾，以觭偶不仵之辭相應。

是天下篇之著者，已見經上下經說上下四篇之寫成也，駢拇篇曰：

駢於『辯』者，纍瓦結繩，竄句遊心於堅白同異之間，而敝跬譽無用之言，非乎；而楊墨是已。

魯勝以經及經說四篇爲墨辯，是駢拇篇著者亦見此四篇之寫成也。天下，駢拇如眞爲莊周所著，是在莊子以前已通行於墨家矣。大取小取二篇，此時尙無所聞，至荀子正名篇則有曰：

見侮不辱，聖人不愛己，殺盜非殺人也，此惑於用名以亂名者也。驗之所爲有名，而觀其孰行，則能禁之矣。

按荀子所駁乃見大取小取二篇中。大取篇曰：

愛人不外己，己在所愛之中。己在所愛，愛加於己，倫列之愛己，愛人也。

此卽『聖人不愛己』也。小取篇曰：

盜，人也；多盜，非多人也；無盜，非無人也。奚以明之？惡多盜，非惡多人也；欲無盜，非欲無人也；世相與共是之。若若是，則雖『盜，人也；愛盜，非愛人也；不愛盜，非不愛人也；殺盜，非殺人也；』無難矣。

此卽所駁『殺盜非殺人也』。（按莊子天運篇亦言：『殺盜非殺人，自爲種而天下耳，是以天下大駭，而儒墨皆起。』此似汎論，非專駁墨家，故不取。）然則此六篇，殆楚威王以後，至荀子以前，始先後寫成，而兼愛上，與非攻上應用『墨辯』之嚴密推理，簡淨深刻，無絲毫天鬼迷信之見，亦產生於是時歟？

第四組各篇遲早頗不一律。但早者亦在第二組以後，蓋其言均辯而不多也。公輸篇文甚辯而無盈辭，視戰國策宋策呂氏春秋愛類篇爲早；故篇中無『百舍重繭』（宋策語）『裂裳裹足日夜不休』（愛類篇語）一類夸飾之辭。惟耕柱篇有云：

昔者夏后開使蜚廉折金於山，以鑄鼎於昆吾，是使翁難雉乙（孫云當作益鄱雉以）卜於白若之龜……乙又言兆之由曰：『饗矣逢逢白雲，一南一北，一西一東，九鼎既成，遷於三國。』

此以『國』『北』爲韻而句不順，王樹枬劉師培張純一並改『國』爲『邦』則東邦韻也。按邦而爲國，此漢人避高祖諱改之；夏后啓作開，亦漢人避景帝諱改之也。此雖不能斷定耕柱爲漢景帝以後人所作，最少此一節爲景帝以後人所加，則無可疑，蓋他篇之『邦』『啓』字均未改也。耕柱篇又有『子墨子說而召子禽子』之語，則此篇必爲禽滑釐派之後學所述者也。然則由耕柱至公輸五篇，或起於第二組以後，至漢而始完成之也。

第五組諸篇，今人朱希祖論此十一篇乃漢人僞書。其證有四：

（一）多漢代官名。（如城門司馬，城門侯，都司空，執盾，中涓，曹，關內侯，五大夫，公乘，二百石之吏，三百石之吏等。）

（二）有漢代刑法制度。（如城旦。闌石等。）

（三）多襲戰國末及秦漢諸子。（如備城門襲管子九變。）

（四）多言鐵器與墨子時代不符。

他說：『號令雜守諸篇，皆言邊縣，係漢代燕趙諸侯王備邊塞時所作守城書，而托之墨子。』（原文見清華週刊三十卷九期，此據錢穆著『墨子』轉錄。）

按號令篇蘇氏刊誤謂『蓋出於商鞅輩所爲，』雜守篇多與備高臨諸篇重複，予向草墨子學辨商兌一文，即疑其僞，朱氏定爲漢人所作是也。但其他諸篇則爲戰國時，墨家後學，因墨子守禦之法，推衍以成者，尙非漢人之作也。蓋朱氏所舉漢代官名及刑法制度，則均出於號令雜守。備城門與管子九變，其中結構相似，而一簡奧，一明暢。試錄於左以資比較：

墨子：凡守圍之法，城厚以高，壕池深以廣，樓櫓揗，守備繕利，薪食足以支三月以上，人衆以選，吏民和，大臣有功勞於上者多，主信以義，萬民樂之無窮。不然，父母墳墓在焉。不然，山林草澤之饒足利。不然，地形之難攻而易守也。不然，則有深怨於適（敵）而有大功於上。不然，則賞明可信而罰嚴足畏也。——備城門。

管子：凡民之所以守戰至死而不德其上者，有數以至焉：曰大者親戚墳墓之所在也；田宅富厚足居也。不然，則州縣鄉黨與宗族足懷樂也。不然，則上之教訓習俗慈愛之於民也厚，無所往而得之。不然，則山林澤谷之利足生也。不然，則地形險阻易守而難攻也。不然，則罰嚴而可畏也。不然，則賞明而足勸也。不然，則有深怨於敵人也。不然，則有厚功於上也。——九變

讀者於文體方面加意審察，則管之襲墨而非墨之襲管，不亦灼然可見矣乎？朱氏謂『剿襲管子而故爲顛倒錯亂』，殆過言也。

墨子生前數十年已有鐵器。如左傳昭二十九年云：

冬，晉趙鞅，荀寅帥師城汝濱，遂賦晉國一鼓鐵，以鑄刑鼎，著范宣子所爲刑書焉。

鼎而能鑄刑書，則當時冶鐵之業，似已有相當程度。今世出土之鼎乃有銅而無鐵者，以鐵易養化而銹蝕，不能保存於土中，非古無鐵鼎也。然此乃生鐵所鑄，而由熟鐵鍛鍊而成者，則見管子荀子韓非子及史記范雎傳等，則戰國實已入鐵器時代也。今人多據秦始皇銷兵器以爲金人十二，金人乃銅人，因謂戰國兵器尙用銅。其實始皇所銷者，或爲無用之鈍器，時方備胡，利器亦銷之，始皇似不爾也。墨子時代鐵器固未發達，推及戰國全期，則又不符矣。

凡第五組中由備城門至備蛾傳七篇，爲戰國時代作品，當無可疑。蓋所爲設計者，規模均小，似爲晚周弱國，勉圖守禦之方，於漢無所用之也。在十五卷中四篇則號令雜守固爲漢人所作，即迎敵祠旗幟兩篇亦有可疑。迎敵祠云：

敵以東方來，迎之東壇，……主祭青旗青神，……將服必青，其牲以雞。

敵以南方來，迎之南壇，……主祭赤旗赤神，……將服必赤，其牲以狗。

敵以西方來，迎之西壇，……主祭白旗素神，……將服必白，其牲以羊。

敵以北方來，迎之北壇，……主祭黑旗黑神，……將服必黑，其牲以彘。

旗幟篇云：

守城之法：木爲蒼旗，火爲赤旗，薪樵爲黃旗，石爲白旗，水爲黑旗。……

此皆陰陽五行之說，戰國末年騶衍諸人始盛倡之者也。本爲墨家所反對，如經下云：

五行毋常勝，說在多。（舊多作宜）

經說曰：五合水土。火木（舊木作火）離，（麗也）然。火鑠金，火多也；金靡炭，金多也。合之府（同腐）木。木離木，若識麋與魚之數，惟所利。

此文雖不易盡解，然駁五行相勝論，固甚明顯也。今採以論兵，有違墨家實用之旨。迎敵祠又云：

凡望氣有大將氣，有中將氣，有小將氣，有往氣，有來氣，有敗氣，能得明此者，可知成敗吉凶。

此與貴義篇日者謂墨子之色黑不可以北，同屬陰陽家之說，（漢書藝文志有別成子望軍氣六篇，在兵書陰陽家。）而爲墨子所不信也。今亦採之，失其旨矣。且十四卷中如備突備水亦有無『子墨子曰』者乃蒙上文而來，尚可解釋；此二篇前無所承，亦無『子墨子曰』蓋別爲篇，與墨子無關在『兵書』中，乃『陰陽』之言，尚不足以言『技巧』也！

第一組各篇修身親士本與墨學無關，其文似作於漢初，黃老之說正盛，而易文言已寫成之日也。脩身篇有道家之說已詳前。易文言爲秦以後作品，脩身篇似襲其文而衍之者。如坤文言：

美在其中而暢於四支，發於事業，美之至也。

乾文言：

知進退存亡而不失其正者，其爲聖人乎！

修身篇：

藏於心者，無以竭愛；動於身者，無以竭恭；出於口者，無以竭馴。

似演繹『美在其中』一語。而其

暢之四支，接之肌膚，華髮隳顚而猶弗舍者，其唯聖人乎！

則襲文言之辭句，顯而易見。所以知此襲文言，而非文言取之於此者，篇中辭句尤麗，文氣尤靡也，故必在文言以後。而所染篇乃襲自呂氏春秋之當染，則亦顯而易見者也。

惟法儀七患辭過三辯四篇，雖文辭稍麗，而其旨與墨家之說無忤，蓋猶是先秦之書，似非後人所僞託也。

此論各篇作期，言過繁冗，試概括爲左表：

（墨子各篇作期表）

第一期		第二期		第三期	僞篇其宗旨與墨家相反者
墨子弟子		墨家後學		秦漢之際	西漢時
尚賢中	尚賢上	兼愛上		所染	親士
尚賢下		非攻上			修身
尚同中	尚同上	經上	經說上		
尚同下		經下	經說下		
兼愛中			大取		
兼愛下			小取		
非攻中		貴義		耕柱	
非攻下		公孟			
節用上		魯問			
節用中		公輸			

節葬下			法儀		
天志中	天志上		七患		
天志下			辭過		
明鬼下	非樂上		三辯		
非命上			備城門		迎敵祠
非命中			備高臨		旗幟
非命下		非儒下	備梯		號令
			備水		雜守
			備突		
			備穴		
			備蛾傅		

附注

當此章屬草時、深以未見朱希祖墨子備城門以下二十篇係漢人僞書說全文爲憾・後於羅澤根編著之諸子叢攷中見之、知朱氏以迎敵祠篇劉襄黃帝兵法、旗幟篇劉襄尉繚子、足爲吾說增一佐證・其他則不敢苟同・今亦不暇詳論、以佔篇幅・要之、墨家守禦之術、在當時必有其說、否則其學既非如黃老陰陽之盛於漢初、又無徵求遺書、如表章六經之舉、時代又近、言兵者何必託之墨子乎？

第四章　墨學發生之背景

墨子生於春秋之末，長於戰國之初，而春秋戰國之際，實歷史上一大變革之樞紐也。此種變革何自發生？蓋社會生產狀況已呈蛻化之迹，舊有制度文物自隨之動搖崩潰，而別立一適應此新狀況之組織也。此種變革固非墨子一生所能見其發軔與完成，然不察其環境，則無以明墨學之淵源矣。

西周時代中國之產業，以牧畜爲主，而農業副之。春秋初期猶以牧畜與農業並重。迨春秋末年則農業有高速度之發展，及戰國則以農業爲主，商業漸盛矣。此種關係則半由新工具之使用，如鐵器之發生是已。在墨子生前數十年，晉鑄鐵鼎以著范宣子所爲刑書，已見可信之載籍，前已言之矣（見第三章）。國語齊語云：

美金以鑄劍戟，試諸狗馬；惡金以鑄鉏夷斤欘，試諸壤土。

或謂美金爲銅，惡金爲鐵，蓋初應用時尚未熟鍊也。管子小匡篇云：

美金以鑄戈劍矛戟，試諸狗馬；惡金以鑄斤斧鉏夷鋸欘，試諸土木。

管子書晚出，襲國語而改『壤土』爲『土木』，一字之異，足見兩書著者之間，其時冶鐵之進步。蓋土壤之農器，尚可以惡金爲之，而木匠之斧，豈可以惡金爲之耶？海王篇曰：

今鐵官之數曰，一女必有一鍼一刀，若（然後也。）其事立；耕者必有一耒一耜一銚，若其事立；行服連軺輦者，必有一斤一鋸一錐一鑿，若其事立；不爾而成事者，天下無有。

曩所謂惡金，今能製作器具如此之多，已足見其進步。輕重乙篇所載，則鐵製品尤複雜。曰：

「衡」謂寡（人）曰，一農之事，必有一耜一銚，一鎌一鎒，一椎一銍，『然後』成爲農；一車必有一斤一鋸，一釭一鑽，一鑿一銶一軻，然後成爲車；一女必有一刀一錐，一鍼一鉥，然後成爲女。請以令斷山木，鼓山鐵！

故由管子一書之中而鐵器之進步，顯然可尋。蓋管仲乃春秋中葉人，而管子書爲僞託，其著者不一，自春秋末以迨戰國晚年，均有其人，故此時期中用鐵之蛻變，亦反映於書內也。

史記范雎傳言：

昭王曰：吾聞楚之鐵劍利而倡優拙。夫鐵劍利則士勇……。

荀子議兵篇言：

楚人……宛鉅鐵鉇，（矛也）慘如蠭蠆，輕利僄速，卒如飄風。

韓非子五蠹篇言：

鐵銛短者及乎敵，鎧甲不堅者傷乎體。

鐵劍，鐵鉇，鐵銛，皆鐵兵之證也。其他「鐵甲」「鐵室」之屬，則不暇備舉。墨子書中言鐵者則備城門篇有：

1 殺沙礫鐵，

2 以錮金若鐵鍱之，(又)鍱之以鐵必堅，

3 鐵夫，夫即鈇

4 竈有鐵鐟，(又)竈置鐵鐟焉，

5 藉車必有鐵纂，

6 諸藉車皆鐵什。

備穴篇有：

7 鐵鎖，縣正當穴口，(又)鐵鎖長三丈，

8 穴矛以鐵，長四尺半，大如『鐵服』，王注：服，耜也，廣二尺。

9 難近穴，爲鐵鈇，

10 爲鐵鉤鉅，長四尺者，

11 爲鐵校衞穴四。

備蛾傅篇有：

12居縣障中以鐵璅，（又）中爲鐵鏁，

凡此所舉之鐵，僅就十四卷中灼然知爲墨家後學所撰者而言，第十五卷漢人僞撰者不與焉。是知春秋季年至戰國，乃中國由銅器時代蛻變而爲鐵器時代也。鐵器採用，於古代社會之影響，殆猶蒸汽發明之與歐洲產業革命，機器輸入之與吾國現代社會，故生產狀況，社會組織，政治制度，莫不從而蛻變矣。

西周本爲宗法社會，貴族專政，社會之等級甚嚴，在春秋時猶可見也。左傳桓二年：

師服曰吾聞國家之立也，本大而末小，是以能固。故天子建國，諸侯立家，卿置側室，大夫有貳宗，士有隸子弟，庶人工商各有分親，皆有等衰。是以民服事其上，而下無覬覦。

又昭七年所載芋尹無宇之言尤詳，曰：

天子經略，諸侯正封，古之制也。封略之內，何非君土？食土之毛，誰非君臣？……天有十日，人有十等，下所以事上，上所以共神也。故王臣公，公臣大夫，大夫臣士，士臣皁，皁臣輿，輿臣隸，隸臣僚，僚臣僕，僕臣臺；馬有圉，牛有牧；以待百事。

等級重重，所謂平等之義，則當時所難夢想及之也。而其統治者之心理，視此爲天經地義，能維持之而不敝，則視爲盛事。故子囊曰：……晉君類能而使之，舉不失選，官不易方，其卿讓於善，其大夫不失守，其士競於敎，其庶人力於農穡，商工皁隸不知遷業——襄九年左傳。

此種各安其分之主張，加以理論化，則曰：

士之子恆為士，農之子恆為農，工之子恆為工，商之子恆為商。

乃國語齊語與管子小匡篇所竭力發揮而演為長論者也。概括言之，則

知武子曰：君子勞心，小人勞力，先王之制也。襄九年左傳

公父文伯之母曰：君子勞心，小人勞力，先王之訓也。國語魯語

此種先王之制與訓，即後來孟子之『天下通義』所謂：

或勞心，或勞力；勞心者治人，勞力者治於人；治於人者食人，治人者食於人：天下之通義也。滕文公上篇

但春秋時代之『世風』已與現在同一『不古』矣，是以此種『上天下澤』即今所謂『天淵之別』。易履象曰『上天下澤，履；君子以辯上下、定民志。』之制與訓，或天下通義，亦不易維持。襄十三年左傳載一『君子』之議論，最可玩味。

君子曰：讓，禮之主也。……世之治也，君子尙能而讓其下，小人農力以事其上；是以上下有禮，而讒慝黜遠，由不爭也，謂之懿德。及其亂也，君子稱其功以加小人，小人伐其技以馮君子；是以上下無禮，亂虐並生，由爭善也，謂之昏德。國家之敝，恆必由之。

然自『君子』觀之，春秋，亂世也，故相爭日繁，上下無禮。

王叔之宰曰：篳門閨竇之人，而皆陵其上，其難爲上矣！襄十年左傳。

盜入於北宮，（子西）乃歸授甲，臣妾多逃，器用多喪。同右。

王孫賈曰：苟衞國有難，工商未嘗不爲患；使皆行而後可。定二年左傳。

今發徒隸而作之，則逃亡而不守；發民則下疾怨上，邊境有兵，則懷宿怨而不戰。管子輕重乙

是小人不安於勞力以事其上也。至於君子，則

叔向曰：……民聞公命，如逃寇讎。欒，郤，胥，原，狐，續，慶，伯，降在皁隸。……晉之公族盡矣！……肸之宗十一族，唯羊舌氏在而已。昭三年左傳。

竇犨曰：夫中行范氏不恤庶難，而欲擅晉國，今其子孫將耕於齊。宗廟之犧，爲畎畝之勤，人之化也，何日之有！晉語九

此種劇變之發生，似可求其故於經濟，而與農業之發展有關。昭三年左傳：

晏子曰：齊其爲陳氏矣！公棄其民，而歸於陳氏。齊舊四量：豆，區，釜，鍾。四升爲豆，各以其四，以登於釜，釜十則鍾；陳氏三量，皆登一焉，鍾乃大矣。以家量貸，而以公量收之。山木如市，弗加於山；魚鹽蜃蛤，弗加於海。民參其力，二入於公，而衣食其一。公聚朽蠹，而三老凍餒；國之諸市，屨賤踴貴。民之痛疾，而或燠

休之，……欲無獲民，將焉避之？（天）

進步之貴族開發采地之農業，因其產品，以擅一國之政權，此種事例，豈春秋以前所能有耶？

其始也因生活簡單，文化方面亦至樸僿，迨後社會關係複雜，糾紛日多，向之官學不足以應付此種需要，於是文化水準較高之國，私學日盛。其在魯也，則孔子起於前，墨子繼於後矣，

孔墨何為皆起於魯耶？似與魯之固有文化相關。魯，周公之後也。周公為宗法社會之聖人，制禮作樂。伯禽封魯，祝佗言『分之土田倍敦，祝宗卜史，備物典策，官司彝器。』所謂『備物典策，』非他國所能得也。故

晉侯使韓宣子來聘，……觀書於太史氏，見易象與魯春秋，曰『周禮盡在魯矣。吾乃知周公之德與周之所以王也！』昭二年左傳。

魯國所存此類文獻，必有富於他國者。諸書所記孔子之言，亦可印證。

子曰：夏禮吾能言之，杞不足徵也；殷禮吾能言之，宋不足徵也；文獻不足故也。足，則吾能徵之矣。論語八佾

子曰：吾說夏禮，杞不足徵也；吾學殷禮，有宋存焉。吾學周禮，今用之，吾從周。禮記中庸

孔子曰：我欲觀夏道，是故之杞，而不足徵也；吾得夏時焉。我欲觀殷道，是故之宋，而不足徵也；吾得坤乾焉。……於乎哀哉！我觀周道，幽厲傷之，吾舍魯何適矣？禮記禮運

各國皆無足徵，周自幽厲以後，亦已缺壞，惟魯則「文武之政，布在方策，」（中庸記孔子告哀公之說）故舍魯則無所適也。孔子又曰「齊一變，至於魯，魯一變，至於道。」（論語雍也）其所用以比較之觀點，雖未得而詳，但齊之軍事政治，在春秋時頗有所表見，而魯爲積弱之邦，尙駕乎其上，則魯必有以異於他國矣。

且魯不獨精神文明如此，卽物質文明，亦似較他國爲發達。左傳襄二十九年云：

叔侯曰：魯之於晉也，職貢不乏，玩好時至。

又成二年：

楚侵及陽橋，孟孫請往，賂之以執斲，執鍼，織紝，皆百人。

前者如玩好時至，則似奢侈品頗發達。後者如執斲，執鍼，織紝，皆工人也，每種至百人之多，其技術人才可謂盛矣。惟古代尙在奴隸生產，故不如今世聘請技師之隆重，乃舉以贈遺也。此種事實春秋二百餘年間僅此一舉，（他處僅言「歸樂，」「獻俘，」等，）設非魯國製造之精，何必出此耶？抑不獨春秋時爲然，卽在戰國中葉，猶有翹舉魯國以爲物質文明之模範國家者。如

商君曰：始秦戎翟之敎，父子無別，同室而居，今我更制其敎，而爲男女之別；大築冀闕，營如魯衞矣，（史記商君傳）

注：衞自春秋以來，國勢雖日削弱，孔子所謂「魯衞之政，兄弟也，」但「衞多君子，」已見稱於當時，其國又爲新樂發生之地，古人所譏「鄭衞之聲」是已。戰國時，衞之人才見用於各國（天）

者、多著特殊成績，如商鞅即其最顯者。吳起之政治軍事，人多知之，然呂氏春秋義賞篇云：『郢人之以兩版垣也，吳起變之而見惡。賞罰易而民安樂。』高誘注云：『郢，楚都也，楚人以兩版築垣，吳起，衞人也，楚以為將，變其兩版，教之用四。楚俗習久，見怨也。』據此，則起殆以衞之建築方法輸入於楚，而衞之物質文明必有可觀也。戰國中葉猶如此，則商君所謂『大飾冀闕，營如魯衞，』必非泛辭而有實事可指者矣。

蓋魯雖國力不競，其俗喜學術，好技藝，頗似希臘之雅典。明乎此種環境關係，則魯為儒術最盛之邦，又為墨學淵源之地；以技巧言，輸之攻，墨之守，乃同出於魯人；庶可恍然知其故矣。

墨子與孔子環境大抵相同，時間相去又近，儒墨之道，何為水火不相容耶？此乃其所持之觀點不同，或所代表之立場有異也。墨子為賤人，前已言之矣，孔子既自稱『吾少也賤，』（論語子罕）史記則言孔子貧且賤，（孔子世家）又言仲弓父賤人。（仲尼弟子列傳）所不同者仲弓雖為賤人之子，而其學則為『南面』之術；（論語雍也篇，子曰、『雍也可使南面。』）孔子究為破落之貴族，而其所講求者雖為救世之術，乃立於君子方面，以今語釋之則統治階級也。（君子義如公子、王子，即後世之老爺、少爺，小人即賤人，乃後世之小民、『小的』也。君子與小人、本地位之分別，自君子階級之學者出，始漸變為品性之區別。此種分別雖為後世所諱言、究無法掩飾。如梁啓超先秦政治思想史云、『然則儒家果畫然將國人分為能治與受治之兩階級乎？曰、是殆然，是又殆不然。儒家有所謂能治的階級乎，曰有之，其名曰「君子」。一切政治由君子出，此儒家唯一的標幟，徧徵諸儒書而可信者也』（頁311）惟梁氏謂『君子非表示地位之名詞，乃表示品格之名詞，』此徵之儒家言如論語孟子荀子諸書自無問題，若考之詩經及左傳所載春秋時人之言則君子小人，實表示地位之名詞也。）故其高第弟子如子張，明言干祿之學，孔子本人，或言其歷干七十二君。（莊韓呂諸子均有此語。）孟子則言『孔子三月無君，則皇皇如也，出疆必載質。』（孟子滕文公下）蓋學優則仕，非仕則無以爲生。故曰：『士之仕也，猶農夫之耕也，農夫豈爲出疆，舍其耒耜哉？』（亦孟子語，同上。）是以孔子之思想學術，視當時之官學，（古代學術在官、自有此一境。）雖有進步，而因依附政府，『溫溫無所試』，則非其所堪，弊亦中於此矣。墨子則不然，己既爲賤人，而其所講求者，亦終爲賤人之學。故孔子尊周王魯，墨子則背周道；若僅就此點言之，則孔子似淸末之康聖人，墨子則一革命家也。

墨子之學既代表賤人，當時之賤人，情形果如何？貴義篇墨子自承爲賤人，又曰：

> 今農夫入其稅於大人，大人爲酒醴粢盛，以祭上帝鬼神，豈曰賤人之所爲而不享哉？故雖賤人也，上比之農，下比之藥，曾不若一草之本乎？

是『農夫』乃賤人也。又曰：

> 彭氏之子曰，伊尹，天下之賤人也。

伊尹究爲何等賤人？在他篇則

> 尚賢下：昔伊尹爲莘氏女師僕，使爲庖人。
>
> 尚賢中：伊摯，有莘氏女之私臣，親爲庖人。
>
> 尚賢上：湯舉伊尹於庖廚之中。

是當時以伊尹爲奴僕，故曰賤人也。然自農民以降，至於奴僕，其中等級尙多；如前所引『庶人工商，各有分親，』庶人卽農人，故曰『其庶人力於農穡，商工阜隸，不知遷業』也。此外可攷見者，如

士有朋友，庶人工商阜隸牧圉，皆有親暱，以相輔佐也。左傳襄十四年。

克敵者上大夫受縣，下大夫受郡，士田十萬，庶人工商遂，人臣隸圉免。又，哀二年。

公食貢，大夫食邑，士食田，庶人食力，工商食官，阜隸食職，官宰食加。國語晉語四。官宰，家臣也。

農（庶人）旣爲賤人矣。墨子蓋出身於工人，故亦爲賤人。阜隸牧圉之爲賤人，則無問題。其時商人，位在農工之下，亦賤人也。或疑鄭商人弦高能犒秦師，疑春秋時代商人勢力已大者，胡適哲學史大綱謂「鄭國商人弦高都能跳上政治舞臺建功立業。」頁三九。其實不然。弦高之舉動乃『以乘韋先牛十二犒師』而已，不足見其地位之高下也。越四十九年，有一故事頗足參攷。

荀罃之在楚也，鄭賈人有將寘諸褚中以出。旣謀之，未行，而楚人歸之。賈人如晉，荀罃善視之，如實出己。賈人曰：『吾無其功，敢有其實乎？吾小人，不可以厚誣君子！』遂適齊。——成三年，左傳

商人地位之低，則繪影繪聲矣。雖有富商，亦受種種限制。

夫絳之富商，韋藩木楗，以過於朝，唯其功庸少也，而能金玉其車，文錯其服，能行諸侯之賄，而無尋尺之祿，無大績於民故也。——國語晉語八

此叔向之語，則春秋季年，商人雖有富者，尙不得乘普通之車，（韋藩、韋蔽前後。木楗、木檐也。）其權利之被剝奪也多矣。（昭十六年）（左傳、載子產述鄭與商人之盟誓曰、『爾無我叛、我無强賈、毋或匄奪。爾有利市寶賄、我勿與知。』無此盟誓則不能相保、商人之受壓於貴族可知。）然時移勢異，則亦不能久安於賤人之地位。故曰『衞國有難，工商未嘗不爲患，』他國亦當然如是也。庶民工商及奴隸，此一羣大多數之賤人，向爲文化所不及，迨春秋末年，社會劇變矛盾衝突亦蠕蠕欲動矣。而立於此賤人之觀點方面，倡爲學說者，則墨子其人也。

此種儒墨之區別，非予之私言也。墨子既自言之，而荀子言之亦甚明白。荀子王霸篇曰：

今以一人兼聽天下，日有餘而治不足者，使人爲之也。大有天下，小有一國，必自爲之然後可，則勞苦耗顇莫甚焉！如是則雖臧獲不肯與天子易勢業。以是縣天下，一四海，何故必自爲之？爲之者，役夫之道也，墨子之說也。論德使能而官施之者，聖王之道也，儒之所謹也。

役夫古爲罵人之詞，（左傳文元年、載『呼、役夫。』）荀子之態度雖未必善，然以墨子之說爲「役夫之道，」觀察却眞；與墨子自承賤人無以異也。

第五章　墨子之學說

一　墨學之淵源

墨學由墨子之時代，環境，出身，及其個性所決定，而非墨子以前所能有也。吾前謂墨子未自著書，與時人之說不同，似有損於墨子之偉大；然以吾觀之，墨學乃墨子以前所無，由其一人倡導而成，誠所謂『開山祖師』也，其偉大何如！

然自來言墨學淵源者，則有三說：

（一）有謂原於堯舜者。韓非子顯學篇曰：

孔子墨子俱道堯舜，而取舍不同，皆自謂眞堯舜。堯舜不復生，將誰使定儒墨之誠乎？

史記自序載司馬談論六家要旨曰：

墨者亦尙堯舜道，言其德行。曰：堂高三尺，土階三等，茅茨不翦，采椽不刮；食土簋，啜土刑，糲粱之食，藜藿之羹；夏日葛衣，冬日鹿裘。其送死，桐棺三寸，舉音不盡其哀。敎喪禮，必以此爲萬民之率。使天下法若此；則尊卑無別也。

是韓非與司馬談以爲原於堯舜也。

(二)有謂原於夏禹者。莊子天下篇曰：

墨子稱道曰『昔者禹之湮洪水，決江河，而通四夷九州也，名山三百，支川三千，小者無數。禹親自操橐耜而九雜天下之川；腓無胈，脛無毛，沐甚雨，櫛疾風，置萬國。禹，大聖也，而形勞天下也如此。』使後世之墨者，多以裘褐爲衣，以跂蹻爲服，日夜不休，以自苦爲極，曰『不能如此，非禹之道也，不足謂墨。』

淮南子要略訓本之，曰：

墨子……背周道而用夏政。禹之時，天下大水，禹身執虆垂，以爲民先，剔河而道九岐，鑿江而通九路，辟五湖而定東海。當此之時，燒不暇撌，濡不暇扢；死陵者葬陵，死澤者葬澤。故節財，薄葬，閑服，生焉。

是莊子淮南王以墨學原於禹也。

(三)有謂原於史佚者。漢書藝文志謂『墨家者流，蓋出於清廟之守。』而所列墨六家，八十六篇，則首尹佚二篇，原注：『周臣，在成康時也。』次田俅子，次我子，次隨巢子，次胡非子，末爲墨子七十一篇。近人江瑔本之，曰：

墨子之學，出於史佚，史角。史角無書，史佚有書二篇，漢志列於墨家之首，且謂周臣，在成康時，則由

史佚歷數百歲而後至墨子，未有墨子之前，已有墨家之學。（讀子卮言卷二頁28）

此卽墨學出於史佚之說也。

按以上三說，皆他家所述，而非墨子之所自道也。今觀墨子書中，絕未言及史佚。且史佚遠在周初，以時代情狀核之，不得有私人著述。尹佚書漢以後不傳，近世馬國翰輯本一卷，僅錄左傳、周書所載史佚語及遺事，亦與墨家之旨不類。則漢志所箸錄者，或後人所依託，未足據也。書中雖言及堯舜夏禹，亦未足定爲其學之所從出。清儒汪中之論，最爲通達，其言曰：

墨子質實，未嘗援人以自重。其則古昔稱先王，言堯舜禹湯文武者六，言禹湯文武者四，言文王者三，而未嘗專及禹。墨子固非儒而不非周也，又不言其學之出於禹也。公孟謂君子必古言服然後仁，墨子旣非之，而曰『子法周而未法夏，則子之古非古也。』此因其所好而激之，且屬之言服，甚明而易曉。然則謂墨子背周而從夏者，非也。惟夫墨離爲三，取舍相反，倍譎不同，自謂別墨；然後託於禹以尊其術，而淮南著之書爾。——述學墨子後序

汪氏謂墨子非背周道，雖有未安，其言非從夏政，則確切不移；夏禹旣非墨學所從出，則墨學不出於堯舜，尤無待論矣。汪氏又曰：『墨子者蓋學焉而自爲其道者也。故其節葬曰，「古聖王制爲葬埋之法。」又曰：「子墨子制爲葬埋之法，」則謂墨子自制者是也。』此言亦得其實。吾故曰，墨子以前無墨學。

夫堯舜本儒墨所同道，墨子稱禹，孔子亦曰『禹吾無間然矣！……禹吾無間然矣！』（論語泰伯）反覆讚歎，此亦孔墨所同。淮南子要略訓曰「墨子學儒者之業，受孔子之術；」主術訓亦曰「孔墨皆脩先聖之術，通六藝之論。」按六藝之名非當時所有，然墨子之學長於詩書春秋，學問之基礎固與孔子相同也。而卒至於大異者，此墨子有創造之精神，與獨特之學說，非儒家之官學所能包也。墨學爲墨子所獨創，故九流多以其學術名家而『墨』乃獨舉其倡導者一人之姓以名家，此與衆不同者也。

二　墨子學說之體系

墨子學說之中堅，在今本卷二至卷九內，有尚賢，尚同，兼愛，非攻，節用，節葬，天志，明鬼，非樂，非命，非儒十一目。此十一目乃用以打破當時政治社會之現狀，而有所建立；因而攻擊彼維持（或改良）現狀之學說也。其作用有消極積極兩方面，消極在反周道之親親及『從周』之儒家學說；積極則在自申己說，以建立理想之政治與社會也。試表列於左：

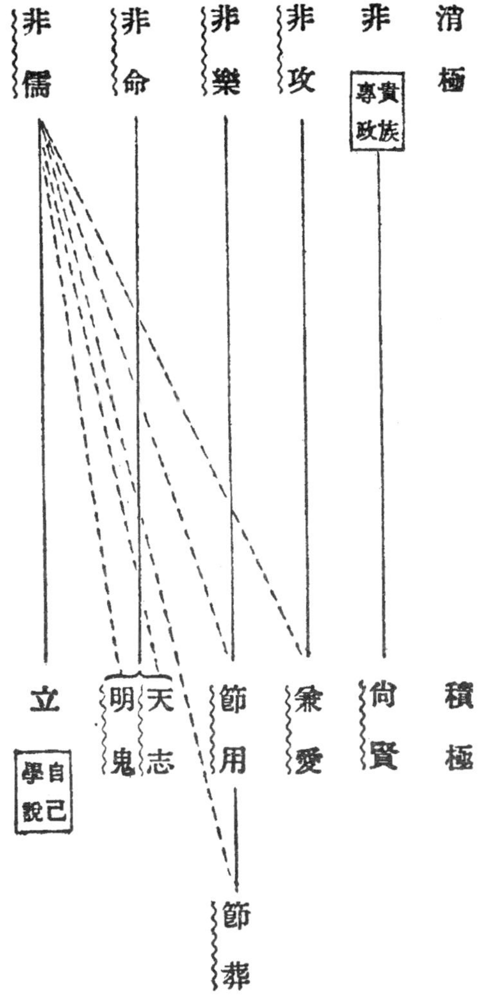

墨子曰：『非人者必有以易之。』（兼愛下）故其學說之消極方面非人也。其積極方面則所以易之也。亦猶因明之所謂立與破也。

此諸義何自發生？惜吾人於墨子生平事實所知太少，又無年月先後，否則觀其發生之次第，亦一至有興趣之事也。梁啓超墨子學案以兼愛爲墨學之根本觀念，夫以統攝諸目，則兼愛自較概括，此乃邏輯上之體系也。若就事實上之體系而言，或先因當時戰爭慘酷，乃倡非攻之說，進而更倡兼愛，以爲非攻理論上之根據也。蓋墨子爲一平民（賤人），壓抑於貴族政治封建社會之下久矣。適在春秋之末，經濟，社會，政治均呈動搖變革之現象，賤人亦欲有所作爲。故以戰爭於平民有損無益，則倡非攻，既已非之，何以易之？則兼愛是已。以政治爲貴族所把持，平民無由上達，則倡尚賢。列國分立，非攻則無由統一，故繼之以尚同，所以救兼愛之失，此於政治方面之主張也。禮記曲禮曰：『禮不下庶人，刑不上大夫。』墨子賤人也，亦即庶人也，本爲禮所不及。且以庶人之眼光爲標準，以估量當時貴族所行之禮樂，則奢侈而厲民。故非樂非禮『漢藝文志言見儉之利，因以非禮』而倡爲節用，節葬。此於社會方面之主張也。夫以久爲統治階級所壓服之賤人，一旦欲參與政治，改革社會，則墨子雖能獨任，而非多數安分守己之賤人所能從也。乃於暴王所作之『命』竭力掊擊，以鼓其動；又借助於天帝與鬼神之賞善罰暴，以增其勇。故既倡非命，而有天志明鬼，看似矛盾，實則有其一貫之用意。此其於精神方面之主張也。然此種種主張，與當時實際政治家固所不合，但在宣傳時期，則非政府所甚注意也。惟與儒家則每事均立於相反之地位，故相爭相鬥，甚爲激烈，因有非儒焉。

墨子學說發生之體系，大致如是，以下試分述之，而論其得失。

三　墨子之政治思想

周道親親，乃宗法社會之遺意，於是末流之弊，不獨爲貴族專政，於貴族之中，更限於宗室。茲就與墨子關係最深之魯宋言；魯在春秋中葉以後，三桓——季叔孟——專政，末年則季氏尤橫，富於公室。宋於成公十五年，則曰：

於是華元爲右師，魚石爲左師，蕩澤爲司馬，華喜爲司徒，公孫師爲司城，向爲人爲大司寇，鱗朱爲少司寇，向帶爲大宰，魚府爲少宰。……二華，戴族也；司城，莊族也；六官者，皆桓族也。——左傳

此非一人之意也，乃禮俗如是，無由自拔。故昭公七年載：

單獻公棄親用羈，冬十月乙酉，襄頃之族，殺獻公而立成公。——左傳

羈尚不能用，況賤人而欲參政乎？墨子於此種用人之道，大肆譏彈，曰：

今王公大人，其所富，其所貴，皆王公大人骨肉之親，無故富貴，面目美好者也。今王公大人骨肉之親，無故富貴，面目美好者，焉故必知哉？若不知，使治其國家，則其國家之亂可得而知也。今天下之士君子，皆欲富貴而惡貧賤。然女何爲而得富貴而辟貧賤哉？曰，莫若爲王公大人骨肉之親。舊本如此，王氏雜志於此補『無故富貴、面目美好者、』孫氏閒詁從之、按可不必、蓋墨子所攻擊者重在骨肉之親也。王公大人骨肉之親，無故富貴，面目美好者，此非可學而能者也。使不『不』疑『其』之誤。知辯德行之厚若禹湯文武，不加得也。王公大人骨肉之親，躄瘖聾瞽，暴如桀紂，不加失也。是故以賞不當賢，罰不當暴；其所賞者已無故矣，其所罰者亦無罪。是以使百姓皆攸心解體，沮以爲善，垂其股肱之力，而不相勞來也；腐臭餘財，而不相分資也；隱慝良道，而不相教誨

也。若此，則飢者不得食，寒者不得衣，亂者不得治。——尚賢下

墨子以當時專用骨肉之親，其害如此，於是提出「尚賢」一義，以救其弊。曰：

今者王公大人爲政於國家者，皆欲國家之富，人民之衆，刑政之治。然而不得富而得貧，不得衆而得寡，不得治而得亂；……是其故何也？……是在王公大人爲政於國家者，不能以尚賢事能爲政也。是故國有賢良之士衆，則國家之治厚；賢良之士寡，則國家之治薄。故大人之務，將在於衆賢而已。然則衆賢之術將奈何哉？……曰：譬若欲衆其國之善射御之士者，必將富之貴之，敬之譽之，然後國之善射御之士，將乃也。可得而衆也。況又有賢良之士，厚乎德行，辯乎言談，博乎道術者乎？此固國家之珍，而社稷之佐也；亦必且富之貴之，敬之譽之，然後國之賢良之士亦將可得而衆也。是故古者聖王之爲政，言曰：『不義，不富；不義，不貴；不義，不親；不義，不近。』是以國之富貴人聞之，皆退而謀曰，「始我所恃者富貴也，今上舉義不辟貧賤，然則我不可不爲義！」親者聞之，亦退而謀曰，「始我所恃者親也，今上舉義，不辟親疏，然則我不可不爲義！」近者聞之，亦退而謀曰，「始我所恃者近也，今上舉義不辟近，然則我不可不爲義！」遠者聞之，亦退而謀曰，「始我以遠爲無恃，今上舉義不辟遠，然則我不可不爲義！」逮至遠鄙郊外之臣，門庭庶子，國中之衆，四鄙之萌人，聞之皆競爲義！……故古者聖人之爲政，列德而尚賢，雖在農與工肆之人，有能則舉之，高予之爵，重予之祿，任之

以事，斷予之令。……故當是時，以德就列，以官服事，以勞殿（定也。）賞，量功而分祿，故官無常貴而民無終賤。有能則舉之，無能則下之，舉公義，辟私怨，此若言之謂也。——尚賢上

此雖不免託古之嫌，然尚賢之用，在於『使官無常貴而民無終賤，』則墨子之苦心可知矣。此種主張，在戰國中葉以後，則不足奇；然首出而提倡之者，則為墨子。

墨子之時，親見荊，吳，齊，晉，楚，越，相爭，戰事激烈。此於霸國或有利有害，但自平民之觀點言之，無論勝負如何，有百害而無一利者也。故墨子於侵略之攻勢戰爭，極為反對。非攻三篇，既甚明白，而耕柱魯問及天志諸篇，亦時及非攻之義，知其平日必以此為斤斤也。天志下曰：

今氏（夫也。）大國之君寬然曰：『吾處大國而不攻小國，吾何以為大哉？』是以差論爪牙之士，比列其舟車之卒伍，以攻伐無罪之國；入其溝境，刈其禾稼，斬其樹木，殘其城郭，以抑其溝池，焚燒其祖廟，攘殺其犧牷。民之格者則勁拔之，不格者則繫操而歸，（操不誤、曲禮上『獻民虜者操右袂。』王引之改操為槀未確。）丈夫以為僕圉，胥靡，婦人以為舂酋。

然則戰時所刈所斬，固平民之物，而所勁拔所繫操，又即平民也。此乃所以非攻之動機歟？在非攻中下兩篇，言戰爭之害更為詳盡，茲不備引。然則何以能實行非攻？墨子為好攻伐之君劃策曰：

夫天下處（苦也。）攻伐久矣，譬若僮子之為馬然。（耕柱篇曰、大國之攻小國、譬若童子之為馬也。童子之為馬、足用而勞。今大國之攻小國也、攻者農夫不得

耕、婦人不得織、以守爲事，攻人者亦農夫不得耕、婦人不得織，以攻爲事。故大國之攻小國也，譬猶童子之爲馬也。今若有能信効（交也。）先利天下諸侯者，大國之不義也，則同憂之；大國之攻小國也，則同救之；小國城郭之不全也，必使修之；布粟之絕，則委之；幣帛不足，則共之。以此効大國，則大國之君說；以此効小國，則小國之君說。人勞我逸，則我甲兵強；寬以惠，緩以急，民必利；易攻伐以治我國，功必倍；量我師舉之費，以爭諸侯之斃，則必可得而厚利焉。督以正義，其名必務寬吾衆，信吾師，以此援諸侯之師，則天下無敵矣。其爲利天下，不可勝數也。（非攻下）

在小國，於衛則曾勸公良桓子以畜士，（見貴義篇）是則猶今世所謂『武裝和平』也，尚非根本止兵。且墨子之初期非攻論，其言有極淺薄者。如好攻伐之君，飾其說以非墨子，謂：『昔者禹征有苗，湯伐桀，武王伐紂，此皆立爲聖王。子以攻伐爲不義，是何故也？』墨子之答，最爲牽強，曰：『子未察吾言之類，未明其故者也。彼非所謂攻，所謂誅也。』更引種種妖妄之談，以爲三王辯護。（見非攻下）此皆墨子於非攻之義，尚未能圓滿也。

迨後墨家學說進步，非攻上篇出，則言辭簡約而理論縝密。不僅言攻之利害，（中下篇則僅言利害。）而言攻之善惡是非，故最爲完備而無懈可擊矣。其言曰：

今有一人，入人園圃，竊其桃李，衆聞則非之，上爲政者得則罰之。此何也？以虧人自利也。至攘人犬豕雞豚者，其不義又甚入人園圃竊桃李。是何故也？以虧人愈多，其不仁茲甚，罪益厚。至入人欄廐，取人牛馬者，其不仁義又甚攘人犬豕雞豚。此何故也？以其虧人愈多。苟虧人愈多，其不仁茲甚，罪益厚。至殺不辜人也，拖其衣裘取戈劍者，其不義又甚入人欄廐取人馬牛。此何故也？以虧人愈多，苟虧人愈多，其不仁茲甚矣，罪益厚。當此天下之君子皆知而非之，謂之不義。今至大爲不義攻國，則弗之非，從而譽之，謂之義，此可謂知義與不義之別乎？殺一人，謂之不義，必有一死罪矣；若以此說往，殺十人，十重不義，必有十死罪矣；殺百人，百重不義，必有百死罪矣。當此，天下之君子，皆知而非之，謂之不義。今至大爲不義攻國，則弗知非，從而譽之，謂之義。情不知其不義也，故書其言以遺後世。若知其不義也，夫奚說書其不義以遺後世哉？今有人於此，少見黑曰黑，多見黑曰白，則以此人不知白黑之辯矣。少嘗苦曰苦，多嘗苦曰甘，則必以此爲不知甘苦之辯矣。今小爲非，則知而非之，大爲非攻國，則不知非；從而譽之，謂之義，此可謂知義與不義之辯乎？是以知天下之君子，(也)辯義與不義之亂也。（非攻上）

但此種痛快淋漓之理論，似非墨子生存時所能有，其必出於辯學發達以後也無疑。（非攻上宜與天志下末段參閱。）

墨子自身於非攻之理論，雖尚有可議，然所以實行其主張者，正所謂『摩頂放踵利天下爲之』者也。如止楚攻宋，（見公輸篇）止魯陽文君攻鄭，（見魯問篇）皆竭全力以赴之。且與弟子講求守禦之術，所以有備城門以下十四卷中各篇也。既已非之，則必有以易之，墨子所以與空談和平者之不同在此矣。

但在矛盾衝突之國家，社會，如欲非攻，本所難行。墨子於是進一步，欲建立一種新人生觀，亦即新之社會道德。以此爲前提，以實現墨子之各種理想，尤於非攻有密切關係。此即其兼愛之說也。

墨子何爲主張兼愛耶？亦自消極方面而起曰：

當今之時，天下之害孰爲大？曰：若大國之攻小國也，大家之亂小家也，强之刦弱，衆之暴寡，詐之謀愚，貴之傲賤，富之侮貧，（兼愛中云、『强必執弱、富必侮貧、貴必傲賤、』故當有此句。）此天下之大害也。又與爲人君者之不惠也，臣者之不忠也，父者之不慈也，子者之不孝也，此又天下之害也。又與今之賤人，執其兵刃毒藥水火以交相虧賊，此又天下之害也。姑嘗本原若衆害之所自生，……必曰從惡人賊人生。分名乎天下惡人而賊人者，……即必曰別也。然即（則也。）之交別者，果生天下之大害者與？是故子墨子曰：別非也。非人者必有以易之，……是故子墨子曰：兼以易別。（兼愛下）

別即不兼，乃指墨家以外之人所行者，故有「別士」「別君」與「兼士」「兼君」之分。然則兼之可以易別，其故何耶？在後期寫成之兼愛上篇，較中下篇言尤簡明。曰：

聖人以治天下爲事者也，不可不察亂之所自起。當（嘗也。）察亂何自起？起不相愛。臣子之不孝君父，所謂亂也。子自愛，不愛父，故虧父而自利；弟自愛，不愛兄，故虧兄而自利；臣自愛，不愛君，故虧君而自利；此所謂亂也。雖父之不慈子，兄之不慈弟，君之不慈臣，此亦天下之所謂亂也。父自愛也，不愛子，故虧子而自利；兄自愛也，不愛弟，故虧弟而自利；君自愛也，不愛臣，故虧臣而自利。是何也？皆起不相愛。雖至天下之爲盜賊者亦然，盜愛其室，不愛異室，故竊異室以利其室；賊愛其身，不愛人，故賊人以利其身。此何也？皆起不相愛。雖至大夫之相亂家，諸侯之相攻國者，亦然。大夫各愛其家，不愛異家，故亂異家以利其家；諸侯各愛其國，不愛異國，故攻異國以利其國。天下之亂物事也具此而已矣。察此何自起？皆起不相愛。——兼愛上

此言別之害也。至兼之利，則曰：

若使天下兼相愛愛人若愛其身，猶有不孝者乎？視父兄與君若其身，惡施不孝！猶有不慈者乎？視子弟與臣若其身，惡施不慈！故不孝不慈亡有。猶有盜賊乎？視人之室若其室，誰竊？視人身若其身，誰賊？故盜賊亡有。猶有大夫之相亂家，諸侯之相攻國者乎？視人家若其家，誰亂？視人國若其國，誰攻？故大夫之相亂家，諸侯之相攻國者，亡有。若使天下兼相愛，國與國不相攻，家與家不相亂，盜賊亡有，君臣父子皆能孝慈；若此，則天下治。

於是主張兼以易別，曰：

故聖人以治天下爲事者，惡得不禁惡而勸愛？故天下兼相愛則治，交相惡則亂。故子墨子曰，不可以不勸愛人者，此也。

此墨子兼愛說之大旨也。然在此矛盾衝突之社會國家，何以實行此兼愛主義？墨子雖曰：『用而不可，雖我

亦將非之；且焉有善而不可用者！』（兼愛下）並舉當時之士『言而非兼，擇即取兼；』古聖王亦有嘗行兼愛者，以爲如有人提倡則推行亦不難。說詳兼愛下篇雖似持之有故，惜其推行之法，究未盡善也。

墨子之說尙有一矛盾現象，假令兼愛非攻之道能行，國與國不相攻伐，則必久停於列國並立狀態，而中國無由統一，亦非善法也。欲救此失，於是墨子乃有尙同之義。尙同者，言人皆上同於天子而不下比，以建强有力之統一政府也。墨子首言當時紛爭之害曰：

方今之時，復古之民始生未有正長之時，蓋其語曰天下之人異義。是以一人一義，十人十義，百人百義，其人數茲衆，其所謂義者茲衆。是以人是其義而非人之義，故交相非也。內之父子兄弟作怨讎，皆有離散之心，不能相和合。至手舍餘力不以相勞，隱匿良道不以相教，腐死餘財不以相分；天下之亂也，至如禽獸然。（尙同中）

此言天下棼亂，已呈無政府狀態，於是亦託古以主張之曰：

明乎民之無正長以一同天下之義，而天下亂也；是故選擇天下賢良聖知辯慧之人，立以爲天子，使從事一同天下之義。——尙同中

然則選擇天子者誰耶？此於選擇上無主詞，頗爲曖昧，尙賢下則曰：『是故天之欲一同天下之義也，是故選擇賢者立爲天子。』（舊作『是故天下』四字，頗不辭，孫閒詁、曹箋、張集解均刪『下』字，今從之。）則選擇者爲天，乃王權神（天）授說也。故天子須

對天負責任，而曰：

天下既以治，天子又總天下之義，以尙同於天。（尙同下）

夫既上同乎天子，而未尙同乎天者，則天菑將猶未止也。……將以罰下人之不同乎天者也。

尙同中篇則曰：

上同於天者，不必天子，已是一修正。且天子亦須對民負責，故曰：

古者聖王……其爲正長若此，是故上者天鬼有深厚乎其爲政長也，下者萬民有便利乎其爲政長也。天鬼之所深厚，而能彊從事焉，則天鬼之福可得也；萬民之所便利，而能彊從事焉，則萬民之親可得也。

天子既須對民負責，則選擇之者亦人民歟？尙同上曰『是故選擇天下之賢可者，立以爲天子。』此或墨家後學，修正墨子之說，改天選而爲民選也。尙同上較中下篇爲晚出，說詳第三章。

政長既已選立，墨子之心目中，以爲里長者里之仁人也，鄉長者鄉之仁人也，國君者國之仁人也；在其政治區域內，彼等之所是，人民必是之，所非，人民必非之。層累以上，至於天子，則曰：

國君治其國，而國既已治矣，又率其國之萬民以尙同乎天子。曰，凡國之萬民皆上同乎天子，而不敢下比。天子之所是，必亦是之；天子之所非，必亦非之。去而不善言，學天子之善言；去而不善行，學天子之善行。天子者，固天下之仁人也，舉天下之萬民，以法天子，夫天下何說而不治哉？察天子之所以治天下而天下治者，何故之以也？曰唯以其能一同天下之義，是以天下治。（尙同中）

有此尙同一義，則春秋戰國之際，其紛爭局面，自可漸趨於統一。然此種天下之仁人，當時未必已在天子之位，則尙有待選擇，固其宜也。且所是必是之，所非必非之，此種極端之獨裁主義，天子若非仁人而爲暴主，又將何如？此則墨子所未言，但以其革命精神推之，則亦不能使一人肆於民上也！

由反貴族而尙賢，由息戰爭而非攻，兼愛爲非攻之本，尙同乃統一之方，此墨子於政治方面之主張也。

四　墨子之經濟學說

墨子於團體生活既有其政治理想；於物質生活，則有其經濟學說。

墨子之經濟學說，其方法在節用，而其目標則在『利』。按在古代文獻中，如易經之卦爻辭，不言利者甚少。自孔子出，則曰：『君子喻於義，小人喻於利。』（論語里仁篇）門人記其平日言論，則曰：『子罕言利。』（子罕篇）以利與義相對立而不言，於是樊遲學稼學圃，則斥之曰：『小人哉樊須也。』（子路篇）是以儒家多與生產關係脫離，而成一『四體不勤，五穀不分』（「荷篠丈人」譏子路語）之寄生階級。在道德方面，則僅問動機而不言功効；故其影響也，善者則有『知其不可而爲之』（「晨門」論孔子之語）之態度，惡者則流於空談心性而無裨社會國家。故自孔子以後，孟子則云『何必曰利？亦有仁義而已矣。』董仲舒則曰：『正其誼不謀其利，明其道不計其功。』凡儒家正統派，大率以義與利爲不相容也。墨子賤人，亦即小人，故不諱言利。且以利與義調和之，融合之，此墨子與儒家之異也。但墨子之利，非自私自利而爲天下之公利，或彼此之互利；故常曰『下欲中國家百姓之利，』見尚賢下、尚同下、非攻下、節葬下天志下等篇。曰『交相利，』兼愛中下等篇而未嘗以自利爲言也。蓋墨子所倡導之至德要道曰兼愛，愛而不利，則流爲空言，故常以愛與利並言。如『兼而愛之，從而利之，』尚賢中如『兼相愛，交相利，』兼愛中『天必欲人之相愛相利，』法儀隨在可見，無俟一一舉之也。

然則利之之道奈何？則節用是也。墨子之時，鐵器雖已應用，一切皆係手工生產，農業初盛，地利亦無由盡量發展，積極增加生產事所難能也；故與其他聖賢一律，皆自消極以言節用。惟墨子以賤人（平民）之生活爲標準，觀察當時當權之人，不能生產而徒然浪費有用之財，以日事奢侈，不免憤激。故七患篇曰：

以其極賞以賜無功，虛其府庫，以備車馬衣裘奇怪；苦其役徒，以治宮室觀樂。死又厚爲棺椁，多爲衣裘。生時治臺榭，死又脩墳墓；故民苦於外，府庫單盡也。於內，上不厭其樂，下不堪其苦！

此言其生死均有害於下民也。辭過篇則就此觀點，更分析言之曰：

當今之主，其爲宮室，則……必厚作籍也。斂於百姓，暴奪民衣食之財，以爲宮室臺榭曲直之望，青黃刻鏤之飾。

當今之主，其爲衣服，則……必厚作斂於百姓，暴奪民衣食之財，以爲錦繡文采靡曼之衣。今則……厚作斂於百姓，以爲美食芻豢蒸炙魚鼈。……人君爲飲食如此，故左右象之，是以富貴者奢侈，孤寡者凍餒。

當今之主，其爲舟車，……全固輕利，皆已具矣；必厚作斂於百姓，以飾舟車飾車以文采，飾舟以刻鏤。女子廢其紡織而修文采，故民寒；男子離其耕稼而修刻鏤，故民飢。人君爲舟車若此，故左右象之；是以其民飢寒並至，故爲姦邪。

雖上世至聖必蓄私，不以傷行，故民無怨。宮無拘女，故天下無寡夫。內無拘女，外無寡夫，故天下之民衆。當今之君，其蓄私也，大國拘女累千，小國累百。是以天下之男多寡無妻，女多拘無夫，男女失時故民少。

此皆就平民生活爲標準以估量統治階級之舉動，而謂其宮室，衣服，飲食，舟車，蓄私皆過於浪費，乃暴奪民衣食之財，而使男女寡拘也。

自墨子觀之，當時之統治階級，不獨其『生活』浪費民衣食之財也，若依其所謂禮俗，則『死亡』亦浪費也。故墨子曰：

此存乎王公大人有喪者，曰，棺槨必重，葬埋必厚，衣衾必多，文繡必繁，丘隴必巨。存乎匹夫賤人死者，殆竭家室。存乎諸侯死者，虛府庫，然後金玉珠璣比乎身，綸組節約車馬藏乎壙；又必多爲屋幕……齒革，寢而埋之而後滿意。送死若徙，曰天子諸侯殺殉，衆者數百，寡者數十；將軍大夫殺殉，衆者數十，寡者數人。（節葬下）

此自賤人方面言之，則所埋者皆其衣食之財，而爲人所暴奪者也；所殺以殉之人，則又其同類之親矣，安得不非焉？

墨子以同一觀點，對於音樂亦以爲虧奪民衣食之財而反對之。故非樂上篇曰：

今大鐘鳴鼓琴瑟竽笙之聲，既已具矣，王公大人鏽然奏而獨聽之，將何樂得焉哉？其說將必與賤人與君子聽之。與君子聽之，廢君子之聽治；與賤人聽之，廢賤人之從事。今王公大人唯毋（毋語辭）爲樂，虧奪民衣食之財以拊樂，如此多也。是故子墨子曰，爲樂非也。

凡此所引，皆墨子就特權階級奢侈之消費，加以攻擊，而欲有所變革者也。於是乃就積極方面提出各種辦法，以爲經濟上合理之生活標準。

墨子救浪費之方法，則在節用。曰：

古者聖王制爲節用之法曰，……凡足以奉給民用則止；諸加費不加於民利者，聖王勿爲。——節用中。

奉給民用則止者，乃今所謂生活必需品也；加費不加利者，奢侈品也。故曰：『使民用財也，無不加用而爲者。』（節用上）又曰：『凡費財勞力不加利者不爲也。』（辭過）於是推之飲食衣服宮室均有所規定：

衣服之法曰，足以充虛繼氣，強股肱，耳目聰明，則止。不極五味之調，……俛仰周旋威儀之禮，聖王不爲。

衣服之法曰，冬服紺緅之衣輕且煖，夏服絺綌之衣輕且凊，則止。諸加費不加於民利者聖王弗爲。

宮室之法……曰，其中可以圉風寒，上可以圉霜雪雨露，其中蠲潔可以祭祀，宮牆足以爲男女之別，則止。諸加費不加民利者聖王弗爲。——節用中

其他如舟車之類，亦有所規定，（見節用中及辭過）無非以矯一部分人之奢侈而用平民爲標準也。而於當時厚葬之俗，亦以同一態度矯正之。節用中篇曰：

古者聖王制爲節葬之法曰衣三領，足以朽肉；棺三寸，足以朽骸；掘穴深不通於泉，氣不發洩則止。死者既葬，生者毋久喪用哀。

節葬下則曰：

衣食者，人之生利也，然且猶尚有節；葬埋者，人之死利也，夫何獨無節於此乎？子墨子制爲埋葬之法曰：棺三寸，足以朽骨；衣三領，足以朽肉；掘地之深，下無菹漏，氣無發洩於上；壟足以期其所，則止矣。哭

往哭來，反從事乎衣食之財，佴乎祭祀，以致孝於親，故曰子墨子之法，不失死生之利者，此也。兩法相同，故汪中以聖王之法卽墨子自爲之法也。

至於音樂，則以爲『上考之不中聖王之事，下度之不中萬民之利。』（非樂上）於是視爲浪費，而欲完全去之，非徒節也。故曰『聖王不爲樂。』（三辯）又曰：『今天下士君子，誠將欲求興天下之利，除天下之害，當在祭也。樂之爲物，將不可不禁而止也。』（非樂上）

凡此乃墨子就消費方面主張節用之大旨也。

墨子不僅注重消費已也，而生產之增加，尤爲斤斤於懷。但彼時無足以利用增加生產之工具如機器，故在人力方面盡量以求增加効果。

一主張人人勞作。曰：

賴其力者生，不賴其力者不生。（非樂上）

墨子之意蓋以爲人與禽獸異者也，禽獸因其羽毛以爲衣裘，因其蹄爪以爲絝屨，因其水草以爲飲食。故雖使雄不耕稼樹藝，雌亦不紡績織紝，衣食之財固已具矣。今人與禽獸異者也，君子不强聽治則刑政亂，賤人不强從事則財用不足。（亦見非樂上）若不賴其力而欲享受，則認爲：

不與其勞，獲其實，非其所有而取之。（天志下）

於是『上得且罰之，衆聞則非之』矣。此墨子之注重勞動也。

二曰各盡所能。節用中云：

凡天下羣百工，輪車，鞼匏，（此即考工記之韗鮑，爲攻皮之工。）陶冶，梓匠，使各從事其所能。

貴義篇載墨子之言，則曰：

譬若築牆然，能築者築，能實壤者實壤，能欣者欣，然後牆成也。爲義猶是也，能談辯者談辯，能說書者說書，能從事者從事，然後義事成也。

此足以見其學重分科，事重分工矣。

三則注重以時生財。七患篇曰：

爲者疾，食者寡，則歲無凶；爲者緩，食者衆，則歲無豐。故曰：財不足則反之時，食不足則反之用。故先民以時生財。

既主以時生財，則凡費時而不生財者，墨子均反對之。何以非樂？則以樂與君子聽之，廢君子聽治；與賤人聽之，廢賤人之從事。君子不強聽治則刑政亂，賤人不強從事則財用不足。（詳非樂上）何以反對久喪？曰，『使王公大人行此，則必不能早朝晏退，聽獄治政；使士大夫行此，則必不能治五官六府，辟草木，實倉廩；使農夫行此，則必不能蚤出夜入，耕稼樹藝；使百工行此，則必不能修舟車，爲器皿矣；使婦人行此，則必不能夙興夜寐，紡績織紝。計厚葬爲多埋賦財者也;計久喪爲久禁從事者也。財已成者,挾而埋之;後得生者,而久禁之。以此求富,此譬猶禁耕而求穫也。』(節葬下)因主以時生財,故莊子天下篇曰『其生也勤,其死也薄』『日夜不休,以自苦爲極』蓋不獨棲棲以行其道,亦汲汲爲天下生財也歟?

此上三法固足以增加生產,然墨子之意人口之增加,亦視爲生產之手段。故節用上既患人之難倍,於是主張早婚。曰:

昔聖王爲法曰,丈夫年二十,毋敢不處家;女子年十五,毋敢不事人。……此不惟使民蚤處家而可以倍與?

蓋當時農業初盛,地力尙未開發,故常以『有餘於地而不足於民』爲慮,此春秋戰國之際所有現象也。國語越語云,「女子十七不嫁,其父母有罪。丈夫二十不娶,其父母有罪。」此勾踐生衆之法也。韓非子外儲說右篇齊桓公下令於民曰,「丈夫二十而室,婦人十五而嫁。」此國語管子所未載,或亦春秋末年以後所託者歟?墨子既欲衆民,故凡有妨礙人口之增加者,卽示反對。故曰『興師以攻伐鄰國,久者終年,速者數月,男女久不見,此所以寡人之道也。』(節用上)又曰『今唯(毋)以厚葬久喪者爲政,……此其爲敗男女之交多矣。……衆之說無可得焉。』(節葬下)此以妨礙人口增加之觀點,反對攻伐與久喪也。以同一理由亦反對蓄妾,故曰:

內無拘女，外無寡夫，故天下之民衆。……君實欲民之衆而惡其寡，當蓄私不可不節。（辭過）

此皆注重增加人口，而欲間接使生產增加也。按墨家早婚之主張，自不如三十而娶，二十而嫁之善。但儒家此種主張，見於曲禮、尚書大傳、周禮媒氏，其發表也似甚晚。左傳言「國君十五而生子。」（襄公九年）孔氏家庭及仲尼弟子，凡有年可攷者，似以早婚爲多。蓋戰國中葉以後，人口似漸過庶，故韓非子五蠹諸篇已有當世人多之憂。墨子言戰爭俘虜則繫操以歸，孟子言繫累其妻子，皆用作奴隸以從事生產，蓋有地以安置之也。戰國晚年則有坑降卒之風氣。儒家晚婚之說，似生於此種環境之中，亦可以窺社會變遷之劇矣。

以上所述，爲墨子於生產方面之主張。彼之汲汲生財，彷若孟子所譏『雞鳴而起孳孳爲利』者，何爲若是之不憚煩耶？蓋欲實現一理想之社會也。彼所謂理想之社會，則能『兼相愛，交相利』者耳。故

至手舍餘力，不以相勞；隱匿良道，不以相敎；腐朽餘財，不以相分。天下之亂也至如禽獸然。（尚同中）

此墨子之所大惡也。其理想之一境，則：

有力者疾以助人，有財者勉以分人，有道者勸以敎人。若此，則飢者得食，寒者得衣，亂者得治，此安乃也。生生。（尚賢下）

又曰：

刑政治，萬民和，國家富，財用足，百姓皆得煖衣飽食，便寧無憂。（天志中）

此皆墨子所欲實現之理想，於分配方面求其平均也。

墨子此種節用之經濟學說，即音樂亦加反對者，是否合理？三辯篇載：

程繁問於子墨子曰：「夫子曰，「聖王不爲樂。」昔諸侯倦於聽治，息於鐘鼓之樂；士大夫倦於聽治，息於竽瑟之樂；農夫春耕夏耘，秋斂冬藏，息於瓴缶之樂。今夫子曰聖王不爲樂，此譬猶馬駕而不稅，弓張而不弛，無乃非有血氣者之所能至邪？

此一疑難，則墨子之答覆甚爲牽强，兹不備引。其後荀子作富國篇亦就墨子之說加以批評。曰：

墨子之言，昭昭然爲天下憂不足。夫不足非天下之公患也，特墨子之私憂過計也。

又曰：

夫有餘不足非天下之公患也，特墨子之私憂過計也。天下之公患，亂傷之也。胡不嘗試相與求亂之者誰也？我以墨子之非樂也則使天下亂；墨子之節用也則使天下貧，非將墮之也，說不免焉！

又曰：

天下敖（熬）然，若燒若焦。墨子雖爲之衣褐帶索，嚽（與啜同）菽飲水，惡能足之乎？——既以伐其本，竭其原而焦天下矣！

富國篇此種言論以人無娛樂則生活枯燥，若燒若焦，誠中其弊。但謂不足乃墨子之私憂過計，而非天下之公患，則殊不然。蓋墨子以『賤人』生活爲標準，不足乃爲公患，並非過計；荀子之學乃立於『王公大人』方面者，故以亂爲公患，有餘不足則視爲私憂，固未能了解墨子之深心也。

然則墨子甘於若燒若焦之節用生活，而終不欲較進一步耶？是殆不然。非樂上曰：

子墨子之所以非樂者，非以大鐘鳴鼓琴瑟竽笙之聲，以爲不樂也；非以刻鏤文章之色，以爲不美也；非以犓豢煎炙之味以爲不甘也；非以高臺厚榭邃野（宇也。）之居，以爲不安也，雖身知其安也，口知其甘也，目知其美也，耳知其樂也；然上考之不中聖王之事，下度之不中萬民之利。是故子墨子曰，爲樂非也。

以萬民之利否爲標準，故雖與人之心理相違，亦主張非樂。若萬民生活之水準提高，則吾人亦不妨隨之稍高；與後世所謂『後天下之樂而樂』相類。說苑反質篇云：

禽滑釐問於墨子曰：『錦繡絺紵，將安用之？』墨子曰：『惡！是非吾用務也。……今當凶年，有欲予子隨侯之珠者，不得賣也，珍寶而以爲飾；又將予子一鍾粟者。得珠者不得粟，得粟者不得珠，子將何擇？』禽滑釐曰：『吾取粟耳，可以救窮。』墨子曰：『誠然，則惡在事夫奢也！長無用，好末淫，非聖人之所急也。故食必常飽，然後求美；衣必常暖，然後求麗；居必常安，然後求樂。爲可長，行可久，先質而後文：此聖人之務。』

此說如可信，墨子之意，固非終於若燒若焦以自苦爲極也，特視社會之生活程度爲標準，先質而後文耳。

五　墨子之宗教信仰

墨子以賤人出身而欲於政治社會有所改造，且以賤人爲標準而行之，則欲鼓動當時之賤人，於其傳統之精神信仰不能不有所破壞，以別圖建立，此勢所必然也。墨子於此方面所以摧陷廓淸舊信仰者，則有非命；代之而起者，則爲天志明鬼。

大凡命定之說，其用有二：人當困苦顚沛之時，欲有以自慰而無悔恨者，則命之效也；在階級社會中，若印度之四姓，欲使被壓迫者處之而無怨尤，此痲醉之功，則亦命之效也。然此雖略分爲二，其阻人努力向上，則一而已矣。墨子乃代表賤人者，以久被壓迫痲醉之賤人，而欲有所樹立，則於命定說，不可不先擧而粉碎之也。

墨子推原命定說之由來，曰：

命者暴王所作，窮人所術，(述也。)非仁者之言也。(非命下)

其證據何在？則曰：

今以命爲有者：昔三代暴王桀紂幽厲，貴爲天子，富有天下；於此乎不而(能也。)矯其耳目之欲，而從其心意之辟，外之敺騁田獵畢弋，內湛於酒樂，而不顧其國家百姓之政，繁爲無用，暴逆百姓，遂失其宗廟。其言不曰吾罷（疲也）不肖，吾聽治不強；必曰吾命固將失之。雖昔也罷不肖之民亦猶此也；不能善事親戚君長，甚惡恭儉而好簡易，貪飲食而惰從事，衣食之財不足，是以身有陷乎飢寒凍餒之憂。其言不曰吾罷不肖，吾從事不強；必曰吾命固將窮。昔三代之偽民，亦猶此也。

昔者暴王作之，窮人術之，此皆疑衆遲樸，先聖王之患也，固在前矣。（非命下）

桀曰：『時日曷喪？』（尚書、湯誓）夏曾佑云，時日，言生之時日，卽命也，與紂稱有命在天同意。前人以天上之日不喪解之，又訛為桀失日，恐非。紂曰：『我生不有命在天！』（西伯戡黎）此命為暴王所作之明證。蓋不獨其失敗以此自解，卽其肆於民上，以為固然。窮人旣受其痲醉，學者則從而引伸之發揮之以為學說。若莊子大宗師諸篇，列子力命篇所載，卽其至完備之命定說也。然墨子當時所得見之命定說，乃孔子一派。如：

孔子曰：不知命，無以為君子也。（論語堯曰篇）

公伯寮愬子路於季孫，子服景伯以告。……子曰：『道之將行也與？命也。道之將廢也與？命也。公伯寮其如命何！』（又、憲問篇）

司馬牛憂曰：『人皆有兄弟，我獨亡！』子夏曰：『商聞之矣：「死生有命，富貴在天。」』（又、顏淵篇）

此儒家之命定說也，墨子深反對之。公孟篇云：

公孟子曰：『貧富壽夭，錯然在天，不可損益，』又曰：『君子必學。』子墨子曰：『教人學而執有命，是猶命人葆（葆、言包其髮）而去其冠也。」

子墨子謂程子曰：『儒之道足以喪天下者……又以命爲有，貧富壽夭，治亂安危，有極矣，不可損益也。爲上者行之，必不聽治矣；爲下者行之，必不從事矣。此足以喪天下！』

非儒篇則曰：

有（又）强執有命以說議曰：「壽夭貧富，安危治亂，固有天命，不可損益。窮達賞罰，幸否有極；人之知力不能爲焉。』羣吏信之則怠於分職；庶人信之則怠於從事。吏不治則亂，農事緩則貧；貧且亂，倍政之本而儒者以爲道敎，是賊天下之人者也。

此皆墨子批駁儒家有命之說，以爲足喪天下而賊天下之人，則其惡之深矣。

墨子更就一般命定說加以批駁，則以社會種種不善乃『執有命者以雜於民間者衆。』（非命上）其言曰：

執有命者之言曰：命富則富，命貧則貧，命衆則衆，命寡則寡，命治則治，命亂則亂，命壽則壽，命夭則夭，雖强勁何益哉？上以說王公大人之聽治，下以駔（阻）百姓之從事。故執有命者不仁……不可不明辯。（非命上）

執有命者之不仁安在？墨子曰：

今也王公大人之所以蚤朝晏退，聽獄治政，終朝均分而不敢怠倦者，何也？曰，彼以爲强必治，强，勸也。不强必亂；强必寧，不强必危；故不敢怠倦。今也卿大夫之所以竭股肱之力，殫其思慮之知，內治官府，外斂關市山林澤梁之利，以實官府，而不敢怠倦者何也？曰，彼以爲强必貴，不强必賤；强必榮，不强必辱；故不敢怠倦。今也農夫之所以蚤出暮入，强乎耕稼樹藝，多聚菽粟，而不敢怠倦者，何也？曰，彼以爲强必富，不强必貧；强必飽，不强必飢；故不敢怠倦。今也婦人之所以夙興夜寐，强乎紡績織紝，多治麻絲葛緒，捆布縿，而不敢怠倦者，何也？曰彼以爲强必富，不强必貧；强必煖，不强必寒；故不敢怠倦。今雖（唯）毋在乎王公大人，若信有命而致行之，則必怠乎聽獄治政矣；卿大夫必怠乎治官府矣；農夫必怠乎耕稼樹藝矣；婦人必怠乎紡績織紝矣。王公大人怠乎聽獄治政，卿大夫怠乎治官府，我以爲天下必亂矣。農夫怠乎耕稼樹藝，婦人怠乎紡績織紝，則我以爲天下衣食之財將必不足矣。（非命下）

有命之害如此，故墨子遂强非之也。蓋此種人事方面，墨子之意以爲皆由人力而非天命。是以事之成敗，

天下皆曰其力也，必不能曰我見命焉！（非命中）

又曰：

夫豈可以爲其命哉！固以爲其力也，（非命下）

有力而無命，墨子所以能鼓動賤人者在此，墨子所以能日夜不休，以繩墨自矯而備世之急者在此，墨學所以優於儒家者此其一也。惟二千年來，墨學既微，儒家有命說以外，更益以道家之有命說，並輸入印度佛教之有命說，流於中國社會，遂致中其毒而各安天命不知進取，以呈暮氣沈沈之現象而不易振拔，安得如墨子其人者，倡新非命論以廓清此種病態哉！

墨子既將命定說舉而破之矣，在當時之社會思想與一般人之程度，不能無所信仰也，於是有天志，明鬼。

天之有意志，本墨子以前舊說，即孔子亦承認之。如

子曰：『獲罪於天，無所禱也。』（論語八佾篇）

子曰：『天生德於予，桓魋其如予何！』（又述而篇）

子曰：『天之將喪斯文也，後死者不得與於斯文也；天之未喪斯文也，匡人其如予何！』（又，子罕篇）

但此非孔子之所常言，故子貢曰：

夫子之言性與天道，不可得而聞也。（論語公冶長篇）

墨子則不然，以『天志』爲『法儀』。天志中曰：

是故子墨子之有天之（志），辟之無以異乎輪人之有規，匠人之有矩也。今夫輪人操其規，將以量度

天下之圜與不圜也，曰，中吾規者謂之圜，不中吾規者謂之不圜。是以圜與不圜，皆可得而知也。此其故何？則圜法明也。匠人亦操其矩，將以量度天下之方與不方也，曰，中吾矩者謂之方，不中吾矩者謂之不方。是以方與不方，皆可得而知之。此其故何？則方法明也。故子墨子之有天志也，上將以度天下之王公大人爲刑政也，下將以量天下之萬民爲文學出言談也；觀其意行，順天之意，謂之善意行，反天之意，謂之不善意行；觀其言談，順天之意，謂之善言談，反天之意，謂之不善言談；觀其刑政，順天之意，謂之善刑政，反天之意，謂之不善刑政。故置此以爲法，立此以爲儀，將以量度天下之王公大人卿大夫之仁與不仁，譬之猶分黑白也。

然則天之意志果何如？

子墨子曰『天之意不欲大國之攻小國也，大家之亂小家也。强之暴寡，詐之謀愚，貴之傲賤，此天之所不欲也。不止此而已，欲人之有力相營，有道相教，有財相分也。又欲上之强聽治也，下之强從事也；上强聽治則國家治矣，下强從事則財用足矣。……故唯（毋）明乎順天之意，奉而光施之天下，則刑政治，萬民和，國家富，財用足，百姓皆得煖衣飽食，便寧無憂。』（天志中）

是天之意志，卽墨子之意志也。天志上曰：

順天意者，兼相愛，交相利，必得賞。反天意者，別相惡，交相賊，必得罰。

是天所賞罰，亦即墨子之賞罰也。後世祕密社會之恆言曰『替天行道，』此則『天替墨子行道』矣。法人福祿特爾 Voltaire 有言曰，『上帝如爲吾人所需要也則不妨以己意製造之。』墨子之『天志，』其有福氏此種態度歟？故其言雖不免矛盾互見駁而不醇，吾人可不必深論也。

墨子之明鬼，亦猶天志也，乃以其有用而製造之者。按墨子以前，對於鬼神已有不信者，然一般平民則甚敬虔而恐怖之。左傳昭七年云：

鄭人相驚以伯有。曰，『伯有至矣！』則皆走，不知所往。鑄刑書之歲（昭六年）二月，或夢伯有介而行，曰，『壬子，余將殺帶也！明年壬寅，余又將殺段也！』及壬子，駟帶卒，國人益懼。齊燕平之月（七年正月）壬寅，公孫段卒，國人愈懼。……子產曰：『鬼有所歸，乃不爲厲。……』及子產適晉，趙景子問焉，曰：『伯有猶能爲鬼乎？』子產曰：『能！人生始化曰魄，既生魄，陽曰魂，用物精多，則魂魄强；是以有精爽，至於神明。匹夫匹婦强死，其魂魄猶能馮依於人，以爲淫厲；況良霄……敝邑之卿，從政三世矣，……其用物也弘矣，其取精也多矣，其族又大，所馮厚矣，而强死，能爲鬼，不亦宜乎！』

由此事觀之，一則可見社會迷信之深；二則就子產之言而論，僅取精用弘之貴族始能有鬼，而平民無鬼也；三則其鬼僅能報仇而無善惡之判斷。墨子利用此種平民之迷信，而所明之鬼，則稍加修正，蓋非僅復仇而能賞善罰暴也。

是故子墨子曰：『當若鬼神之能賞賢而罰暴也，蓋本施之國家，施之萬民，實所以治國家利萬民之道也。是以吏治官府之不絜廉，男女之爲無別者，有鬼神見之；民之爲淫暴寇亂盜賊，以兵刃毒藥水火，退無罪人乎道路，奪人車馬衣裘以自利者，有鬼神見之。是以吏治官府不敢不潔廉，見善不敢不賞，見暴不敢不罪，民之爲淫暴寇亂盜賊，以兵刃毒藥水火，退無罪人乎道路，奪人車馬衣裘以自利者，由此止。』（明鬼下）

此其藉鬼神之制裁，以防止相惡相賊而增長相愛相利也。

至鬼神是否確有其物，墨子雖引種種證據，亦未足以得有識者之信從也。然墨子之本意，似不斤斤於有無之辯，乃僅就其效果言之者。

子墨子曰：『古今之爲鬼非他也，有天鬼，亦有山水鬼神者，亦有人死而爲鬼者。今有子先其父死，弟先其兄死者矣，意雖使然，然而天下之陳物曰「先生者先死。」若是，則先死者非父則母，非兄而姒也。今潔爲酒醴粢盛，以敬慎祭祀，若使鬼神請（誠）有，是得其父母兄姒而飲食之也，豈非厚利哉！若使鬼神誠亡，是乃費其所爲酒醴粢盛之財耳；自夫費之，非直注之汙壑而棄之也，內者宗族，外者鄉里，皆得而具飲食之。雖使鬼神誠亡，此猶可以合驩聚衆，取親於鄉里。』（明鬼下）

父母兄姒皆得飲食，是墨子已破庶人無鬼之謬見矣。蓋在貴族專政之社會，不獨人有等級，而鬼亦與之相應而有其等級。墨子主張平民能祀天，又人各有鬼，故雖未能破除迷信而有其進步之特點在也。其爲祭祀，謂『上以交鬼之福，下以合驩聚衆取親乎鄉里，』則「明鬼」固有其交際娛樂之利益在此方面。鬼之有無何必深辯哉！

墨子節葬而明鬼，同時兼行，王充深加非難，曰：

> 墨家之議，自違其術，其薄葬而又右鬼。……夫死者審有知，……而薄葬之，是怒死人也。情欲厚而惡薄，以薄受死者之責，雖右鬼何益哉？如以鬼非死人，則其信杜伯非也；如以鬼是死人，則其薄葬非也。術用乖錯，首尾相違，故以爲非。非與是不明，皆不可行。（論衡薄葬篇）

是以墨子節葬明鬼爲自相矛盾也。近人夏曾佑之論則與王氏不同，曰：

> 儒家以君父爲至尊無上之人，以人死爲一往不返之事，（無鬼神，則身死而神亦死矣；）以至尊無上之人，當一往不返之事，而孝又爲政教全體之主綱，喪禮烏得而不重？墨子既欲節葬，必先明鬼（有鬼神，則身死猶有其不死者存。故喪禮可殺。天下有鬼神之教，如佛教，耶教，回教，其喪禮無不簡略者。）既設鬼神，則宗教爲之大異。有鬼神則生死輕，而游俠犯難之風起；……有鬼神則生之時暫，不生之時長，肉體不足計，五倫非所重，而平等兼愛之義伸。（中國歷史第一册，頁一三〇）

夫鬼神有無，別爲一事，而節葬與明鬼非相衝突，則夏氏之言爲得其實也。

要之，墨子於信仰方面之成就，在其破壞而不在其建設。故非命之義，千古不可磨滅；而天志明鬼乃藉以堅平民之信仰而增其勇氣也。蓋當時平民，久受貴族之壓迫，一旦欲使其有所建樹，則每易氣餒。今有天以助其相愛相利而去其相惡相賊，鬼神又於不知不覺之間，爲之賞善罰暴，自易信從其說而無所畏葸矣。西方宗教中人之禱告，曰，予甚軟弱，願上帝給我以勇氣！墨子之天志明鬼，正給賤人以勇氣也。至墨子自己，信天信鬼至何程度，則正難言。魯問篇載墨子告曹公子曰：

> 夫鬼神之所欲於人者多，欲人之處高爵則以讓賢也，多財則以分貧也。夫鬼神豈惟擢黍拑肺之爲欲哉？今子處高爵祿而不以讓賢，一不祥也，多財而不以分貧，二不祥也。今子事鬼神，唯祭而已矣，而曰病何自至哉？是猶百門而閉一門焉，曰，盜何從入？若是而求百福於有怪之鬼神，豈可哉？

公孟篇云：

> 子墨子有疾，跌鼻進而問曰：『先生以鬼神爲明，能爲禍福，爲善者賞之，爲不善者罰之。今先生聖人也，何故有疾？意者先生之言有不善乎？鬼神不明知乎？』子墨子曰：『雖使我有病，鬼神何遽不明？人之所得於病者多方，有得之寒暑，有得之勞苦，是猶百門而閉一門焉，則盜何遽無從入？』

此墨子告智識稍高者之言也，均以百門而閉一門爲喻，則鬼神於人之禍福，其力亦百分居一而已，可謂微矣。

藝文類聚引墨子有云：

禽子問天與地孰仁？墨子曰：『翟以地爲仁……民衣焉，食焉，死焉，地終不責德焉。故翟以地爲仁。』（畢沅輯墨子佚文）

此以地爲仁，則必以天爲不仁矣，與天志說相違；縱非墨子之言，亦必墨家後學對天志說之修正也。故後期墨家，亦多不說天鬼。

六　墨子之根本精神

墨子於政治經濟各方面之主張，大致已如上述。然則其思想之特點安在？一言以蔽之，則平等是已。此非獨墨家自己知之，卽反對墨家者，亦莫不知之。荀子反對墨家最烈，而知墨子亦最深者也。其天論篇曰：

墨子有見於齊，無見於畸。有齊而無畸，則政令不施。

所謂齊者，以今語釋之則平等也。以重平等則無等差，故非十二子篇曰：

不知壹天下，建國家之權稱，上功用，大儉約而僈差等；曾不足以容辨異，縣（懸）君臣。然而其持之有故，言之成理，足以欺惑愚衆，是墨翟宋鈃也。

『僈差等，』王念孫謂卽『無差等；』楊倞謂『欲使君臣上下同勞苦也。』至『不足以容辨異，縣君臣，』

楊氏謂『上下同等，則其中不容分別，而縣隔君臣也。』荀子在富國篇言之更詳，曰：

墨子大有天下，小有一國，將蹙然衣麤食惡，憂戚而非樂；若是，則瘠，瘠則不足欲，不足欲則賞不行。墨子大有天下，小有一國，將少人徒，省官職，上功勞苦，與百姓均事業，齊功勞；若是，則不威，不威則賞罰不行。賞不行則賢者不可得而進也，罰不行則不肖者不可得而退也；賢者不可得而進也，不肖者不可得而退也，則能不能不可得而官也；若是，則萬物失宜，事變失應。……

大有天下，小有一國，則衣麤食惡，與百姓均事業，齊功勞，此即不容縣君臣，亦即平等之義也。解蔽篇言：

墨子蔽於用而不知文。……故由用謂之道，盡利矣。

楊氏謂『欲使上下勤力，……而不知貴賤等級之文飾，』則亦就其平等而言也。王霸篇言墨子之說爲『役夫之道，』（引見前第四章）亦就其平等而言者矣。蓋自『有見於畸無見於齊』（楊注、畸、不齊也。）之荀子觀之，墨子之道不獨生主平等，即死亦主平等也。禮論篇云：

事生不忠厚，不敬文，謂之野；送死不忠厚，不敬文，謂之瘠；君子賤野而羞瘠。……天子之喪動四海，屬諸侯；諸侯之喪動通國，屬大夫；大夫之喪動一國，屬脩士；脩士之喪動一鄉，屬朋友；庶人之喪合族黨，動州里；刑餘罪人之喪，不得合族黨，獨屬妻子。棺椁三寸，衣衾三領，不得飾棺，不得晝行，以昏殣；凡緣而往埋之，反無哭泣之節，無衰麻之服，無親疏月數之等，各反其平，各復其始；已葬埋，若無喪者而止：

夫是之謂至辱。

楊氏注：『此蓋論墨子薄葬是以至辱之道奉君父也。』乃因墨子節葬之法，一律平等，加以醜詆也。且不獨『無見於齊』之荀子爲然，卽著齊物論之莊子，亦加非難。曰：

古之喪禮，貴賤有儀，上下有等：天子棺槨七重，諸侯五重，大夫三重，士再重。今墨子獨生不歌，死不服，桐棺三寸而無槨，以爲法式。以此教人，恐不愛人；以此自行，固不愛己。……其生也勤，其死也薄，其道大觳，使人憂，使人悲，其行難爲也；恐其不可以爲聖人之道。反天下之心，天下不堪。墨子雖能獨任，奈天下何？（天下篇）

是莊子亦以其節葬之法，平等而太薄也。卽迨漢代司馬談曰：

敎喪禮必以此爲萬民之率，使天下法若此，則尊卑無別也。（史記自序）

漢書藝文志論墨家曰：

及蔽者爲之，見儉之利，因以非禮；推兼愛之義，而不知別親疏。

但墨子之教本已如是，非蔽者之過正乃然。此與司馬氏均就墨子平等之義加以批評也。

或謂墨子尚同，『上之所是，必皆是之；所非，必皆非之；……上同而不下比……。』此獨裁專制之說也，豈得謂之平等？梁啓超亦謂『既主張平等十義，又說「尚同而不下比，」這是矛盾地方。』見墨子學案頁一五七。曰，不然。法儀篇曰：

當皆法其君奚若？天下之爲君者衆而仁者寡；若皆法其君，此法不仁也；法不仁不可以爲法。故父母，學（師也）君三者，莫可以爲治法。

尙同上曰：

天下之百姓，皆上同於天子，而不上同於天，則菑猶未去也。今若天飄風苦雨溱溱而至者，此天之所以罰百姓之不上同於天者也。

君既不盡可以爲法儀，又與萬民均須上同於天，則君權尙非絕對無上者也；君又可以選擇，（見尙同上篇）此與儒書所謂『君，天也；天可逃乎？』（左傳宣四年）其權之限制，固已多矣。且墨家理想之君主，則堯禹也。節用中曰：

古者堯治天下，南撫交趾，北際幽都，東西至日所出入，莫不賓服。逮至其享受，黍稷不二，羹胾不重，飯於土塯，啜於土鉶。……

此其節儉如何！莊子天下篇言：

墨子稱道曰：昔者禹之湮洪水，決江河，而通四夷九州也，名山三百，支川三千，小者無數。禹親自操槖耜，而九雜天下之川；腓無胈，脛無毛，沐甚風，櫛甚雨，置萬國。禹，大聖也，而形勞天下也如此。

此其勤勞又如何！韓非子五蠹篇所言之堯，禹，殆本於墨家此類傳說。其辭曰：

堯之王天下也，茅茨不翦，采椽不斲；糲粢之食，藜藿之羹；冬日麑裘，夏日葛衣；雖監門之服養，不虧于此矣。禹之王天下也，身執耒臿，以爲民先；股無胈，脛不生毛；雖臣虜之勞，不苦于此矣。以是言之，夫古之讓天子者，是去監門之養，而離臣虜之勞也；故傳天下而不足多也。

墨子心目中之天子，其權既有限制，而又勞力多，享受薄，直等當時之奴隸，所謂監門之養，臣虜之勞也。此其平等又爲何如耶？

墨子之時，與其學說相敵者，僅一儒家，他家則尚未起也。（道家之老子，非老聃所作，其說發於汪中之老子考異與崔述之洙泗考信錄，梁啓超評胡適之中國哲學史大綱亦從之，今人更加考證，殆成定論。）墨子與孔子年代相接，學術之基礎相同，而其主張則相反。故『孔子親親，墨子尚賢；孔子差等，墨子兼愛；孔子繁禮，墨子節用；孔子重喪，墨子節葬；孔子統天，（春秋稱以元統天）墨子天志；孔子遠鬼，（論語稱：未知生，焉知死？敬鬼神而遠之。）墨子明鬼；孔子正樂，墨子非樂；孔子知命，墨子非命；孔子尊仁，墨子貴義：殆無一不與孔子相反。』（此用夏曾佑語。）至其所以然之故，言者不一。以吾觀之，殆在平等與否而異。若借荀子之語表之，則孔子有見於畸，無見於齊；墨子有見於齊，無見於畸也。故墨家不能不非儒。

夫『親親有術，（殺也）尊賢有等』（非儒下）乃儒家所倡者，墨家首非之，以其與平等之旨相違也。其他如有命、重樂、厚葬、久喪諸事，墨子非之，已見於前矣。儒家之墮落者，甚或設爲有鬬，以與非攻之義相抗。如子夏之徒問於子墨子曰：『君子有鬬乎？』子墨子曰：『君子無鬬。』子夏之徒曰：『狗豨猶有鬬，惡有士而無鬬矣？』子墨子曰：『傷矣哉！言則稱於湯文，行則譬於狗豨，傷矣哉！』（耕柱篇）

此亦足見儒墨之異也。墨家以平等故，則人人勞動生產；儒則以食於人，勞心而不勞力爲正當權利。在孔孟尙見譏於時人，見疑於弟子，末流之弊則養成一寄生階級。此亦墨家之所深惡，故曰：

夫繁飾禮樂以淫人，久喪僞哀以謾親，立命緩貧而高洪居，（洪原作浩，從曹箋改。佚居，謂不勤身以從事也。）倍本棄事而安怠傲，貪於飲食，惰於作務，陷於飢寒，危於凍餒，無以違之；是若乞人，鼸鼠藏，而羝羊視，賁彘起，……君子笑之，怒曰：『散人焉知良儒？』夫夏乞麥禾，五穀旣收，大喪是隨；子姓皆從，得厭飲食；畢治數喪，足以至矣。因人之家以爲翠，（肥也。）恃人之野以爲尊；富人有喪，乃大說，喜曰：『此衣食之端也！』（非儒下）

此非墨家之醜詆儒者，實多此一種人。卽荀子亦嘗譏之矣。（荀子非十二子篇，『偷儒憚事，無廉恥而嗜飲食，必曰「君子固不用力，」是子游氏之賤儒也。』又儒效篇，『呼先王以欺愚者，而求衣食焉。得委積足以揜其口，則揚揚如也，……億然若終身之虜，而不敢有他志，是俗儒者也。』可見其弊之一斑。）

墨家以平等而欲實現理想之社會，故不憚革命而無先例可循；儒家雖不乏溫情之改良，而不敢有所破壞，故『述而不作』，此乃對於歷史之態度，亦儒墨所以相非也。如

公孟子曰：『君子不作，術（述）而已。』子墨子曰：『不然。……吾以爲古之善者則誅（述）也。之，今之善者則作之，欲善之益多也。』（耕柱篇）

公孟子曰：『君子必古言服，然後仁。』子墨子曰：『昔者商王紂，卿士費仲，爲天下之暴人；箕子，微子，爲天下之聖人，此同言而或仁或不仁也。周公旦爲天下之聖人，關（管）叔爲天下之暴人，此同服，或

仁或不仁。然則不在古服與古言矣。且子法周而未法夏也，子之古非古也。』（公孟篇）

觀公孟與墨子之辯論，已可知其循述與創作之異矣。非儒篇亦有此類議論，如

儒者曰：『君子必古服古言然後仁。』應之曰：『所謂古者則嘗新矣，而古人服之，則非君子也。然則必法非君子之服，言非君子之言，而後仁乎？』

又曰：『君子循而不作。』應之曰：『古者羿作弓，伃作甲，奚仲作車，巧垂作舟；然則今之鮑函車匠皆君子也，而羿，伃，奚仲，巧垂，皆小人邪？且其所循，人必或作之，然則其所循皆小人道也。』

皆主變古開新，此更深刻，乃以儒墨二家革命與否，而對歷史之觀點與態度，自然迥殊也。

墨子之根本思想雖在平等，然墨子實行家也，故必察其環境，因地因人而施，所謂對症下藥也。墨子曰：

凡入國必擇務而從事焉。國家昏亂，則語之尚賢尚同；國家貧，則語之節用節葬；國家憙音湛湎，則語之非樂非命；國家淫僻無禮，則語之尊天事鬼；國家務奪侵凌，卽語之兼愛非攻。故曰，擇務而從事焉。（魯問篇）

因欲隨地而擇務從事，故根本精神，雖在平等，而有各種目標也。

第六章　墨家之組織

墨子之學說，已略如上述，其目雖繁，根本則在平等。然以一賤人倡之，竟成一大學派，以移當世風尚者何耶？則墨子人格之感化與其組織之完善也。墨子人格之偉大，觀其行事可知，（詳第二章）而墨家之組織非僅一學術團體，似革命機關，亦似後世祕密會黨；蓋組織甚密，而紀律甚嚴也。

公輸篇云：

子墨子曰：『公輸子之意，不過欲殺臣，殺臣，宋莫能守，可攻也。然臣之弟子禽滑釐等三百人，已持臣守國之器，在宋城上而待楚寇矣，雖殺臣不能絕也。』

此可見墨子弟子三百人，因實行非攻，皆爲宋守禦也。若非有人組織之，指揮之，而徒激於一時之義勇，斷難如是步武整齊矣。

淮南子泰族訓云：

墨子服役者百八十人，皆可使赴火蹈刃，死不旋踵，化之所致也。

雖曰化之所致，然云可使，則必有使之者。孰使之？墨子使之也。

魯問篇云：

魯人有因子墨子而學其子者，其子戰而死，其父讓子墨子。子墨子曰：『子欲學子之子，今學成矣，戰而死，而子慍；是猶欲糶，糶售則慍也，豈不費(悖)哉！』

此魯人之子，如爲國家服役戰而死，其父無因責讓墨子。或受墨子之命戰而死，其父始能如此責讓也。吾人試想，假令楚國當日實行攻宋，宋非楚敵，無待言矣；雖以三百弟子爲之守禦，未必不敗；就令不敗，死者亦必不少，則其父之慍，自在意中也。然觀墨子之答，以慍爲悖，則似以戰死爲墨者當然之義務矣。以魯人此事觀之，則墨子必有因『非攻』而實行守禦，致弟子戰死者，特載籍不傳，無由詳攷。

莊子天下篇：『以巨子爲聖人，皆願爲之尸，冀得爲其後世。』此所謂巨子，卽呂氏春秋之鉅子也。鉅子蓋墨家之首領，墨者須絕對服從之。呂氏春秋上德篇云：

墨者鉅子孟勝，善荆之陽城君。陽城君令守於國，毀璜以爲符，約曰，『符合，聽之。』荆王薨，羣臣攻吳起，兵於喪所，陽城君與焉。荆罪之，陽城君走，荆收其國。孟勝曰：『受人之國，與之有符；今不見符，而力不能禁，不能死，不可。』其弟子徐弱諫孟勝曰：『死而有益陽城君，死之可矣；無益也，而絕墨者於世，不可。』孟勝曰：『不然，吾於陽城君，非師則友也，非友則臣也。不死，自今以來，求嚴師必不於墨者矣；求賢友必不於墨者矣，求良臣必不於墨者矣。死之所以行墨者之義而繼其業者也。我將屬鉅子於宋之田襄子。田襄子賢者也，何患墨者之絕於世也？』徐弱曰：『若夫子之言，弱請先死以辟路；』還歿頭於孟勝前。因使二人傳鉅子於田襄子。孟勝死，弟子死之者百八十三人。二人已致命於田襄子，欲反死孟勝於荊。田襄子止之，曰：『孟子已傳鉅子於我矣，當聽！』遂反死之。墨者以爲不聽鉅子。『當聽，』畢沅改爲『不聽，』非。

由此一事觀之，不獨墨家敢死之風，躍然紙上；而鉅子權力之大，更可驚人。故二人反死於荊，『墨者以爲不聽鉅子；』而田襄子之止二人，則曰『孟子已傳鉅子於我矣』則二人似有絕對服從之義務，死而違命，猶不能恕也。

墨者固須絕對服從鉅子，而鉅子亦須絕對服從團體內之紀律。呂氏春秋去私篇云：

墨者鉅子有腹䵍，居秦，其子殺人。秦惠王曰：『先生之年長矣，非有他子也，寡人已令吏弗誅矣。先生之以此聽寡人也！』腹䵍對曰：『墨者之法「殺人者死，傷人者刑，」此所以禁殺傷人也。夫禁殺傷人者，天下之大義也。王雖爲之賜而令吏弗誅，腹䵍不可不行墨者之法。』按墨者之法今本或作『墨子之法，』此據涵芬樓影印明宋邦乂等刊本。

此種墨者之法，森嚴如鐵，斷非後世之學規鄉約，所可比擬。惟革命團體與祕密社會之所謂紀律，庶幾似之。故腹䵍之獨子，雖有君王爲之特赦，而必用墨者之法處以死刑；雖曰『去私，』蓋鉅子亦有不得不實行之責任在也。墨子尚同之義曰『上同而不下比，』上之所是則必是之，所非則必非之，人民之於君上，略似墨者之於鉅子也自里長里之仁人以至天子爲天下之仁人，何以必爲仁人？雖有選擇之說而方略不詳。觀鉅子之不敢背團體以行其私，則於選舉罷免監督限制，必有其辦法，惟非吾人所及知耳。

墨家鉅子所可攷者，僅孟勝，田襄子，腹䵍三人。然孟勝死於吳起之難（西前三八一年）下距秦惠王之卒（前三一一年）爲七十年，所知之鉅子爲三人，則必係終身職也。至鉅子之制何自發生？或謂起於墨子死後，（觀胡適哲學史大綱頁一四六，梁啓超墨子學案頁一七三。）是殆不然。此必墨子生前所已有，彼本人必爲第一任，當然鉅子。以禽滑釐在墨家地位之高，如非卒於墨子以前，則禽氏必爲第二任鉅子。迨至孟勝，最少爲第三任之鉅子矣。（此亦可見吳起死時，墨子前卒已久。）

墨者之死生大故，固受鉅子之干涉，然普通出處及生活，亦由『鉅子』指揮，視尋常師弟之關係，則較密切也。如

子墨子游耕柱子於楚。（耕柱篇）

子墨子使管黔敖游高石子於衞。（同）

子墨子游公尙過於越。（魯問篇）

子墨子出仕曹公子於宋。（同）

子墨子使勝綽事項子牛。（同）

子墨子仕人於衛。（貴義篇）

是墨子不獨敎之學問，更須爲弟子代謀職業也。墨子本人雖終身未仕，亦頗以此勸誘弟子。公孟篇云：

有游於子墨子之門者，身體强良，思慮徇通，欲使隨而學。子墨子曰：『姑學乎？吾將仕子！』勸於善言而學。其（期）年而責仕於子墨子。子墨子曰：『不仕子。……今子爲義，我亦爲義，豈獨我義也哉？子不學則人將笑子，故勸子於學。』

是弟子中亦頗以此爲當然之責也。惟備梯篇：

禽滑釐子事子墨子，三年，手足胼胝，面目黧黑，役身給使，不敢問欲。

此禽子之所以異於他人者矣。

耕柱篇云：

子墨子游耕柱子於楚，二三子過之，食之三升，客之不厚。二三子復於子墨子曰：『耕柱子處楚無益矣！二三子過之，食之三升，客之不厚。』子墨子曰：『未可知也。』毋幾何而遺十金於子墨子，曰：『後生不敢死！有十金於此，願夫子之用之也。』子墨子曰：『果未可知也！』

是『多財則以分貧，』墨者視爲當然；而所遺十金，則似會員對於團體之所得捐也。

子墨子使管黔敖游高石子於衛，衛君致祿甚厚，設之於卿，高石子三朝必盡言，而言無行者。去而之齊，見子墨子曰：『君以夫子之故，致祿甚厚，設我於卿；石三朝必盡言，而言無行，是以去之也。衛君無乃以石爲狂乎？』子墨子曰：『去之苟道，受狂何傷！……』高石子曰：『石去之，焉敢不道也！昔者夫子有言曰：「天下無道，仁士不處厚焉。」今衞君無道而貪其爵祿，則是我爲苟陷人食也。』子墨子說，而召子禽子曰：『姑聽此乎！夫倍義而鄉祿者，我常聞之矣；倍祿而鄉義者，於高石子焉見之也。』

（耕柱篇）

是由鉅子使之仕者，主張不行，必須辭職而向之報告也。

昔『季氏富於周公，求也爲之聚斂而附益之。子曰：「求非吾徒也；小子鳴鼓而攻之可也。」』論語先進篇

孔子對於冉求之舉動，以今語釋之，則開除其學籍，而無法罷免其官職也。墨子則不然，若高石子之背祿向義，固已嘉獎之矣；如有曲學阿世，背義向祿者，則不獨開除其學籍，並設法罷免其官職。魯問篇云：

子墨子使勝綽事項子牛。項子牛三侵魯地，而勝綽三從。子墨子聞之，使高孫子請而退之，曰：『我使綽也，將以濟驕而正嬖也。今綽也祿厚而譎夫子，夫子三侵魯，而綽三從，是鼓鞭於馬靳也。翟聞之：「言義而弗行，是犯明也；」綽非弗之知也，祿勝義也。』

由勝綽之事觀之，則於背道者處置頗嚴，非若尋常之師弟關係也。

墨家組織之嚴密如是，加以墨子之才，好學而博；天下篇語 與摩頂放踵之犧牲精神，及席不暇暖，突不得黔

之勤勞狀態；宜其以一賤人倡之，遂成顯學也。予往年作墨學之勃興及其衰亡一文、即言墨家之組織如此、近閱馮友蘭中國哲學史「墨者爲一有組織的團體」一節、所見相同、頗爲愉快。特注明以免掠美。

第七章　墨學之傳授

一　墨子之教育

墨學之驟盛，墨子教育之勤，亦至有關係。貴義篇云：

子墨子曰：必去六辟。默則思，言則誨，動則事，使三者代御，必爲聖人。

是墨子之言皆用以誨人也。『隱匿良道而不相教誨』者，視爲大惡；『有道者勸以教人』（均尚賢下語）視爲至善；書中此類語句，前後屢見，均足見墨子之重視教育也。莊子之論宋鈃曰：

周行天下，上說下教，雖天下不取，强聒而不舍者也。（天下篇）

墨子與宋鈃學派不必同，而此種精神頗相類。故其『故人』與吳慮皆以此相規（引見前第二章）墨子不稍顧慮而愈奮也。孔墨兩家根本精神既有異，而於教育之態度，亦大有不同。孔子雖曰『有教無類』（論語衞靈公篇）曰『誨人不倦』（述而篇）而在實施時則曰：『自行束脩以上，吾未嘗無誨焉』（同上）曲禮則曰：『禮聞來學，不聞往教』。是則彼不來學，或來而束脩不具，皆無以施其教。此儒家教育之態度也。此種態度，墨家則殊不以爲然。

公孟子謂子墨子曰：『君子共（拱）己以待，問焉則言，不問焉則止。譬若鐘然，扣則鳴，不扣則不鳴。』

子墨子曰：『……若大人爲政，將因於國家之難，譬若機之將發也然；……若此者，雖不扣必鳴者也。若大人舉不義之異行，……欲攻伐無罪之國，以廣辟土地，籍稅貨財，出必見辱，所攻者不利，而攻者亦不利，是兩不利也。若此者，雖不扣必鳴者也。且子曰，『君子共己以待，……不扣則不鳴。』今未有扣，子而言，是子之所謂不扣而鳴邪？是子之所謂非君子邪？（公孟篇）

按今禮記學記有曰：『善待問者如撞鐘，叩之以小者則小鳴，叩之以大者則大鳴；待其從容然後盡其聲。不善答問者反此。』或本於公孟子。但學記以爲教學之一法，故無不可；公孟子以此爲施教之態度，則不可也。故非儒篇復嚴辭以駁斥之曰：

今擊之則鳴，弗擊不鳴，隱知豫力，恬漠待問而後對，雖有君親之大利，弗問不言；若將有大寇亂，盜賊將作，若機辟將發也，他人不知，己獨知之，雖其君親皆在，不問不言，是夫大亂之賊也。以是爲人臣不忠，爲子不孝，事兄不弟友，遇人不貞良。

此皆墨家之所以非儒也。至墨子『言則誨』之態度，亦非儒家所能了解。如

公孟子謂子墨子曰：『實爲善人孰不知？譬若良巫處而不出，有餘糈；譬若美女處而不出，人爭求之，行而自衒，人莫之取也。今子偏從人而說之，何其勞也！』（公孟篇）

是公孟子以墨子之教人爲疑也。墨子之答覆則曰：

今夫世亂求美女者衆，美女雖不出人多求之；今求善者寡，不强說人，人莫之知也。且……仁義鈞，行說人者，其功多，善亦多；何故不行說人也？

此與答故人與吳慮之語相似，其所以勤於敎誨之故，亦可明矣。

墨子之勤於敎育旣如上述，而關於敎育之理論與實行方法，亦有可得而言者。所染篇云：

子墨子(言)見染絲者而歎曰：『染於蒼則蒼，染於黃則黃，所入者變，其色亦變；五入必畢也。而已，則爲五色矣。故染不可不愼也。』

所染篇雖僞託，而墨子歎染絲則必有此事實，故各書多載之。由此故事，吾人可知墨子之人性論，蓋以人性如素絲，視其環境與敎養而結果不同；或爲善，或爲惡，皆視染之者如何而定。是以人皆可善可惡，無所謂『上知與下愚不移』(論語陽貨篇記孔子語。)吾人施敎一分，卽有一分效果矣。以有此「敎育萬能說」爲前提，故墨子遂努力施敎，所謂『徧從人而說之』也。

墨子之敎育方法：一曰分科以發展個性。

縣子碩問於子墨子曰：『爲義孰爲大務？』子墨子曰：『譬若築牆然，能築者築，能實壤者實壤，能欣者欣，然後牆成也。爲義猶是也。能談辯者談辯，能說書者說書，能從事者從事，然後義事成也。』(耕柱篇)

此乃注重事業之效果而分工，前已言之矣。(詳第五章)公孟篇云：

二三子有復於子墨子學射者。子墨子曰：『不可。夫知者必量其力所能至而從事焉。國士戰且扶人，猶不可及也今子非國士，豈能成學又成射哉！』

『量其力所能而從事焉，』此從發展個性而分科也。

二曰重實行。墨子屢戒『蕩口，』曰：

言足以遷行者，常之；不足以遷行者，勿常；不足以遷行而常之，是蕩口也。（貴義篇又見耕柱篇）

墨子斥告子曰：

政者，口言之身必行之今子口言之而身不行，是子之身亂也。子不能治子之身，惡能治國政？子姑防子之身亂之矣！（公孟篇）

『口言而身不行，』可爲『蕩口』之注解。蓋墨子之意，以爲知之言之而不能行之，則如不知。故曰：

今瞽者曰：『鉅（豈）者白也，黔者黑也，』雖明目者無以易之。兼白黑使瞽取焉，不能知也。故我曰，瞽不知白黑者，非以其名也，以其取也。今天下之君子之名仁也，雖禹湯無以易之。兼仁與不仁而使天下之君子取焉，不能知也。故我曰天下之君子不知仁者，非以其名也，亦以其取也。（貴義篇）

此乃其注重實行之理也。

三曰注重動機。吾嘗謂墨子重視效果而爲功利說矣；詳第五章但亦非不重動機也。魯君有二子，一好學，一好分人以財，問孰可以爲太子。墨子曰：

釣者之恭，非爲魚也；餌鼠以蟲，非愛之也。吾願主君之合其『志』『功』而觀焉。（魯問篇）

志卽動機也。耕柱篇云：

巫馬子謂子墨子曰：『子兼愛天下，未云利也；我不愛天下，未云賊也。「功」皆未至，子何獨自是而非我哉？』子墨子曰：『今有燎者於此，（燎，放火也。）一人奉水將灌之，一人操火將益之，功皆未至，子何貴於二人？』巫馬子曰：『我是彼奉水者之「意」，而非夫操火者之意。』子墨子曰：『吾亦是吾意，而非子之「意」也。』（耕柱篇）

『意』亦卽動機也。或謂墨子哲學爲功利主義（馮著哲學史頁一一五。）與實利主義，（梁著學案頁四五。）若不知有動機也者；今以此「功志」「功意」對言觀之，則彼說似未甚諦也。

以有此重意重志之動機論，故能『赴火蹈刃，死不旋踵，』利害禍福，非所計較矣。

四曰求知之方法。墨子甚重知識，所以得知識自有其方法。

非命上云：

子墨子言曰：言必立儀。言而毋儀，譬猶運鈞之上而立朝夕者也，是非利害之辨，不可得而明知也。故言必有三表。何謂三表？子墨子言曰：『有本之者，有原之者，有用之者。於何本之？上本之於古者聖王之事，於何原之？下原察百姓耳目之實。於何用之？發以爲刑政，觀其中國家百姓人民之利。此所謂言有三表也。

此所謂立言之儀，亦卽求知之法也。故凡事必求其所以然；若但知其當然，則非墨子所許也。公孟篇云：

子墨子問於儒者：『何故爲樂？』曰：『樂以爲樂也。』子墨子曰：『子未我應也。今我問曰，「何故爲室？」曰，「冬避寒焉，夏避暑焉，室以爲男女之別也。」則子告我爲室之故矣。今我問曰，「何故爲樂？」曰「樂以爲樂也；」是猶曰，「何故爲室？」曰，「室以爲室也。」』

『樂以爲樂』則未言其所以然也。耕柱篇云：

葉公子高問政於仲尼曰：『善爲政者若之何？』仲尼對曰：『善爲政者，遠者近之，而舊者新之。』子墨子聞之曰：『葉公子高未得其問也，仲尼亦未得其所以對也。葉公子高豈不知善爲政者之遠者近之，而舊者新之哉？問「所以爲之若之何」也。不以人之所不知告人，而以所知告之；故葉公子高未得其問也，仲尼亦未得其所以對也。』

此亦『樂以爲樂』之類，言其當然，而未言其所以然之故也。是以墨子均非之。

墨子所用以求知之方法，雖有『三表』，實多用類推。魯問篇載墨子之言曰：

世俗之君子，皆知小物而不知大物。今有人於此，竊一犬一彘則謂之不仁，竊一國一都，則謂之義；譬猶小視白謂之白，大視白則謂之黑。是故世俗之君子，知小物而不知大物者，此若言之謂也。

此即公輸篇所謂『義不殺少而殺衆，不可謂知類』也。『知類』即類推，墨子用之，最爲純熟；兼愛非攻尚賢非命諸大義，多用類推之法加以論證。墨子既以此求知，想亦以此法教弟子學習也。

五曰貴義而不甚重書。如

子墨子曰：『萬事莫貴於義。今謂人曰，……予子天下，而殺子之身，子爲之乎？必不爲。何故？則天下不若身之貴也。爭一言以相殺，是貴義於其身也。故曰，萬事莫貴於義也。』（貴義篇）

此墨子之貴義也。而爲義之務，則

能談辯者談辯，能說書者說書，能從事者從事，然後義事成也。（耕柱篇）

尚賢上言：

賢良之士，厚乎德行，辯乎言談，博乎道術。

似以言談重於文書也。故貴義篇云：

子墨子曰：『吾言足用矣！舍吾言革思者，是猶舍穫而攈粟也。以其言非吾言者，是猶以卵投石也，盡天下之卵，其石猶是也，不可毀也。』

又曰：

子墨子南遊使衞，關中載書甚多。弦唐子見而怪之曰『吾夫子教公尚過曰，「揣曲直而已！」今夫子載書甚多，何有也？』子墨子曰：『……翟聞之同歸之物，信有誤者，而民聽不鈞，是以書多也。今若過之心者，數逆於精微；同歸之物，既知要矣；是以不教以書也。而子何怪焉！』

此二事足爲墨家重言談而輕文書之證。蓋墨子雖『好學而博，』而其教人不斤斤於文字之末也。然此頗與孔門異，故曹耀湘曰：

墨者長於行，儒者長於文。行利於一時，文傳於後世。諸子百家之書，皆藉儒者以傳，欲著書以與儒者爭，必不勝也。故儒墨並世，則儒不及墨；逮乎後世，則墨必不及儒。漢書藝文志敍列九流，今則儒家之言，不可勝讀，道家僅存，墨家幾乎絕矣。按儒家所謂學，亦不僅文字，故曰「行有餘力則以學文。」但彼甚重文字，故曰「博學於文，」「默而識之，學而不厭。」子路曰，「何必讀書，然後爲學。」孔子斥之曰，「是故惡夫佞者。」可見孔門於文字，與墨家不同也。

文字足以行遠垂後，墨子似未甚注意。

六曰教術。以勸誘與懲責並行。如公孟篇言墨子欲使弟子隨而學，曰『姑學乎？吾將仕子。』期年，責仕於墨子。墨子曰：『不仕子。……子不學則人將笑子，故勸子於學。』引見第六章 此其勸誘之法也。耕柱篇云：

子墨子怒耕柱子。耕柱子曰：『我毋愈於人乎？』子墨子曰：『我將上大行，駕驥與牛，子將誰敺？』耕柱子曰：『將敺驥也。』子墨子曰：『何故敺驥也？』耕柱子曰：『驥足以責。』子墨子曰：『我亦以子爲足以責！』

此其懲責之法也。

至腹䵍言墨者之法，則墨子生時，亦必有所規定；在團體言則如紀律，在學校言則爲規則矣。

但雖有墨者之法，須絕對服從；而於師之尊嚴，則與儒家異，蓋其平等之義使然也。故『尊嚴而憚，可以爲師，』（荀子致士篇）『師嚴然後道尊，道尊然後民知敬學，』（禮記學記）此儒家之說也。墨家則於法儀篇有曰：

當皆法其父母奚若？天下之爲父母者衆，而仁者寡；若皆法其父母，此法不仁也；法不仁不可以爲法。當皆法其學奚若？天下之爲學者衆，而仁者寡；若皆法其學，此法不仁也；法不仁，不可以爲法。當皆法其君奚若？天下之爲君者衆，而仁者寡；若皆法其君，此法不仁也；法不仁不可以爲法。故父母學君三者，莫可以爲治法，

閒詁：『學謂師也。』陳柱謂『墨子之於受教者，對於家庭教育學校教育國家教育，均有仁不仁之辯，而無絕對服從之必要矣。』此言頗得其實，足見其尊師之態度與儒家不同也。

墨子雖不欲人尊師，而弟子尊之者，蓋其人格之偉大而崇高，弟子受其感化而不自覺。淮南子曰：

墨子服役者百八十人，皆可使赴火蹈刃，死不旋踵，化之所致也。（泰族訓）

化字最能傳達神情，亦即所染篇之染也。死乃人所最難，而能赴火蹈刃，視死如飴，則墨子之感人必有在學問，文字，言語以外者。古語曰：『以言教者訟，以身教者從』，其此之謂矣。

墨子以其施教之勤與教法之善，故雖由一賤人倡導，終成顯學。淮南王謂墨子服役者百八十人，皆可使赴火蹈刃，死不旋踵；此僅就其高第弟子，富於犧牲心者言也。公輸篇，墨子自言：

臣之弟子禽滑釐等三百人，已持臣守圉之器，在宋城上而待楚寇矣。雖殺臣不能絕也。

一時爲宋守城者已達三百人，則其衆可想矣。

然孔子弟子則僅七十人。如孟子曰：

『以德服人者，中心悅而誠服也，若七十子之服孔子也。』（孟子公孫丑上篇）

韓非子亦曰：

『仲尼，天下聖人也，修行明道，以遊海內，海內悅其仁，美其義，而爲服役者七十人。蓋貴仁者寡，能義者難也。故以天下之大，而爲服役者七十人。』（韓非子五蠹篇）

按史記孔子世家云，『孔子以詩書禮樂教，弟子蓋三千焉，身通六藝者七十有二人。』清儒崔述駁之曰，『余按孟子但云「七十子」，則是孔子之門人止七十子也。孔子弟子安能三千之多，必後人之誇言之也。且漢人所偁六藝，即今六經，非周官「禮、樂、射、御、書、數」之六藝也。孔子晚年始作春秋，而易道深遠，聖人亦不輕以示人，其言未足信。今不取。」（洙泗考信錄，卷四遺型）崔氏以三千人爲誇言，是也。然呂氏春秋遇合篇已言「孔子周流海內，委質爲弟子者三千人，達徒七十人。」則在秦時已有三千人之說，非必始於漢人耳。

孔子弟子僅七十人，而墨子弟子則達三百人，然此不獨二人本身關係，墨子時代稍後，交通便利，平民向學之心亦熾，故學風尤盛也。

二　傳授之情形

墨子弟子可見之數達三百人矣，其未往守宋與守宋後所得者不知凡幾。呂氏春秋云：「孔墨徒屬弟子，充滿天下。」（尊師篇）又曰：「孔墨之後學，顯榮於天下者衆矣，不可勝數。」（當染篇）今孔子於史記有世家，又有仲尼弟子及孟荀諸傳，可以攷其源流。墨子既無專傳，而弟子及後學更無從舉其姓名矣。孫詒讓根據墨子本書及先秦諸子，鈎稽甚勤，成墨學傳授攷，僅得墨子弟子十五人，（附存三人）再傳弟子三人，三傳弟子一人，治墨術而不詳其傳授系次者十三人，雜家四人，乃歎曰：「彼勤生薄死，以赴天下之急而姓名澌滅與草木同盡者，殆不知凡幾。嗚呼，悕矣！」孫氏之感慨，非治墨學者所同具耶？

今據孫氏所攷列表如左，以明梗概。其墨子弟子有「魏越」，疑係地名而非人名，（說詳第二章）跌鼻之問墨子，與「游子墨子之門者」問題相同而語意大異，跌鼻似非弟子。試錄公孟篇所載二人之言，以資比較：

有游子墨子之門者，謂子墨子曰：『先生以鬼神爲明知，能爲禍福，爲善者福之，爲暴者禍之。今吾事先生久矣，而福不至。意者先生之言有不善乎？鬼神不明乎？我何故不得福也？』子墨子曰：『雖子不得福，吾言何遽不善？鬼神何遽不明？……』

子墨子有疾，跌鼻進而問曰：『先生以鬼神爲明，能爲禍福，爲善者賞之，爲不善者罰之。今先生聖人也，何故有疾？意者先生之言有不善乎？鬼神不明知乎？』子墨子曰：『雖使我有疾，鬼神何遽不明？……』

是一以自疑，而跌鼻則顧以得疾譏刺墨子也。故今去魏越，跌鼻，附存三人，則亦過而錄之；又附有事實而無姓名者三人；合之則爲四十人。今作傳授表如次。惟禽滑釐於墨門關係甚大，雖列諸表中，仍述其行事於此：

禽子名滑釐史記索隱，成玄英莊子疏並以滑釐爲字，孫氏駁之，甚善。初與田子方，段干木，吳起，受業於子夏，史記儒林傳後學於墨子，呂氏春秋當染篇盡傳其學，與墨子齊稱。莊子天下篇以墨翟禽滑釐並傳。禽子事墨子三年，手足胼胝，面目黎黑，役身給使，不敢問欲。墨子甚哀之，乃具酒脯，寄於太山，搣茅坐之，以醮禽子。禽子再拜而歎。墨子曰：『亦何欲乎？』禽子再拜再拜曰：『敢問守道！』備梯篇又曰：『由聖人之道，鳳鳥之不出，諸侯畔殷周之國，甲兵方起於天下；大攻小，强執弱，吾將守小國，爲之奈何？』墨子曰：『何攻之守？』禽子對曰：『今之世常所以攻者，臨，鈎，衝，梯，堙，水，穴，突，空洞，蛾傳，轒轀，軒車，敢問守此十二者奈何？』備城門篇墨子遂語以守城之具六十六事。李筌太白陰經守城具篇，六十六事一作五十六事。今墨子本書備城門以下十餘篇，皆其語也。楚惠王時，公輸般爲楚造雲梯之械成，將以攻宋。墨子自魯至郢止之，使禽子及諸弟子三百人，持守圉之器，在宋城上而待楚寇；楚卒不攻宋。公輸篇。禽子問於墨子曰：『錦繡絺紵，將安用之？』墨子曰：『惡！是非吾用務也。……先質後文，此聖人之務。』禽子曰：『善。』說苑反質篇禽子問天與地孰仁？墨子曰：『翟以地爲仁。……』藝文類聚地部引墨子。禽子問曰：『多言有益乎？』墨子曰：『蝦蟆蛙黽，日夜而鳴，舌乾擗然，而人不聽之。今鶴雞時夜而鳴，天下振動。多言何益，唯其言之時也！』太平御覽言語部引墨子。楊朱後於墨子，其說在愛己，不拔一毛以利天下，與墨子相反。荀子王霸篇楊注，殷敬順列子釋文。墨子兼愛上同，右鬼，非命，而楊朱非之。淮南子氾論訓。禽子與之辯論。荀子注、及列子釋文。禽子問楊朱曰：『去子體之一毛，以濟一世，汝爲之乎？』楊子曰：『世固非一毛之所濟。』禽子曰：『假濟，爲之乎？』楊子弗應。禽子出語孟孫陽。孟孫陽曰：『子不達夫子之心，吾請言之：侵若肌膚獲萬金者，若爲之乎？』曰：『爲之。』孟孫陽曰：『有斷若一節得一國，子爲之乎？』禽子默然有閒。孟孫陽曰：『一毛微於飢膚，肌膚微於一節，省矣。然則積一毛以成肌膚，積肌膚以成一節；一毛固一體萬分中之一物，奈何輕之乎？』禽子曰：『吾不能所以答子，然以子之言問老聃，關尹，則子言當矣。以吾言問大禹，墨翟，則吾言當矣。』列子楊朱篇。以上均用孫氏所作禽子小傳而稍加刪節。按列子乃魏晉間人所僞造，其言右楊朱而左墨家，故其語如此。若禽子果與楊朱辯論，其言論之價值，恐尚不止此也。（注）禽子初受文學於子夏，後從墨子，更講守禦之道，其人文武之才，蓋如吳起，而道德高尚，用之以救當世之急，而無一毫利祿功名之心，墨子之化也。其於墨家地位之高，頗似顏元門下之李塨，故耕柱篇亦稱『子禽子』。墨學之顯於當世，禽子蓋有大力焉。吳起死時，禽子當已前卒，故其時墨家鉅子，不爲禽子而爲孟勝矣。（按兼愛下篇云：『別君之言，……人之生乎地上之無幾何也，譬之猶馳駟而過隙也。』或謂正是指斥楊朱之言。）

墨學傳授表

姓名	生地	傳授系次	事跡	根據	備註
禽滑釐		初受業於子夏，後學於墨子，與墨子齊稱。	事墨子三年，手足胼胝，面目黎黑，役身給使，不敢問欲，墨子哀而醮之。禽子因問守道。墨子遂語以守城之具。楚欲攻宋，禽子受墨子命與同門三百人爲宋守城。與墨子論文質先後及天地執仁，多言是否有益，又與楊朱辯論。	史記儒林傳　呂氏春秋當染篇　本書公輸篇備城門，備梯。及藝文類聚。太平御覽引本書。　說苑反質篇。列子楊朱篇。	按：吳起死時，禽子已前卒。

高石子		墨子弟子	仕衞。衞君致祿甚厚而言不行。去而往齊見墨子，墨子告禽子譽爲倍祿向義。	本書耕柱篇	
高何	齊人	墨子弟子	初爲暴者，指於鄉曲，學於墨子爲天下名士顯人。	呂氏春秋尊師篇。	
縣子碩	齊人	墨子弟子	行事與高何同。問墨子爲義之大務。	呂氏春秋尊師篇。本書耕柱篇。	
公尚過		墨子弟子	墨子嘗言過於同歸之物，已知其要，故不教以書，過嘗仕越，並爲越王迎墨子。	呂氏春秋高義篇本書貴義魯問二篇。	呂氏春秋作公上過。
耕柱子		墨子弟子	墨子嘗稱耕柱子足以責，比之騏驥。耕柱子仕楚嘗遺十金於墨子。	本書耕柱篇。	
隨巢子		墨子弟子	墨子尚儉，隨巢子傳其術。著隨巢子六篇。	漢書藝文志，史記自序正義（引韋昭說。）	隋書經籍志注云，「巢似墨翟弟子，」則以巢爲名。
胡非子	齊人（？）	墨子弟子	著有胡非子三篇。	漢書藝文志。	隋書經籍志亦以非爲名。但元和姓纂有胡非氏。梁玉繩以胡非子爲齊人。

管黔敖	齊人(?)	墨子弟子	嘗游高石子於衞。	本書耕柱篇。	或謂即檀弓所載「爲食於路以待餓者」之黔敖，頗可信。然則亦齊人歟?
高孫子		墨子弟子	勝綽從項子牛三侵魯地，墨子使高孫子請而退之。	本書魯問篇。	
治徒娛		墨子弟子	與縣子碩同問爲義之大務於墨子。	本書耕柱篇。	
曹公子		墨子弟子	嘗仕於宋，反而疑墨子之道，墨子責之。	本書魯問篇。	
勝綽		墨子弟子	墨子使勝綽事齊項子牛。三侵魯地，而綽從之。墨子責其以祿勝義，請而退之。	本書魯問篇。	
彭輕生子		墨子弟子	墨子與之論知來。	本書魯問篇。	
孟山		墨子弟子	墨子與之論王子閭。	本書魯問篇。	
弦唐子			墨子南游，載書甚多。弦唐子怪而問之，墨子與之論書。	本書貴義篇。	

□□□	魯人	墨子弟子	戰而死，其父讓墨子。	本書魯問篇。	此亦赴火蹈刃，死不旋踵者，惜失其姓名。
□□□		墨子弟子	仕於衞而反。	本書貴義篇。	今本作「仕人於衞」，荀子富國篇楊注，引作「子墨子弟子仕於衞。」

以上墨子親授弟子十八人

許犯		禽子弟子	許犯學於禽滑釐。	呂氏春秋當染篇。	
索盧參		禽子弟子	東方之鉅狡學於禽滑釐，爲天下名士顯人。	呂氏春秋尊師篇。	
屈將子	楚人（？）	胡非子弟子	屈將子好勇，胡非子爲言五勇，屈將悅稱善，乃請爲弟子。	太平御覽引胡非子。	孫氏以屈爲楚公族著姓，疑將亦楚人。

以上墨子再傳弟子三人

田繫		許犯弟子	田繫學於許犯，顯榮於天下。	呂氏春秋當染篇。	

以上墨子三傳弟子一人

田鳩	齊人		學墨子之術，嘗遊秦仕楚。與楚王論墨子之言所以多而不辯。著田俅子三篇	呂氏春秋首時篇，韓非子問田篇及外儲說左上篇，漢書藝文志。	
相里勤			『北方』之墨師也，為三墨之一。	韓非子顯學篇莊子天下篇。	成玄英莊子疏以為『南方之墨師。』按天下篇語意以南方之墨者對言，則應為北方也。
相夫氏			三墨之一	韓非子顯學篇。	元和姓纂作伯夫氏。
鄧陵子	楚人(?)		南方之墨者，亦三墨之一。誦墨經。	莊子天下篇。韓非子顯學篇。	孫氏謂鄧陵子蓋楚人。
苦獲	楚人(?)		南方之墨者，誦墨經。	莊子天下篇。	孫氏疑苦獲已齒並為楚人。
己齒	楚人(?)		南方之墨者，誦墨經。	莊子天下篇。	
五侯子		相里勤之弟子	『北方』之墨者，誦墨經。	莊子天下篇。	
我子			為墨子之學，著我子一篇。	漢書藝文志及顏注引劉向別錄。	

纏子			修墨子之業以教於世，與儒者董無心論難，著書一卷。	論衡福虛篇。意林引纏子。	
徐弱		孟勝弟子	與孟勝同死楚陽城君之難。	呂氏春秋上德篇。	
□□			『墨者師』與司馬喜於中山王前論非攻，司馬喜無以應。	呂氏春秋應言篇。	此『墨者師』能不失墨子非攻之旨而言甚辯，惜姓名無攷。

以上墨學名家十一人卽傳授系次不可攷者

孟勝			爲墨者『鉅子，』死楚陽城君之難，弟子死者百八十五人。	呂氏春秋上德篇。	
田襄子	宋人		田襄子賢者也，孟勝死，使弟子二人屬鉅子於襄。	呂氏春秋上德篇。	
腹䵍			爲墨者鉅子。居秦，其子殺人，秦惠王令吏勿誅，腹䵍卒以『墨者之法』殺之。	呂氏春秋去私篇。	

夷之			治墨家之道者，因徐辟求見孟子，孟子與之論難，並斥之葬其親厚，所以賤事親。	孟子滕文公上篇及趙岐注。	
謝子			東方之墨者，西見秦惠王，以賢於唐姑果，為其所譖而說不行。	呂氏春秋去宥篇。	按高誘注：謝子關東人也，學墨子之道。
唐姑果	秦人		秦之墨者，其譖謝子曰：『謝子東方辯士，將奮其說以取少主也。』	呂氏春秋去宥篇。	
口翟	鄭人		兄緩為儒而翟為墨，儒墨相與辯，其父助翟，十年而緩自殺。	莊子列禦寇篇。	此或為寓言而未必實有其人。

以上墨者鉅子三人

以上墨學雜家四人即凡治墨術，而無從攷其學業優劣，及傳授端緒者。

總凡四十人

按淮南子人間訓云：『代君爲墨而殘。』許愼注云：代君，趙之別國，不詳其名及時代。』孫氏疑是趙武靈王子代君章。但史記趙世家贊，言秦既虜趙王遷，趙之亡大夫共立悼襄王適子嘉爲王，王代六歲，是嘉亦可稱代君也。此並無可質證，故表中未列。

錢穆著墨子（百科小叢書本）謂許犯卽許行，田鳩（田俅子）卽田繫。其言曰：

「春秋時，晉有狐突字伯行，齊有陳逆字子行。晉語韋昭注「犯，逆也；』小爾雅廣言『犯，突也。』把狐突陳逆名『突』『逆』字『行』之例，就曉得許行是名犯字行了。」

此許犯卽許行之證也。又曰：

「說文：『俅，冠飾貌；』爾雅釋言：『俅，戴也；』詩曰『弁服俅俅，』『載弁俅俅，』俅俅大概是指冠上的結飾而言。『繫者，系也；』（見易繫辭釋文；）『以下綴上，以末連本之解，』（見左氏春秋序疏。）故名繫，字俅，如秦公子繫字顯（通作縣）之例。鳩字乃俅字之通借，可見田繫卽田鳩，學於許行，爲墨子三傳弟子。」

此田繫卽田俅子（田鳩）之證也。按錢氏之說，頗近附會。蓋『幼名壯字』之周道，（禮記檀弓上云：『幼名，冠字，五十以伯仲，死謚，周道也。』）乃文勝之弊，墨家重質而反周道，字或非其所喜，故墨者之字多無聞；卽今之平民亦多有名無字也。許行質樸而平民化，視墨子尤甚；其本人及弟子反效貴族文勝之習，有名有字，恐無此理。且田鳩入秦，在惠王初卽位時，（前三三七年）蓋始誅商鞅，疾六國辯士，（詳史記蘇秦列傳）故蘇秦旣碰釘子，鳩亦留秦三年不得見也。觀其言談甚辯，又有著述行世；秦不用則往楚，以『將軍之節如秦；』正所謂『朝秦暮楚，』雖爲墨者，已政客化矣。（詳呂氏春秋首時篇）許行則『以自苦爲極』之風，視墨子尤有過之，田鳩斷難受此嚴格之訓練也。許行之年代不易攷定，錢君作墨者年表，以許行自楚至滕，繫於前三二二年，則田鳩之年或視許行爲長矣。若意氣相投，未嘗不可忘年而師事之，但田鳩則性情態度相反如彼，年又長於許行，豈肯師事之耶？故田鳩（田俅子）與田繫爲二人，許行受墨家影響固鉅，然非卽許犯也。

衞聚賢作墨子各篇作者的派別一文，以相夫氏爲卽苦獲。其言曰：

「相夫氏元和姓纂引韓子作『伯夫氏，』是原文爲伯夫氏，後譌爲相夫氏。伯古音讀爲霸，霸苦音近，夫獲音同，是苦獲卽伯夫的異譯。」（古史研究第二集頁五五一）

按『夫』古讀重脣音如蒲，伯（夫）蒲與苦獲古今音均相遠而不同，故以苦獲爲伯夫之異文，殊嫌疏謬。且韓非子顯學篇以『相夫氏之墨』與『鄧陵氏之墨』爲相對抗之『三墨』之二；莊子天下篇則曰『南方之墨者，苦獲，己齒，鄧陵子之屬』，是以苦獲與鄧陵子同爲南方派也。若苦獲卽相夫氏（伯夫氏）則自墨子之死也，僅有南北兩派，韓非不得言『墨離爲三』矣。故苦獲與相夫（伯夫）音聲既迴別，認爲一人又與墨學系統派別不合，衞君混爲一談，頗覺武斷。至謂「苦獲既有異音，……天下篇列爲南方之墨，當非楚國，而爲印度人。」此種推論，更滑稽可笑也。

墨氏弟子及後學，其國籍可攷或得而推測之者，四十人中，僅十三人。蓋齊人五，楚人四，宋，秦，鄭各一人，魯爲墨子生地，可見者亦僅一人。吾前已言之：以墨子之學既爲魯之政府所不喜，又與儒家相衝突，故不得大行於魯。墨子晚而見齊太王，並與楚魯陽文君討論鄭事，其留於二國之時間必甚久，以此從學者特衆歟？當墨學盛時，其地理之分佈，蓋南暨楚越，北及燕趙，東盛齊魯，西被秦國，四方莫不有墨者。（天下篇既有「南方之墨者。」呂覽去宥篇則言，「東方之墨者謝子，將西見秦惠王，惠王問秦之墨者唐姑果。」）孟子稱其言盈天下，韓子稱曰顯學，呂氏稱曰弟子充滿天下。豈虛語哉！

附注

衞聚賢作山海經的研究，謂隨巢子是印度人，「因爲他是遊歷家，行止不定，隨地可以巢居，猶『到處是吾家，』故曰隨巢子。」毫無證據，殆類神話，實不必辯。

（天）

第八章　墨學之進步

一　後期墨者之系統

墨學之傳授，已述如前矣，至其系統，不易攷究。莊子天下篇云：

> 相里勤之弟子，五侯之徒；南方之墨者，苦獲，己齒，鄧陵子之屬，俱誦墨經，而倍譎不同，相謂『別墨』；以堅白同異之辯相訾，以觭偶不仵之辭相應。

韓非子顯學篇則曰：

> 自墨子之死也，有相里氏之墨，有相夫氏之墨，有鄧陵氏之墨。故……墨離爲三，取舍相反（不同，）而皆自謂『眞……墨。』孔墨不復生，將誰使定世之學乎？

據此二書所述，可列成左表：

莊子時代之墨學		韓非子時代之墨學
（北方之墨者）相里勤——五侯之徒	……	相里氏
		相夫氏
南方之墨者：苦獲、己齒、鄧陵子之屬	……	鄧陵氏

按莊子僅南北兩派，韓非子則多一相夫氏之墨，或天下篇寫成之時，相夫氏之墨，尚未產生，或雖產生而尚未盛，故不為作者所注意也。以此分派不同，則莊子至韓非子時代，墨學尚在日日發達之中，亦可推想而知矣。此種『自謂眞墨』而『相謂別墨』之墨者，雖取舍相反倍譎不同，然俱誦墨經（最少有三分之二之多數誦墨經）則其所同也。吾人欲求後期墨學之實情，不可不於墨經中求之。但在未研討墨經以前，則眞墨別墨之間，亦宜一加攷察也。

二　眞墨別墨與非墨

韓非尚歎墨子不復生，無以定世之學；今欲定眞墨別墨至為困難也。但墨家乃有嚴密之組織者，其眞別雖不易分析，墨與非墨固易決定。如前傳授表所列諸人之為墨者，已無疑問；若不言其為墨者思想行動，又復不類，則不獨非『眞』，亦不得謂之『別』也。世之學者，不達此理，則多援引他家以入墨，無以明學術實際情形，殊非所宜。胡適著哲學史以惠施，公孫龍及其他辯者，列於『別墨』（中國哲學史大綱第八篇）梁啓超著墨者及墨學別派將宋鈃，尹文，許行，惠施，公孫龍，魏牟均納於其中，末列一表以尹文施龍許行，遊俠家為墨學『別派』，宋鈃則列為『正統派』矣。（墨子學案頁一六〇）錢穆之『墨子』於南方墨學的崛起則述『墨子的再傳弟子許行』；（按誤以許行為許犯，辯見前）於中原墨派之新哲學則僅述『首倡萬物一體論的惠施，創建新心理學的宋銒』二節；於辯者和別墨，所述則以公孫龍一人爲詳。凡此猶黎丘奇鬼，効人子姪昆弟之狀，其喩見呂氏春秋疑似篇以僞奪眞，所述乃他家之學而非墨學也。此事作俑於胡氏，梁錢二氏則承訛襲謬，而變本加厲者。茲取其第一人惠施爲例，一加分析，則其妄自顯，而他可類推矣。

胡氏述惠施之學，其『結論』曰：

「惠施說一切空間時間的分割區別，都非實有；一切同異，都非絕對。故下一斷語道，『天地一體也』。

天地一體，卽是後來莊子所說：

天下莫大於秋毫之末，而太山爲小；莫壽於殤子，而彭祖爲夭。天地與我並生，而萬物與我爲一。

（齊物論）

因爲『天地一體』，故『汎愛萬物』。

夫以莊子與惠施相契之深，如送葬過惠施之墓，傷之曰：『自夫子之死也，吾無以爲質矣，吾無與言之矣！』（莊子徐無鬼篇）則二人所說，自有相同之處。但齊物論旣言『天地與我並生，萬物與我爲一』，卽曰：

旣已爲一矣，且得有言乎？

是與惠施仍有不同也。至一切區別，同異，都非實有，非絕對，此莊惠所同也；在儒墨則視爲實有絕對，而墨家尤甚，故『所非必同非之，所是必同是之』爲其尙同之義。今以其同於莊者，遂謂同於墨，可乎？

韓非子說林上載慧子（盧文弨曰，慧惠同）之言曰：

往者東走，逐者亦東走，其東走則同，其所以東走之爲則異。故曰同事之人之不可不審察也。

惠施與莊子雖往逐或異，然尙有東走之同；其與墨家則背道而馳矣。然胡氏之『結論』又曰：

「『氾愛萬物』，卽是極端的兼愛主義。墨子的兼愛主義，我已說過，是根據於『天志』的。墨家的『宗教的兼愛主義』，到了後代，思想發達了，宗教的迷信便衰弱了，所以兼愛主義的根據也不能不隨著改變。惠施是一個科學的哲學家，他曾做『萬物說』，說明『天地所以不墜不陷，風雨雷霆之故，』所以他的兼愛主義，別有科學——哲學的根據。」

墨子兼愛之說，後學有所修正，此誠事實。但惠施是否信仰兼愛，尙有問題，不得以『氾愛』一詞，卽謚爲『極端的兼愛主義』也。蓋『汎愛』一詞，論語學而篇亦有之，吾人能謂孔門亦持兼愛主義乎？且墨家之兼愛，以爲非攻根據也；不能非攻，則不足以云兼愛，遑論極端的兼愛主義！惠施則何如？呂氏春秋不屈篇曰：

惠子之治魏爲本，其治不治。當惠王之時，五十戰而二十敗，所殺者不可勝數，大將愛子有禽者也。大術之愚，爲天下笑，得舉其諱，乃請令周太史更著其名。（高注，言惠王比惠子於管夷吾，欲更其名，名仲父之名也。）圍邯鄲三年而弗能取，士民罷潞（露），國家空虛，天下之兵四至；衆庶誹謗，諸侯不譽。謝於翟翦而更聽其謀，社稷乃存名實散出，土地四削，魏國從此衰矣！

高誘注有曰：

言惠王用惠子之謀，爲土地之故，靡爛其民而戰之，大敗，又將復之，恐不勝用，乃驅其所愛子弟以殉之；此所謂以其所不愛，及其所愛，故曰「大將愛子有禽者」矣。

若依高氏之說，則孟子所論惠王之行事，惠施實應負其責任。孟子盡心下篇云：

孟子曰『不仁哉，梁惠王也！仁者以其所愛及其所不愛，不仁者以其所不愛及其所愛。』

公孫丑問曰：『何謂也？』

『梁惠王以土地之故，靡爛其民而戰之，大敗，將復之，恐不能勝，故驅其所愛子弟以殉之。是之謂以其所不愛及其所愛也。』

梁惠王尊惠施爲『仲父』，且欲法堯禪舜，傳國於惠施，（均見不屈篇）得君如此其專，魏國之政，惠施自負其責也。然則『以其所不愛，及其所愛』，即惠施『汎愛萬物』之注釋歟？好戰不愛如此，與墨家根本精神不合，而謂之『極端的兼愛主義』『別有科學——哲學的根據』不知惠施何修而得此榮譽於身後耶？

且惠施之行事悖於墨義，不僅此也，不屈篇又云：

匡章謂惠子於魏王之前曰：『蝗螟，農夫得而殺之，奚故？爲其害稼也。今公行，多者數百乘，步者數百人少者數十乘，步者數十人；此無耕而食者，其害稼亦甚矣！』

此非墨氏節用之恉也，故以非墨家之匡章猶知譏之。惠施之辯護則曰：

今之城者，或者操大築乎城上，或負畚而赴乎城下，或操表掇以善睎望；若施者，其操表掇者也。使工女化而爲絲，不能治絲；使大匠化而爲木，不能治木；使聖人化而爲農夫，不能治農夫。施而（而，能也。）治農夫者也，公何事比施於螣螟乎？

惠施以城者爲言，頗似耕柱篇爲義如築牆之喻；所不同者彼以築欣（掀）實壤，平列分工，施則僅操表掇而爲監督者矣。以農夫比無知之絲與木，此亦失倫，非墨子平等精神；豈其『汜愛萬物天地一體』之哲學非常人所能共喻歟？惠施雖辯，此所答則未能解匡章之譏也。故陽翟大賈（呂不韋）及其門客，卽歷舉惠施種種失政，而終之曰：

『仲父，』大名也，讓國，大實也，說以不聽不信；聽而若此，不可謂工矣；不工而治，賊天下莫大焉。幸而獨聽於魏也！以賊天下爲實，以治之爲名，匡章之非，不亦可乎！

呂氏之豪侈，尚以匡章之譏爲然；以與『度身而衣，量腹而食，』（魯問篇語）或『自苦爲極』者相較，豈有萬分之一相類？列之墨家，實『狂舉』也。

惠施之爲人，蓋擅才而以善辯爲名。故莊子曰：

（天）惜乎惠施之才，駘蕩而不得，逐萬物而不反；是窮響以聲，形與影競走也。悲夫！（莊子天下篇）逞其詭辯而無一定宗旨，是以『去尊』而又王齊，自相矛盾，匡章譏其言行到逆。（呂氏春秋愛類篇）（或謂『去尊』亦與墨家尚同之說相違，則不盡然。墨雖尚同，欲行其義，非尊君上之個人也。）平日好戰，有時雖『欲以齊荆偃兵』（韓非子內儲說上）乃折張儀連魏之謀也，亦猶軍閥偶言和平，非信墨氏非攻人義，亦其矛盾之一端耳。其人不重道德，以莊子之逍遙高蹈，薄楚相而不為，尚欲以梁國嚇之，而疑奪其相位，搜於國中三日三夜。（莊子秋水篇）故天下篇論惠施既惜其才，又曰：

弱於德，强於物，其塗隩矣。

要之，惠施乃言而不行者，以墨子之語衡之，則『言不足以遷行而常之，是蕩口也，』（貴義篇）正惠施之謂矣。

夫黎丘之鬼，尚似丈人之子，惠施於墨學說既相反，（詳後）行事又無一相似也。且莊子徐無鬼篇載莊子語惠施曰：『然則儒墨楊秉四，與夫子爲五，果孰是耶？』惠子曰：『今夫儒墨楊秉，且方與我以辯相拂以辭，相鎮以聲，而未始吾非也，則奚若矣？』是則惠施之學自其友人莊子觀之，與施之自白，均在墨家以外也。胡氏列之墨家，眞不可解。然當日既無人糾正，且多漫然附和之者。梁啓超於墨子學案既曰：『胡適謂天下篇所謂「別墨」，即施龍一派，可謂特識。』（頁一六五）於先秦政治思想史又曰：『墨家後學……其最著者，則有惠施公孫龍一派，世稱之「別墨。」……惠施言「氾愛萬物，天地一體；」……是皆能忠於其教者。』（頁二二二）錢穆則言：『胡氏所說，在墨家理論的演進一面，實在是闡發得很明白的』（『墨子』頁六十）皆有讚歎而無修正，遂致墨學之系統不明，而爲他家所頂替，失吾人求眞求信之旨矣。

此論惠施，自嫌繁冗，然知惠施不獨非『別墨』，並不得爲『墨』，實在墨家學派以外也。其他如宋鈃，許行，公孫龍輩，亦僅能謂受墨氏影響較深，亦不得狂舉爲墨也。明乎此，始可讀墨經。

三　墨經之作者

惠施公孫龍既『非墨，』則胡適以經上下，經說上下，大取小取六篇爲『別墨』之書，又以施龍爲『別墨』大師，『他們叫作「名家」的人，在當日都是墨家的別派，』（哲學史頁一八五—八）意謂此『六篇』之書乃『別墨』施龍輩所著，其非事實，審矣。然則墨經果誰所著？梁啓超不以胡氏之說爲然，則欲歸之於墨子。其說云：

魯勝言『墨子著書，作辯經以立名本』是勝以此經爲墨子自著也。畢沅亦云：『此翟自著，故號曰經。』經中亦無「子墨子曰」云云。』其說甚是。莊子天下篇……所謂『誦墨經』者，卽誦此也。……經分上下兩篇，文例不同。經上必爲墨子自著無疑。經下或墨子自著，或禽滑釐孟勝諸賢補續，未敢懸斷。……經說固大半傳述墨子口說，然既非墨子手著，自不能謂其言悉皆墨子之意；後學引伸增益，例所宜有。……墨經之文，乃與易彖傳及春秋頗相類，此種文體，戰國無有也。（墨經校釋頁二—五）

梁氏於此自註云：

胡氏又謂墨子時科學思想，不應如此發達，此亦不然。墨子距公孫龍，百餘年耳，其間並無特別理由，可以促科學之發生。然則公孫龍時所能有之科學思想，何以墨子時必不能有？且墨子備城門以下十一篇，皆須有科學為之基礎，乃能有此類之發明。若公孫龍之徒，則惟詭辯耳，抑不足以語於科學也。

梁氏以公孫龍為詭辯，不足語於科學，固也。然謂龍時與墨子之時，科學無進步，則未深攷。按墨子之後百餘年，各方面變遷進步甚劇，物質則鐵器之應用，社會則貴族崩潰，學術則百家爭鳴，政治則互相攻伐，日趨統一，與其他時代不同。惟『鴉片戰爭』以來，此百年間可相比擬耳，安得謂無特別理由可以促科學之發生耶？其所舉備城門以下各篇，既非墨子自著，亦非禽子所著，乃後學所述，或與經上下時代正相當，故就墨經內容以定其時代，梁氏之說亦不然也。且墨經有修正墨子學說之處，其進步乃墨氏弟子及後學積集而成，非墨子一人自說相違也。論其文體，雖甚簡約，吾人當知文有簡而不能繁者，論語之與孟子，詩經之與楚辭，初學之與作家是也；亦有約而不必博者，史紀十表之與紀傳及書，老子僅五千言是也。梁氏以墨經與易彖傳及春秋相比；春秋筆則筆，削則削，著於竹簡，故簡而不能詳也。墨子書中屢言『竹帛，』則帛書已盛行，非不能詳者；墨經之簡，乃其博學而反說約也。易象傳『必非孔子所作，』崔述洙泗考信錄（卷三歸魯上）已言之，今人多謂乃漢初之作。（見顧頡剛古史辨第三册上編）是戰國以後，尚有此簡約之文體，斷不能謂墨經止能由墨子自著也。故今定爲墨家後學所著。

墨經辭約義豐，包羅甚富，如決定爲一人所著，亦非一人所能著也。然則何由產生而能使各派『俱誦，』若是其隆重莊嚴耶？吾頗疑其如佛敎經典結集，乃開會以決定之者。此必禽滑釐孟勝田襄子諸鉅子碩學，以多數人之力量，隨時決定而頒佈之者，係用集體主義之精神所成，故不能指爲誰某所作，而仍莊嚴隆重也。

至所謂墨經，原止經上下，經說上下四篇。魯勝稱爲墨辯，其名不正，蓋此經非僅立名本以辯言正辭而已也。汪中墨子序言『經上至小取六篇，當時謂之墨經。』按大取小取二篇，向無稱之爲經者；但二篇產生之時代相同，其所討論者又與經及經說相應。汪氏之稱謂雖有可議，茲仍合六篇而研討之。

四　墨經之概要

經上下經說上下四篇，雖不逾六千言，實古今一部奇書。其中所包者，極博而精！惜文字簡奧，加以二千年來之訛奪改竄，理董甚難，研習之者，一人之學力有限，又未易全部了解也；故今尙多疑而難言之處。茲就所能大致了然者言之，則有左列諸項：

一、墨子學說之修正與發展。

二、社會科學，如人生道德及政治經濟諸事，此以經上之上部爲多。

三、應用科學，如數術，形學（幾何，）物理製造諸事，此以經上之下部爲多。物理中之光學則在經下之上部。

四、知識論與辯學，經上下均有之，大取言及「語經，」小取則專言「辯。」

五、對於他家學說之詰難。

以後將本此恉一一論述；今試略言墨經之形式。

通行本之墨經，無句讀，不分行，最難誦讀，如涵芬樓四部叢刊影印明嘉靖癸丑本墨子。茲節錄兩段以爲例：

經上第四十

故所得而後成也止以久也體分於兼也必不已也知材也平同高也……動或從也止因以別道讀此書旁行缶無非

經說上第四十二

故小故有之不必然無之必不然體也若有端大故有之必無然若見之成見也體若二之一尺之端也知材知也者所以知也而必知若明……動偏祭從者戶樞免瑟（按此爲前半篇）止無久之不止當牛非馬若夫過楹有久之不止當馬非馬若人過梁必謂臺執者也若弟兄一然者一不然者必不必也是非必也……以人之有黑者有不黑者也止黑人與以有愛於人有不愛於人心愛人是孰宜心彼舉然者以爲此其然也則舉不然者而問之若聖人有非而不非正五諸皆人於知有說過五諸若員無直無說用五諸若自然矣

此類奇書奇文，唐宋以來無人能讀，故亦無人引用。至畢沅，乃曰『本篇云「讀此書旁行，」今依錄爲兩截，旁讀成文也。』於是始略能知其讀法矣。又知經說上前半篇釋經上之上截，後半篇則釋其下截；於是經與經說之關係始漸明矣。以經與說互校，頗能是正訛誤；益以今日科學新知，印證墨經舊學，此奇書始漸以爲常矣。昔魯勝作墨辯注乃『引說就經，各附其章，』今人多依之，試舉其式如下：

經上上截	故，所得而後成也。
經說上前半篇	故：小故，有之不必然，無之必不然；體也，若有端。大故，有之必無
經上下截	止，以久也。
經說上	止：無久之不止，當久非馬，若矢過楹。有久之不止，當馬非馬若

動，或從也。

讀此書旁行。

然，若見之成見也。

止，因以別道：

缶，無非。

人過梁。

墨經原本，略近於是。知旁行乃旁讀成文，或謂橫寫如今之歐文，非也。如橫寫左行，其中錯簡訛字，必有遺跡可見，今皆無之，故知其妄。

五　墨義之修正與發展

墨子之學說本有尚賢尚同兼愛非攻節用節葬非樂非命天志明鬼諸端。然至戰國中葉，貴族政治已大崩潰，『尚賢』已漸通行矣。『尚同』則法家亦有此傾向，惟所以尚同之故，稍不同耳。春秋時代之所謂樂，已不行於戰國，故無所用其非，新樂則非之亦不能去也。節用節葬，重在實行，非盡關理論。迷信之命定說，於戰國中葉為科學精神所掩，一時稍歛。天志明鬼本以便行其敎於賤人，墨門弟子久已懷疑矣。故墨經中不言天與鬼神，而所重在兼愛非攻。此亦可見後學於墨子之言，其輕重緩急，已有取捨不同矣。

墨經視墨子之說，其顯然之進步，則有三端：

一曰反古。墨子之學，本極富於創造精神。惟生當春秋之末，舊社會之勢力尚大；故以極革命之兼愛非攻尚賢非命諸新酒，不能不裝入於陳腐之堯舜禹湯文武所有之舊瓶。墨子雖反對儒家『君子必古言服』

『述而不作』（公孟篇及耕柱篇駁公孟子。）而自己持論，亦必本之上古聖王之事。因此以獨創之學，而或以爲法禹用夏；韓非則曰『孔子墨子俱道堯舜，……皆自謂眞堯舜。』司馬談則曰：『墨者亦尙堯舜道』此皆近人所謂『託古』之過也，卽儒家亦嘗非之。如

巫馬子謂子墨子曰：舍今之人而譽先王，是譽槁骨也。譬若匠人然，知槁木也，而匠人知生木。子墨子曰：天下之所以生者，以先王之道敎也。今譽先王，是譽天下之所以生也。可譽而不譽，非人也，（耕柱篇）

此種解釋，既嫌牽强，然尤有進於是者：

子墨子曰：凡言凡動，利於天鬼百姓者，爲之；凡言凡動，害於天鬼百姓者，舍之。凡言凡動，合於三代聖王堯舜禹湯文武者，爲之；凡言凡動，合於三代暴王桀紂幽厲者，舍之。（貴義篇）

皆可見墨子未能忘古之忱也。

墨經則不以復古思想爲然。如

經下　在諸其所然未然者，說在於是推之。「未然者」舊本倒「未者然」、在、察也。

說——在：堯善治，自今在諸古也。自古在之今，則堯不能治也。

此卽反對言必稱堯矣。又如

經下：堯之義也，生於今而處於古，而異時，說在所義。義同儀，法也。

說——堯臛，或以名視人，或以實視人。舉彼堯也，是以名視人也。指是臛也，是以實視人也。堯之義也，是聲也於今；所義之實，處於古。「視」，示也。「舉彼堯也」句，「彼堯」原訛「友富商」，從校釋改。

此亦以堯爲例，其反對法古最爲剴切，足以修正墨子之說矣。然此非墨門弟子，智過先師，實所處之時代不同也。或疑此爲譏儒家，恐殊不然。墨經反對儒家者甚少，蓋墨子非孔之言已詳，又別有非儒一篇，當時荀子未起，孟學不盛，固不用深非之，其爲修正舊說也無疑。

二曰重情。墨子平日重理智而抑感情，故曰：

此所謂「平」，卽中庸所謂「喜怒哀樂之未發謂之中，」然墨家言之初無一毫神祕與誇張也。此外如「宜不宜，在欲不欲」（經說下）諸條，均以情感爲言，而有獨到之見。

彼輩之意，以爲行爲之發生，知識與情感，關係同等重要。如經上：行，爲也。

然則爲又如何？

經上：爲，窮知而縣於欲也。

縣同懸，係也。言行爲則理知有時而窮，乃係於情感也。此墨家後學之大發見，故舉譬而詳說之。

爲：欲斲（斫也。原誤作難，從孫校改。）其指，智不知其害，是智之罪也。若智之愼之也，無遺於其害也；而猶欲斮之，則離之。（離卽罹，被也。）是猶食脯也，騷之利害，未可知也，而欲得騷；（「而欲」二字，原倒，今正。「得」依孫說補。）是不以所疑止所欲也。廧外之利害，未可知也，趨之而得刀，（泉刀也。）則弗趨也，是以所疑止所欲也。觀『爲窮知而縣於欲』之理。按觀，見也。斮脯而非恕也，斮指而恐也，所爲與不，（否也。）所與爲

按「與」猶以也。相疑也，非謀也。（經說上）

以近事喻之，今人因事演說，每有斷指示衆者，非不知其害，以憤激之情而然耳。食之美惡（卽騷之利害，畢沅云：騷，臊字假音。）未可知，與牆外之利害未可知，其疑相同，智也；一則欲得騷而不止，一則不欲得刀而止，（弗趨，）爲與否在欲之强弱，情也。

感情既是行爲之動力，其效果於人有損有益，惟在用得其宜而已。故經下云：

無欲惡之爲益損也，說在宜。

說曰：

無欲惡，傷生損壽；說以少連，嘗多粟，或者欲不有能傷也。（「不有」卽「無有」。）若酒之欲人也，是誰愛也？此四字舊錯在「嘗多粟」句上，今正。且恕人利人，愛也，則惟恕弗治也。（經說下）

少連之事，他書不詳，惟論語云：『逸民：伯夷，叔齊，虞仲，夷逸，朱張，柳下惠，少連。子曰，『……柳下惠，少連，降志辱身矣；言中倫，行中慮，其斯而已矣。」……』（微子篇）禮雜記載孔子之言，則云少連善居喪，三日不怠，三

月不解，期悲哀三年憂，東夷之子也。以少連繫於柳下惠之後，或春秋末年人而其主張則爲禁欲主義者，結果大抵體弱早夭，故曰『無欲惡傷生損壽說以少連』也。嘗粟無傷，食欲所宜也，益也；飲酒誰愛，嗜欲非宜也損也。僅知弗治，亦猶窮知而係於欲也，用意甚爲明白，惜近人不知墨經與墨子之說有異，而未達其恉。如梁氏校釋謂前條『是猶食脯也』以下爲衍文，此條經說則以『無欲惡』之『無』字，爲牒經標題，而讀爲『欲惡傷生損壽』，與原意全相反背。釋曰：

無欲惡者，將人性所本有之欲惡而去之，則是損也；而必去喜，去怒，去樂，去悲，去愛，去惡，而用仁義；手足口鼻耳目，從事於義；必爲聖人。（貴義篇）

此雖足以見墨子之苦行，究非人情所能堪。且「兼愛」大義即由愛出發，而已亦曾「怒」耕柱子，書中屢言「子墨子說」悅，是墨子亦未能盡去也，豈在墨子以上，尙所謂聖人耶？知此固非有血氣之人所能任矣。然墨子則常以此爲標準而衡量事理，如

公孟子曰：『三年之喪，學吾子（子字原脫，吾子，小男女也。）之慕父母。』子墨子曰：『夫嬰兒子之知，獨慕父母而已；父母不可得也，然號而不止。此其故何也？即愚之至也。然則儒者之知，豈有以賢於嬰兒子哉！』（公孟篇）

此亦去感情而重理智，故有是論，究非衆人之情所能安也。墨學之所以爲世訴病者，亦多在此。

墨經中雖仍重理智，然於感情亦不抹煞；在心理學方面，其所成就頗高。如

經下：無說而懼，說在弗必。（必，舊訛心，從孫詁改。）

說——無子在軍不必其死生，聞戰亦不必其死。（生，舊訛今，改。）前也不懼，今也懼。

言人恐懼之心理作用，頗爲深刻。又如

經上：平，知無欲惡也。

說——平：惔然。

不知正所以爲益也。（按此由其誤讀經文『益損』爲『損益』。）『此條頗近道家言，在墨經中爲別義。』（墨經校釋頁一三五）

此條原意，正所以別於道家，如此解釋，眞不知所云也矣。（張氏集解，於此兩條其誤頗與梁氏相類。）

但墨經雖重情感，亦未嘗流於縱欲，且於『自苦爲極』之風，予以心理上之說明。如

經上：任，士損己而益所爲也。（此爲字讀去聲。）

說——任：爲身之所惡，以成人之所急。

大取篇則曰：

聖人惡疾病，不惡危難。正體不動，欲人之利也，非惡人之害也。

欲人之利，故惡疾病；非惡人之害，故不惡危難。合『爲身之所惡，以成人之所急』觀之，非墨家之苦行，而能

以此自任乎？

三曰，新功利觀。

墨子常言『中國家百姓之利，』本所謂功利主義也。然『何以須利？』『利之善安在？』則墨子未嘗加以說明；此前修之未密，而有待後學補正之矣。墨經則根據其心理上之情感說，而予功利主義以更新之解釋。

墨經之說利也，曰：

利，所得而喜也。（經上）

利之反為害，曰：

害，所得而惡也。（經上）

說曰：

利：得是而喜，則是利也，其害也，非是也。

害：得是而惡，則是害也，其利也，非是也。（均經說上）

此乃以情感之喜惡釋利害也。

於功則曰：

功，利民也。(經上)

是使民得之而喜也說曰：

功不待時，若衣裘。(經說上)

張惠言解云：『冬資葛，夏資裘，不待時而利。』公孟篇載墨子之言曰：

國之治，治之故治也；治之廢，則國之治亦廢……「亂則治之，」是譬猶噎而穿井也，死而求醫也。

此爲功不待時之確詁，或破『不』爲『必』(孫梁說)。非也。『功以利民，』利之又『不待時，』則因循之官僚主義，虛僞之欺騙政策，無所假藉矣。

功利之義已明，乃以此解釋一切道德及社會關係如

經上：義，利也。

說——義：志以天下爲愛，而能(此能字孫云，善也。)能利之，不必用。

此與儒家以義利對立者（如論語「君子喻於義，小人喻於利。」孟子「何必曰利，亦有仁義而已矣。」）根本不同，乃墨子相傳之特色也。又如

經上：忠，以爲利而强低(同之)也。

說——忠：不利弱子；亥足將入止容。

按經文『强低』不可通，孫詒改爲『强君，』亦未妥。蓋忠之古義，不僅在事君，如「上思利民，忠也，』左傳桓公六年『「永言配命，自求多福，」忠也，』又，昭廿八年『爲人謀，而不忠乎？』論語學而篇是蒞官，處己，交友，無不可言忠矣。墨子尙同之君，有權而不必有利；墨經之君，則更不然。曰：

君，臣萌（同氓）通約也。（經上）

說曰：

君，以若名（同民）者也。按、若、順也。經中名與民多互訛、如「佴、然也」者、民若法也、」民當爲名。此若名乃民之訛、「若民」即順民也。

君由臣民通約而產生，故「君以順民者也。」此有國家主權在民之義，故忠不可以荀子臣道篇之「彊君」爲說。古「低」與「之」聲同，低或「之」之訛，當云「忠，以爲利而强之也。」經說就不利與弱爲言、但訛奪太多、不必强釋也。

注　頃見譚戒甫墨經易解釋此條云、「下條訓「孝」爲利親、本條訓「忠」不曰利君者、知墨家之所謂忠、乃謀國輔人奉上使下之一令德、初非限於臣對君也。……强低者、左昭十二年傳云、「外强內溫、忠也。」曹耀湘云、「强者勇於任事、低者抑然自下、如易言勞謙」皆是。……弱子係謂成人而冠者耳。此言成人之子、體雖柔弱、亦當「使各從事其所能。」若爲之父者、以「餘力隱謀遺利、而不爲天下爲之。」則有害於義、失爲利之旨矣。……「亥」假爲「其」、古音同。其足將入止容者、入、猶大禹「三過其門而不入」之入。墨子法禹、形勞天下、突不得黔、故足將入室而有止容。（著一容字、極狀强低之態。）蓋過門將入、將足欲遲、言不顧家也。不利子、不顧家、以利天下、所以爲忠。」其說亦通、特錄於此。

其釋孝則曰：

孝，利親也。（經上）

說曰：

孝，以親爲愛，而能善也能利親，不必得。（經說上）

此於道德皆以利解釋之徵也。又如經上「言，口之利也」與論語「惡利口之覆邦家者」（陽貨篇）不同。夫以利爲標準也，倘不得所喜之利，而得所惡之害則如何？

經上曰：

欲正，權利；惡正，權害。

說曰：

正者兩而勿必，（必也者可勿疑）權舊訛仗，依孫改。者兩而勿偏。

按此兩正字須先加解釋：經上有云『合正；宜，必。』說曰，力原訛兵、從與鈔本改。正原作立、疑與力聲同與正形似而訛。反中志工，正也。」工，孫詁疑功之省，是也。墨子本有「合志功而觀焉」之說，魯問篇大取篇云，「義，利；不義，害。志功爲辯。」此志功之義。大取篇又云，「志功不可以相從也，」則言志功未必相合。正反中（合也）志功爲正，則欲之正，必如嘗多粟之類；惡之正，必如「爲身之所惡以成人之急」之類也。責任既無所趨避，於此則宜以權而求利大害小。大取篇論之曰：

於所體之中而權其輕重之謂權。權非爲是也，亦非爲非也，權正也。斷指以存腕，利之中取大，害之中取小也。害之中取小，非取害也，取利也；其所取者人之所執也。遇盜人而斷指以免身，利也；其遇盜人，害也。斷指與斷腕，利於天下相若，無擇也。死生利若一，無擇也。……於事爲之中而權輕重之謂求；求，爲之非也。害之中取小，求爲義，非爲義也。

『權』乃一方法，故無是非可言，而以『正』爲標準。如此猶『求』爲一方法，亦未必是，故求爲義，非爲義也。以情感爲出發點解釋功利主義，而歸結於「死生利若一，無擇也」，是將墨家苦行犧牲之精神，予以學理上之根據矣。此墨家之所以終爲墨也。

此反古，重情，新功利觀三者，或與墨子相反，或相類而內容不同，乃其根本態度也。其餘再分類述之：

六　兼愛非攻之新解

墨子之兼愛非攻論乃建立於「天志」之上，兼愛非攻中下各篇所說是也。兼愛上，非攻上兩篇，以縝密之推理，言簡意賅，其產生本與墨經同時，吾前已言之矣。詳第三章惟以說明之便利，曾引入墨了之學說內，第五章茲不復徵述。試就墨經一言兼愛非攻之新解。

墨子之時，學術未盛，又以行於賤人階級之故，不必有甚深之理論也。迨戰國中年則不然。百家騰躍，辯詰極烈，非有嚴密之論證，則無以伸己說而摧敵鋒矣。當時對於兼愛，大抵論難蠭起，約言之，則有二端，最受攻擊：

一曰，天下人無窮安得兼而愛之？

隨巢子曰：

有疎而無絕，有後而無遺。大聖之行，兼愛萬民，疎而不絕；賢者欣之，不肖者則憐之。賢而不欣，是賤德也；不肖不憐，是忍人也。（馬總意林一引隨巢子）

隨巢子此語，本係答覆上一問題，然尚不深刻。墨經則曰：

無窮不害兼，說在盈否。（經下）

說曰：無南者有窮則可盡，無窮則不可盡。有窮無窮未可知，則可盡不可盡未可知。人之盈否未可知，人之可盡不可盡亦未可知，而必人之不可盡愛也，誖。人若不盈无窮，則人有窮也；盡有窮，無難。盈無窮，則「無窮」盡也；盡有窮，無難。（經說下）文從孫梁校改。

或以爲無窮則害兼，乃先就無窮加以批駁，以爲南方之地雖無窮，人若未佈滿，則人有窮盡，兼愛之不難，人若佈滿此無窮之地，則所謂無窮已窮盡而爲有窮矣，兼愛之，亦不難。故曰盡有窮，無難，於兼愛之義固無妨也。

或者又以不知人數多少，何從兼而愛之？則答曰：

不知其數，而知其盡也，說在問者。（經下）

說曰：不不知其數惡知愛民之盡之也？或者遺乎其問也。盡問人，則盡愛其所問。若不知其數而知愛之盡之也無難。（經說下）

「盡問人則盡愛其所問，」即「說在問者」也；以吾人所能知之數而盡愛之，即知其盡矣，或者又以不知人之居處，何以兼而愛之？則以失子爲喻，而答之曰：

不知其所處，不害愛之說在喪子者。（經下）

蓋墨家之意，愛而不兼，即爲不愛，故曰：

愛人，待周愛人而後爲愛人。不愛人，不待周不愛人；不周愛，因爲不愛人矣。……此一周而一不周也。（小取篇）

辯學上所謂周，即主張上所謂兼。此墨經對於別士無窮害兼之答辯也。

二曰，墨家兼愛而非攻，然墨子曾別誅於攻，是非攻而不非誅也。墨經亦曰：

罪，犯禁也。

罰，上報下之罪也。（經上）

報下之罪，則必誅殺而與愛相反矣。當時必有識墨家之矛盾自陷者。小取篇曰：

獲之親，人也；獲事其親，非事人也。其弟，美人也；愛弟，非愛美人也。車，木也；乘車，非乘木也。船，木也；入船，非入木也。盜人，人也；多盜，非多人也；無盜，非無人也。奚以明之？『惡多盜，非惡多人也；欲無盜，非欲無人也』世相與共是之。若若是，則雖『盜人，人也；愛盜，非愛人也；不愛盜，非不愛人也；殺盜人，非殺人也』無難矣。此與彼同類。世有彼而不自非也，墨者有此而非之；無它故焉，所謂內膠外閉……而不解也。——此乃是而不然者也。

此墨家後學對於兼愛非攻而誅殺之答辯也。然則此類答辯，是否正確？吾人可以墨家自己之言加以答覆。小取篇有云：

白馬，馬也；乘白馬，乘馬也。驪馬，馬也；乘驪馬，乘馬也。獲，人也；愛獲，愛人也。臧，人也；愛臧，愛人也。——此乃是而然者也。

此既為是而然者，若易愛為殺，而曰『盜，人也；愛盜，愛人也。盜，人也；殺盜，殺人也』彼與此同類，何至『是而不然也』耶？墨者有此而不自非，其亦所謂內膠外閉而不解者歟？（更詳下節辯學內。）

故墨家於兼愛非攻之新解釋，前一說所謂無窮不害兼極為深刻。後一說所謂殺盜非殺人，詭辯而已；雖煞費苦心，其實足以自陷而不覺也。

七　知識論與辯學

墨經下云：

物之所以然，與所以知之與所以使人知之，不必同。說在病。

說曰：物或傷之，然也。見之，智也。告之使知也。

墨子之學，愛與智並重，「物之所以然，與所以知之」智之事也；而墨子乃宗教式之教育家，「有道肆相教誨，」「偏從人而說之」則「所以使人知之」亦必有其術矣。前者惟在自悟，故有墨經中之知識論；後者用以悟人，故有其辯學。經中辯學尤詳，乃有墨辯之稱，其他科學幾為辯學所掩矣。茲先略述其知識論而後及其辯學之大要。

墨經最重知識，謂生人之所以生，乃在有知也。故曰：

生，形（舊作刑）與知處也。

臥，知無知也。

夢，臥而以為然也。

平，知無欲惡也。（均經上）

此以肉體與知覺相合爲生，不言神魂，乃後學修正墨子之說也。雖有知而暫時無知爲臥，雖無知而自以爲有知爲夢，知無欲無惡則其平常狀態，皆以知爲言。

然則人何以能知？經上曰：

知，材也。

說曰：知材：知也者，所以知也，而必知，若目。（原作「若明」，從墨經通解改。）

知，接也。

說曰：知：知也者，以其知過物而能貌之，若見。

恕，明也。

說曰：恕：恕也者，以其知論物而其知之也著，若明。

此三條均論知識。「知材也」者，言人必須具所以知之材質，始能有知；如目所以見也，若爲青盲，則無見矣。「知接也」者，以其與物相接，而能得其情狀，若眼之見也。若不能接物而貌之，則雖有見之林，亦所謂「視而不見」矣。「恕明也」者，不獨見之，且能明察秋毫，故論物而其知之也著矣。所知至此境地，則如經上云：

聞，耳之聰也。

循所聞而得其意，心之察也，

言，口之利也。

執所言而意得見，心之辯也。

察與辯，則知之著且明者也。

何以能得著明之知識？首在於求。經上曰：

慮，求也。

說曰：慮慮也者，以其知有求也，而不必得之，若睨。

說文，「慮，謀思也。」心有所思，而求其通，若方法不當，未必能得其所求也。莊子云：「知者謨也。知者之所不知，猶睨也。」庚桑楚篇與此喻正同。故欲得著明之知識，尚須有待也。

經上曰：

知：聞，說，親。

說曰：知：傳受之，聞也。方不庫，說也。身觀焉，親也。

由傳聞而得之知識謂之聞。聞亦有不同，故曰：

聞：傳，親。

說曰：聞，或告之傳也。身觀焉，親也。

讀書之所得，講演之所聽，本爲求知之一法。但飛語流言，如市中有虎，曾參殺人之類，或告之傳聞也。親從某書所得，親從某所聽，親聞也。吾人於歷史所得知識，多此類也。

「『方不障說也』者，謂由推論而得之智識也。『說，所以明也』」（本經文）障卽障字；方，如史記『見垣一方』之方。據其所已知以推見其所未知，是之謂『所以明』，是之謂『說』。兒童觸火而得灼，所觸此火也，他火非待一一觸之而莫敢或狎者，能推焉而知不障也。」此用梁氏校釋語 經說下所謂：

在外者，所（不）（鄧高鏡云此不字衍。）知也。或曰，「在室者之色，若是其色。」是所不知若所知也……外，親知也。室中，說知也。

此乃「說知」之確例也。

「身觀焉，親也」者，卽五官親歷所得之經驗，以成知識也。科學實驗，多屬此類。但亦有非五官之經驗所知者，如時間觀念是也。經下云：

知而不以五路，說在久。

說曰：知以目見，而目以火見，而火不見，惟以五路知。久，不當以目見，若以火見。

「久」卽「合古今旦暮」（經說上）也，是爲時間。五路卽五官，時間全憑記憶，非五官之感覺可得，故曰知而不以五路也。

此墨經中知識論之概略也。墨家在此方面，其所成就，視同時他家爲高。蓋墨子本注重知識，又與其弟子，多參加實際生產事業，日積月累，親身之經歷既多，後學繼此精神，加以組織之說明之，故成績獨爲高卓也。當時重要學派，如儒家之求知識，多在誦說，道家多重冥想，名家則頗以文字語言爲游戲；因均脫離生產關係也。惟墨家則聞見思維之外，能動手實驗，乃有眞知灼見，與他家迥殊矣。經下云：

知其所以不知，說在以名取

說曰：知雜所知與所不知而問之，則必曰「是所知也，是所不知也」取去俱能之，是兩知之也。

此與貴義篇墨子譏瞽者知白黑之名而不能取，（引見第七章）其義相同。蓋不獨知其名而已，須能實驗而應用之，乃其特有之精神也。

夫知物之所以然與所以使人知之，其方法不同。譬之於病，身體某部受傷，物之當然也，診斷何以受病，物之所以然也，著爲醫書，或告之病者，所以使人知之也。此墨經之說，已引於前矣。（本節之首）然吾國後來，多失此旨，今如翻閱古醫書，則滿紙荒唐之言，彷彿「道可受而不可傳」矣。論文學藝術，則動曰「可以意會而不可以言傳，」彷彿孔子之性與天道雖子貢亦不可得而聞矣。此種反科學之神祕主義，於學術之傳播，殊有礙，其過在不重辯也。墨子之重辯，已述於前，墨家後學，則本其旨而於辯學有所發明。

經上云：

辯，爭彼也。辯勝，當也。

說曰：辯或謂之牛，或謂之非牛，是爭彼也，是不俱當。不俱當，必或不當，不當若犬。

此以辯勝爲當，可見其注重之甚。反之若謂辯不能定是非眞僞，則不當。故經下曰：

謂辯無勝，必不當，說在辯。

說曰：謂所謂，非同也，則異也。同，則或謂之狗，其或謂之犬也。異，則或謂之牛，其或謂之馬也。俱無勝，是不辯也。辯也者，或謂之是，或謂之非，當者勝也。

辯旣如是之重要，然則其用安在？其法如何？小取篇曰：

夫辯者，將以明是非之分，審治亂之紀，明同異之處，察名實之理，處利害，決嫌疑焉（乃也）。摹略萬物之然，論求羣言之比；以名舉實，以辭抒意，以說出故；以類取，以類予。有諸己，不非諸人；無諸己，不求諸人。

此辯之效用與方法也。其方法之最要者，在「以名舉實，以辭抒意，以說出故。」試就墨經之言，加以說明：

經上云：

名：達，類，私。

說曰名：「物，」達也；有實必待之名也。命之「馬，」類也；若實也者，必以是名也。命之「臧，」私也；是名也，止於是實也。

此名之種類也。

經上又云：

名實合，爲。

說曰：……所以謂，名也。所謂，實也。名實耦，合也。志行，爲也。

經上又云：

舉，擬實也。

說曰：舉告以是名，舉彼實也。

此所謂舉也。「以名舉實」者，蓋謂名能擬具實也。即通常所謂名實相符，看似容易，非有正名之功，亦無以舉其實矣。（按經上有云，『謂，移，舉，加。』說曰，『謂，命狗，犬，移也。狗，犬，舉也。叱「狗」加也。』彼「舉」似有舉例之意，與此微異。）

「以辭抒意」者，辭即今人所命題，合二名以表一意也。經內於辭意二名，均無說，惟大取篇云：

夫辭以故生，以理長，以類行者也。三物必（舉也），具，然後足以生。立辭而不明於其所生，妄也。今人非道無所行，唯（雖也。）有强股肱，而不明於道，其困也，可立而待也夫！辭，以類行者也；立辭而不明於其類，則必困矣。

此於用辭抒意之道言之甚詳；非如此，則『蔽於辭而不知實，』『治怪說，玩琦辭，甚察而不急，辯而無用，』均荀子評惠施語矣。

『以說出故』者，『說，所以明也，』經上『故』則經上云：

故，所得而後成也。

說曰故：小故有之不必然，無之必不然。體也，若有端。大故，有之必然，若見之成見也。

『故』即今邏輯中所謂原因，『小故』乃必要原因，『大故』乃充足及必要原因也。用言語說明此種因果關係，即所謂以說出故也。

此上所言乃思辯之原則，至其所用之辯論術，則小取篇列有七法：

（一）或。——或也者，不盡也。

經上云『盡，莫不然也。』不盡，則有不然者矣。此或即今所謂蓋然判斷。

（二）假。——假也者，今不然也。

此即所謂假言命題，事出假設，故曰『今不然也。』

（三）效。——效也者，爲之法也。所效者所以爲之法也。故中效，則是也，不中效，則非也。

法卽經上所謂『法，所若順也。而然也。』似卽今所謂『前提。』效爲演繹，所效者卽前提也。故須視其是否中效，以定是非。

（四）辟。——辟也者，舉他物而以明之也。

辟卽譬喻。荀子非相篇『談說之術，分別以喻之，譬稱以明之。』說苑善說篇謂譬乃『以其所知，諭其所不知而使人知之』也。故曰舉他物而以明之。

（五）侔。——侔也者，比辭而俱行也。

侔乃比輯相類之辭，以明其並行不悖也。如墨子謂少嘗苦曰苦，多嘗苦曰甘，以與殺人之多少相侔。見明鬼下非攻上公孫龍謂『是仲尼異「楚人」於所謂「人」而非龍異「白馬」於所謂「馬，」悖。』公孫龍子跡府篇皆侔之用也。

（六）援。——援也者，曰：「子然，我奚獨不可以然也？」

今人所謂『援例要求，』卽援之用也。

（七）推。——推也者，以其所不取之同於其所取者，予之也。是猶謂「他者同也，」吾豈謂「他者異也？」

「推」卽歸納法。「取」是舉例，「予」是斷案，吾人舉若干個體之事物，知其如此，遂謂凡與所已舉之諸例同類者，亦必如此。卽所謂以其所不取者同於其所取者予之也。亦卽所謂「以類取以類予」也。

此七法，皆墨家所用之辯論術，其中有得有失。故小取篇又曰：

辟之侔也有所至而止。其然也有其所以然也；其然也同，其所以然不必同。是故辟，侔，援，推之辭，行而異，轉而危，詭也。遠而失，流而離本，則不可不審也，不可常用也。

小取篇作者，雖如此叮嚀，使人愼重，但篇中卽有謬誤之處。如前所舉『殺盜非殺人』卽爲詭辯，蓋誤用『援』而有此失也。『世有彼而不自非，』墨者奚獨不可以『援』耶？此其致誤之由矣。

且墨家雖有此許多辯之方法，而應用未能純熟，有流於極端謬誤矛盾衝突者。如經下有兩條，皆論狗犬問題。其一條曰：

狗，犬也；而殺狗非殺犬也，可。說在重。

說曰：狗狗，犬也；謂之殺犬，可。若兩䏶。

其又一條曰：

知狗而自謂不知犬，過也。說在重。

說曰：知知狗者重知犬，則過；不重則不過。

此兩條經與說各不相同：前一條，經以『殺狗非殺犬也，可；』說似以『殺狗非殺犬也不可。』後一條，經以『知狗而自謂不知犬，過也；』說則似以『知狗而自謂知犬爲過。』此經與說互相矛盾之證也。然則孰可，孰諄耶?吾竊以為前一條說是『狗,犬也;謂之殺犬,可。』而經非,後一條則經是『知狗而自謂不知犬,過也。』而說非也。惟近人如梁啓超胡適皆不知其謬誤矛盾,而牽强附會曲成其說,殊可怪詫矣。(梁氏說見墨經校釋各條下、及墨子學案頁一一八。胡氏說見所著哲學史頁二四二。)今試用墨經之論理法式,以明此二條之然否。

經上云:

同:重,體,合,類。

說:曰同二名一實,重同也。不外於兼,體同也。俱處於室,合同也。有以同,類同也。

今二條均曰『說在重,』是狗與犬『二名一實』也。亦猶孔子即仲尼,梁任公即飲冰室主人也。故

狗,犬也;「殺狗」謂之殺犬,可。

知狗而自謂不知犬,過也。

此兩辭所抒之意,實無誤也。反之,如

殺狗非殺犬也,可。

知狗者重知犬,則過。

此則如

叔孫武叔毀仲尼,非毀孔子也,可。

知飲冰室主人同知梁任公，則過。

其爲謬誤，僅憑常識，卽可決之矣。

爾雅云『犬未成豪曰狗。』梁胡均引以說此經。果如此種解釋，則狗與犬爲體同而非重同，失墨經所謂『說在重』之旨矣。茲姑以此爲例，則經與說仍不可通，而梁胡之言，亦難成立也。夫『不外於兼體同也，』則狗爲犬之一部份，當然不外於犬矣。亦猶『上海民衆』爲『中國人』一部分，墨翟禽滑釐爲墨家一部分也。今曰

殺狗非殺犬也。

知狗者重知犬則過。

是猶謂

『五卅』『一二八』所殺之『上海民衆，』非殺中國人也。

知墨翟禽滑釐者，重知墨家則過。（此條有過，因不重也。詳後改正經文中）

可耶？不可耶？吾知僅憑常識亦可決之矣。梁胡二氏竭力爲之曲解，是何意耶？

墨經雖多不解者，就所能解之諸條而言，從無如此矛盾衝突也。所以致誤之由，推想不出二途：在『白馬非馬，』『狗非犬』之詭辯空氣中，欲證『殺盜非殺人也』之合理，故有此謬誤之論而不自覺，此其一

（天）也。或經與說本不誤，而後人爲施龍之說所蔽，因讀此經妄加改竄，此亦可能也。由後之說，則經與說原文，須如次：

（一）狗，犬也而殺狗非殺犬也，誖。說在重。『誖』原作『可』（或原作『不可』）奪一『不』字。

說曰：狗，狗，犬也；謂之殺犬，可。若兩髀。（照原文）

（二）知狗而自謂不知犬，過也。說在重。（照原文）

說曰：知知狗者重知犬則不過。不重，則過。上『不過』原作『過』，下『過』原作『不過』，今將『不』字移於上。

如此，則庶幾『可』而『不過』矣。然如『殺盜非殺人也』一辭，爲莊荀諸子所譏者，終難解免；則吾所改正之經與說，恐未必卽合墨經著者之原意也。此雖小有所失，而墨家辯學之成就，終在各家以上，非儒道法名諸家所能望者。治墨辯之人，分別觀之可耳。此節徵引既嫌太繁而解釋則又太節，閱者可參觀梁氏學案頁七八—一四二，或胡氏哲學史頁一九一—二二七。兩書解釋較詳也。但此節與二人觀察批評不同，閱者宜及之。

八　與他家之論難

墨家之辯學既甚完密，而又喜與人辯難，且以反對辯難者爲非。經下曰：

誹之可否，不以衆寡，說在可非。

說曰：誹誹之可不可，以理之可非，（原作誹）雖多誹，其誹是也；其理不可非，雖少誹，非也。今也謂多誹者不可，是猶以長論短。

此謂辯難（誹）而當，雖多不可非也。又曰：

非誹者誖。（舊訛諄。）說在弗非。

說曰：非己之誹也，不非；誹非可非也。不可非也，是不非誹也。

此以矛盾律譏反對辯難者。蓋誹如可非，卽不應『非誹』；非人之誹，己已誹人矣。墨家以其好誹之態度，輔之以辯學之武器，自立破他，犀利深刻，今猶可見也。

墨家與孔門辯論，別有非儒、大取兩篇，大抵亦產生於墨經時代。經與說所論難者，則多在辯者（卽所謂名家）及其他各家。

辯者之術，其特點在『離堅白，合同異』；而其人則以惠施、公孫龍爲代表。莊子天地篇云：

辯者有言曰：「離堅白若縣㝢。」

秋水篇述公孫龍問於魏牟之言曰：

龍少學先王之道，長而明仁義之行，合同異，離堅白，然不然，可不可，困百家之知，窮衆口之辯，吾自以爲至達已。

德充符篇載莊子謂惠子曰：

今子外乎子之形，勞乎子之精；倚樹而吟，據槁梧而瞑；天選子之形，子以堅白鳴。（齊物論篇亦言『惠子之據梧也，……故以堅白之昧終。』）

是此派學說之特點，在『合同異，離堅白』之徵也。惟漢書藝文志名家所著錄惠子一篇，久已亡佚；而公孫龍子十四篇，今亦殘闕，僅存六篇。其學說之眞相，不可得而見矣。然據莊子天下篇所列惠施厤物之意，與今本公孫龍子之說，則施之術重在合同異，而龍之論則在離堅白也。其學之價值如何，茲亦不論。但以其『然不然，可不可，』與吾人之常識相違；故荀子謂惠施『好治怪說，玩琦辭，……辯而無用；』（非十二子篇）『蔽於辭而不知實。』（解蔽篇）莊子於惠施本有所契，而惜其『卒以善辯名；』譏其『說而不休，多而無已，猶以爲寡，益之以怪』（天下篇）也。

墨家亦有其『堅白同異之辯，』而所以與辯者異者，則彼在「離」堅白，「合」同異，而墨家則在『離』『同異』『合』堅白也。（離同異，合堅白一語，爲馮友蘭所提出，最能形容墨家與辯者之區別，見馮氏著中國哲學史上冊頁三三二。）

惠施之言曰：『天與地卑，山與澤平。（荀子不苟篇作「山淵平，天地比。」）……大同而與小同異，此之謂小同異；萬物畢同畢異，此之謂大同異。……氾愛萬物，天地一體也。』（莊子天下篇）

墨經之言則曰：

同：異而俱於之（此也。）一也。（經上）

同有四，曰重，體，合，類。說曰：

同：二名一實，重同也。不外於兼，體同也。俱處於室，合同也。有以同，類同也。（經說上）

其言異則云：

異：二，不體，不合，不類。（經上）

說曰：異：一一畢（原作二必）異，二也。不連屬，不體也。不同所，不合也。不有同，不類也。

其言同異交得則云：

同異交得，放有無。（經上）

說曰：同異交得於福家良恕，有無也。比度，多少也。免蚓還園，去就也。鳥折用桐，堅柔也。劍尤早，死生也。處室子子母，長少也。兩絕勝，白黑也。中央，旁也。論行行行學實，是非也。難宿，成未也。兄弟，俱適也。身處志往，存亡也。霍爲姓，故也。賈宜，貴賤也。（此說訛誤太多，不易明白，大抵言相對待之同異，如有、無、……貴、賤、是也。）

此墨家同異之辯之大要也。持此以與惠施之言相較，則施所主張實爲謬誤。如『山淵平』，墨經則云，『平，同高也。』（經上）今山與淵或澤不同高，是不平也。天與地卑，天地在今日已難對言，然在古代之普通眼光，亦山與澤平之類而已。荀子作「天地比，」如爲比連，若楊注引或說「天無窮形，地之上空虛者，盡皆天也。是天地長親比相隨，無天高地下之殊也。」（或謂施知地圓，則應言「地之外皆天也。」）是則既無深義，而「地之上皆天」仍有高下之別。如為比較，則經下云「異類不比。」（舊作吡，依梁改。）強比之是「木與夜孰長？智與粟孰多？爵，親，行，賈（價）四者孰貴？麋與霍孰高？」（經說下）之類矣。

其言『萬物畢同畢異，』則必如重同之二名一實，始可謂畢同；必如二異之各異，始可謂畢異。今籠統而言萬物既非畢同，亦非畢異也。蓋雖有「有以同之類同，」而「物有以同而不率遂同」（小取篇語）矣。至施所謂「小同異」與「大同異」之別，亦猶莊子所謂「自其異者視之，肝膽楚越也。自其同者視之，萬物皆一也。」（德充符篇）自墨家之觀點言之，其所謂『言而無儀』者已。

至其『氾愛萬物，天地一體』之說，與墨家之異，可以呂氏春秋所載荊人遺弓之故事明之。其語曰：「荊人有遺弓者而不肯索。曰：「荊人遺之，荊人得之，又何索焉？」孔子聞之曰：「去其荊而可矣。」老聃聞之曰：『去其人而可矣。』故老聃則至公矣。（貴公篇）天地一體既有不可，「氾愛萬物」則老聃去其人而可之說也。非人則得弓何益？雖曰至公，乃無用之高調也。墨家兼愛，則曰「不可以不勸愛人」（兼愛上）又曰：「仁，體愛也。」「愛己者，非為用己也，不若愛馬者」（經上及經說上）此則其愛僅及人類，亦去荊而可之意也。今施言「氾愛萬物」則不知墨辯所謂名之達類私矣。（經上云、「名、達、類、私。」說曰、「物、達也。命之馬、類也。命之臧、私也。」荊、私也。人、類也。氾愛萬物、而不知愛人、施可謂不『知類』矣。）

墨經雖未直接與施辯，然與施同異之辯，實有如此之迴殊也。

公孫龍之堅白論曰：

無堅得白，其舉也二；無白得堅，其舉也二。……視不得其所堅，而得其所白者，無堅也；拊不得其所白，而得其所堅者，無白也。……得其白，得其堅，見與不見，見與不見離，一一不相盈故離。離也者藏也。

龍以堅白不相盈而相外，墨經駁之曰：

堅白，不相外也。（經上）

說曰：堅白，異處不相盈，相非，是相外也。

堅白，說在因。（經下）

說曰：撫（原作無）堅得白，必相盈也。

此以正反兩面明堅白相離之誤也。經下又曰：

於一，有知焉有不知焉，說在存。

說曰：於石，一也；堅白，二也，而在石；故有知焉有不知焉，可。

不可偏去而二，說在見與俱，一與二，廣與脩。

說曰：見不見離，一二不相盈，廣脩，堅白。

要之，墨者之意以爲堅白之德俱含於石，三者不可偏去而二；若廣與脩（長也。）俱含於面，相盈而不相外也。此皆反覆以駁公孫龍之堅白論也。

然龍所以名家者，尚有白馬論，故公孫龍子跡府篇曰：

龍之所以爲名者，乃以『白馬之論』耳。今使龍去之，則無以敎焉。

今墨經中未見駁其白馬之論，或因援「白馬非馬」之例，以曲證殺盜非殺人之說，而有同契歟？抑龍書之寫成，視墨經稍後，故此堅白之駁，尚引以爲「難者」之言而著於堅白論篇也。此則不易決之矣。

此外天下篇載『辯者』之言如『火不熱』，及『一尺之棰，日取其半，萬世不竭』……等論，均有所詰難。例如經下云：

火熱，說在頓。

說曰：火謂火熱也，非以火之熱我有若視日。（原作曰，以意改。）

熱乃火之熱，猶日之光也，其熱與光在火與日，而非在我。故以熱爲主觀而不在火，謂『火不熱』者，非也。又云：

非半不斱則不動，說在端。

說曰：非斱半，進前取也，前則中無爲半，猶端也。前後取，則端中也。斱必半，無與非半，不可斱也。

『端，體之無厚而最前者也，』經上說曰：『端，是無間也，』則端卽形學上之點，亦卽化學上所謂分子之類，古所謂『至小天下莫能破焉』中庸者也。物若日取其半，終至達於所謂端而不能再破，則此端無所謂半與非半而已竭矣故謂『一尺之棰，日取其半，萬世不竭』者非也。

凡此所述，皆墨者批駁惠施公孫龍諸辯者之語也。其與他家論難者則如左：

前所引『謂辯無勝，必不當說在辯』及『非誹者諄說在弗非』兩章；及經下云：

以言爲盡誖誖說在其言。

說曰：以誖，不可也之人之言可，是不誖，則是有可也之人之言不可以當，必不審。

此駁老子「辯者不善善者不辯」及莊子「辯也者有不見也」齊物論老莊之意，蓋以言爲盡誖也。說在其言者，吾人若問老莊「爾言誖否？」如其不誖，則言非盡誖也；如其誖也，則他人之言不誖矣。「說在辯，」「說在弗非，」以同一方法譏其自說相違也。亦以同一方法譏老子之「絕學無憂」經下云：

學之益也，說在誹者。

說曰：學也，以爲不知學之無益也，故告之也。是使知學之無益也，是敎也。以學爲無益也，敎誖。

蓋學如無益，老子何爲著書以敎人耶？此駁道家也。經下云：

又曰：

無不讓也，不可，說在殆。

說曰無讓者酒不讓；殆也，不可讓也。若殆於城門與於臧也。

無欲惡之爲益損也，說在宜。

說曰無欲惡，傷生損壽；說以少連。……

此似駁宋牼也。荀子非十二子篇，雖以墨翟宋鈃（鈃即宋牼）並言，以其崇尚平等一方面與墨子相類而已，莊子天下篇，言宋牼『「見侮不辱」救民之鬬；「禁攻寢兵」救世之戰。』又曰『以「禁攻寢兵」爲外，以「情欲寡淺」爲內。』宋牼之禁攻寢兵，與墨子之非攻似矣；而所以禁攻寢兵則不同。墨家非攻而善守，是誅而殺盜，乃能抵抗以禁人之攻；宋牼明見侮之不辱，乃無抵抗以任人之攻也。韓非子亦曰：

宋榮之議，設不鬬爭，取不隨仇，不羞囹圄，見侮不辱，世主以爲寬而禮之。夫是漆雕之廉，將非宋榮之恕也。（顯學篇）

宋榮卽宋牼，以寬恕見侮不辱著稱，是無不讓也。然與墨家宗旨不同，故曰，「無不讓也，不可，說在殆。」

其情欲寡淺，則荀子正論篇云：

子宋子曰「人之情欲寡，而皆以己之情爲欲多，是過也。」故率其羣徒，辨其談說，明其譬稱，將使人知情欲之寡也。

夫墨子雖言去六辟始爲聖人，而非謂人之情皆欲寡也。荀子謂宋子「蔽於欲而不知得；」（解蔽篇）「有見於少，無見於多。」（天論篇）蓋蔽於無欲耳。墨家不以爲然，故曰欲惡之爲益損也說在宜，無欲惡則傷生損壽也。

漢書藝文志小說家有宋子十八篇，注云，『其言黃老意。』蓋將老子『「佳」兵不祥』之旨，發揮之，實行之也。天下篇謂內在情欲寡淺，外爲禁攻寢兵；受墨家之影響雖深，其旨意固在黃老，此亦謂之駁道家可也。（所以列爲小說家者，荀云「辯其談說，明其譬稱，」其譬稱中必有許多可觀之故事也。）

經下云：

仁義之爲外內也，非。說在仵顏。（孫以仵爲許，云，「逆也，」是。惟以顏爲頡則非。按顏疑類之訛。墨家最重知類。逆類，即大取篇所謂「立辭而不明於其類，則必困矣」之說也。仁與義同類，今一彼一此，相爲內外，是逆類也。狂舉亦即逆類，如「狂舉不可以知異，」說謂「若舉牛有齒，馬有尾，以爲是類之不同也，是狂舉也。」可知狂舉之義即逆類也。）

說曰：仁，仁愛也。義，利也。愛利，此也。所愛利，彼也。愛利不相爲內外；所愛利亦不相爲內外。其謂「仁，內也；義，外也，」舉愛與所利也；是狂舉也。若左目出，右目入。

此駁告子「仁，內；義，外，」與管子戒篇「仁由中出，義由外作」之說也。告子爲儒家，（趙岐孟子注謂告子兼學儒墨者，似未諦。）管子書內容甚雜，戒篇或告子之徒所作也。儒墨「同是堯舜」前所引「在，堯善治，」及「堯之義也」二條見第五節雖在修正舊說，同時謂之雜儒家亦無不可。凡此均雜儒家也。

經下云「五行毋常勝，說在宜。」其說引見第三章此駁陰陽五行家如騶衍諸人之說也。

若此之類尚多，不及備述。故經與經說四篇，文雖簡約，所立所破，含義固甚豐矣。

九　實用科學

墨經所蘊藏之富，尚有其實用科學及技術。茲各略舉數例，以示梗概，不暇加以說明；至其內容當否，亦非一人學識所能批評，俟之專家可也。

(一)形學（幾何）

體，分於兼也。　說曰：體若二之一，尺之端也。

按兼爲全量，體爲部分。

端，體之無厚而最前者也。　說曰：端是無間也。

按端即點。

尺前於區而後於端。（經說上）

按尺即線，區即面。

厚，有所大也。說曰：厚區無所大。「區」舊作「惟」，依梁校改。

按厚卽體積。

平，同高也。

中，同長也。說曰：中心，自是往相若也。

圜，一中同長也。說曰：圜規寫交也。

方，柱隅四讙也。說曰：方矩見交也。譚氏易解云，讙乃權之假借字，大取篇云，「權正也。」卽其義。

凡此俱見經上，皆形學之定義或定理也。

（二）物理學

力，形之所以奮也。（經上）說曰：力重之謂。下，舉重，奮也。

正而不可搖，說在轉。（經下）說曰：正丸，無所處而不中縣，轉也。

按此論力學。

景之大小，說在杝正遠近。說曰：景木杝，景短大；木正，景長小。光（大）小於木，則景大於木；非獨小也。遠，近

……

臨鑑而立，景到，同倒。多而若少，說在寡區。說曰：臨正鑑，景寡。貌態，黑白，遠近，杝正，異於光。

按此論光學。均見經下也。

買無貴，說在反其賈。（同價）說曰：買刀糴相爲賈。刀輕則糴不貴，刀重則糴不易。梁云兩「不」字當作「必」王刀無變，糴有變。歲變糴則歲變刀。若鬻子。

賈宜則讎。同售說在盡。說曰：賈盡也者，盡去其所以不讎也。其所以不讎去，則讎；正賈也。宜不宜，在原作正依梁改欲不欲。

按此乃論價格之眞義，與價値之所以成立。均見經下。

此外如「無說而懼，說在弗必」之論心理學；「仁，體愛也」之論人生哲學；「君，臣萌通約也」之論政治學；若此之類，經中甚多，不能一一備列矣。

夫政治，經濟，人生，心理，辯證諸事，他書亦多言之，而形數，物理，非專門之書則罕及也。墨子出於工人，其弟子與後學亦必多參加生產及爲守禦之器者。經下云：

倚者不正，說在梯。

似亦討論物理。而所謂『說在梯』者，其說曰：

倚倍拒堅䑕，倚焉則不正。兩輪高，兩輪爲輲車梯也。重其前，弦其前；載弦其前，載弦其軲，而縣重於其前，是梯；挈且挈則行。凡重，上弗挈，下弗收，旁弗劫，則下直。杝，或害之也。流梯者不能沂直也。今也廢置也。石於平地，重不下，無踦也。若夫繩之引軲也，是猶自舟中引橫也。

此種詳說，吾人雖不易明白，然爲備梯篇之所謂梯則無疑也。當時爲墨門所共喻，或有親自製造者，故能說明其理如此。是墨經多實驗而親歷甘苦之言，固非古今空談者所可比。其器不存，其事已變，宜非此時所能共喻也。

十　墨經釋疑

墨學之進步，已如上述。以墨經所蘊藏之豐富，或疑非當時中國所能有，乃自國外運輸而來。然歟？否歟？此亦不可不一論也。夫以墨子一書爲某一人所著，或以墨經爲墨翟一人所寫成，豈獨當時所難有，即今亦不易產生；現在學術雖較盛於古，即有上知之才，誰能包辦各科耶？墨經者當戰國時代，百家蜂起，學說雲興，自墨子晚年以迨後學，聚百餘年之所得，乃以集體主義之精神，各各勞手足，費耳目，嘔心血，出所知以著於簡冊而成此墨門之百科全書；因欲爲墨者之所俱誦，故文則辯而不多，獨能簡要也。至其內容，分析言之，則各家學說，亦有視墨經爲較精者，惟彼則以一人之力集中於某一端，而此則能舉其全耳。即如形數製造爲他家所不談，若分別論之，又豈必能優於考工記及周髀算經諸書耶？周髀算經或晚周人作品．考工記吾頗疑其爲公輸般一派所爲也．戰國時代與國外交通，自然視昔頻繁；然墨子之非外國人已有確證，墨家之學縱與外國有關，亦僅能偶然交光互影，豈能由某一人全盤輸入耶？而當時之外國若印度，其文化又豈能超出當時『諸子百家』以上耶？墨經非一人所著，乃墨門多數信徒，百餘年心力之結晶，如能認清此點，其成就如此精博，則不足致疑矣。

第九章　墨學之衰微

當呂不韋韓非之時，墨學尚盛；故呂氏春秋當染篇曰，『孔墨皆死久矣，從屬彌衆，弟子彌豐，充滿天下。』韓非子顯學篇則曰：『世之顯學，儒墨也。』呂氏春秋作於秦始皇八年，（其序意篇曰「惟秦八年」云云，可見其成書之時也。）韓非死於秦始皇十四年，是始皇初年，墨學尚盛也。其後情形如何，記載不備，甚難揣測。鹽鐵論曰：「昔秦以武力吞天下，而斯高以妖孼累其禍，廢古術，隳舊禮，專任刑法，而儒墨既喪焉。……此秦之所以失天下而殞社稷也。」（論誹第二十四）近人孫詒讓曰：「墨氏之學亡於秦季；故墨子遺事，在西漢時已莫得其詳。」然鹽鐵論有云：

日者淮南衡山修文學，招四方遊士，山東儒墨咸聚於江淮之間，講議集論著書數十篇。（晁錯第八）

是在西漢武帝時，墨學之師承家法，猶未絕也。衡山王著述無聞，今所傳淮南王書雖成於衆手，先後不免抵牾，而於墨子尙推崇備至，蓋有山東墨者廁於其間參以己見也。司馬遷不爲墨子立傳，僅於孟荀列傳後，附著二十四字，此誠憾事。然觀序傳（太史公自序）云：

獵『儒墨』之遺文，明禮義之統紀，絕惠王利端，列往世興衰，作孟子荀卿列傳第十四。

他傳之小序皆未及墨，而此獨言之，則所附之傳必較詳也。今本孟荀傳已有錯簡，又多缺略，如「楚有尸子長盧……阿之吁子焉。」阿非楚地，其中已有缺略矣。索隱云「按序傳孟嘗君第十四，而此傳爲第十五，蓋後人差降之矣。」今通行本則序傳與列傳次序相同，又非『唐本』之舊也。故傳末之二十四字，必還作墨子之傳已亡，而爲後人所附益無疑已。吾所以論列此事，不厭其詳者，蓋淮南王安時既有墨者，還不應如是之疏，以見墨學之在西漢，其衰微乃漸而非頓，及漢武用董仲舒之言，罷黜百家，表章六藝，其傳授始絕也。

然則墨學何以由盛而忽衰耶？其所以滅亡之原因安在？世多有論之者，如孫氏云：

獷秦隱儒，墨學亦微，至西漢儒復興而墨學絕。

似以墨之微由於秦「焚書坑儒」也。然儒與墨，一復一絕，其故則未言。

胡適於墨學結論則云：

到司馬遷做史記時，……那時墨學早已銷滅。……那轟轟烈烈，與儒家中分天下的墨家，何以銷滅得這樣神速呢？……我們可以懸揣下列的幾個原因：

第一，由於儒家的反對。

第二，由於墨家學說之遭政客猜忌。

第三，由於墨家後進的『詭辯』太微妙了。（哲學史頁二五二—二五三。）

梁啓超於評胡適之中國哲學史大綱中更增一條，即莊子天下篇所謂：

其道大觳，使人憂，使人悲，其行難爲也，……反天下之心，天下不堪，墨子雖能獨任，奈天下何？

謂此爲第四種原因，發於墨學自身，雖他自己是極崇拜墨子的人，但不必爲墨子諱。而於胡氏之說亦僅補充而未推翻也，按胡氏所舉一二兩條，謂墨家遭人反對而已。然孟子雖罵墨子爲「無父」爲「禽獸」，而墨家何嘗不「非儒」耶？且孟學在當時已不甚盛，至漢罷黜百家，獨尊孔氏，而墨學久衰微矣。主政客所猜忌者，不獨墨家，儒家亦嘗爲其所攻擊也。即胡氏所舉韓非子五蠹篇，其反對儒家甚於墨家，今不必縷述，閱者取而對比讀之可耳。其已爲胡氏所徵引者，如

> 故不相容之事，不兩立也。斬敵者受賞，而高慈惠之行；拔城者受爵祿，而信兼愛原作廉愛之說；……舉行如此，治强不可得也。

慈惠之行，在斥儒家，已無可疑。廉愛即如胡氏改爲兼愛，篇內明言「今『儒墨』皆稱先王『兼愛』天下，」是韓非幷以攻擊儒家也。管子書雜，雖攻擊墨家，亦時有非儒之言；然其姊妹書如晏子，非甚擁護墨家耶？故一二兩事，尙非墨家滅亡之眞因。

其所謂『詭辯太微妙，』梁氏謂應改爲『詭辯太詭。』胡氏釋之曰：

> 別墨惠施公孫龍一般人，有極妙的學說，不用明白曉暢的文字來講解，却用許多極怪僻的『詭辯，』互相爭勝，終身無窮。那時代是一個危急存亡的時代，各國所需要的乃是軍人政客兩種人才，不但

不歡迎詭辯，並且有人極力反對。

胡氏乃引韓非子之語及呂氏春秋孔穿論公孫龍一事以爲佐證。夫施龍非墨家，已詳於前矣。墨經雖簡奧，除殺盜非殺人外，均常識所許也，不爲詭辯。則所謂詭辯太微妙，乃名家所以亡，非墨家所以亡也。至韓非子所反對，不獨「微妙之言」與「堅白無厚之辭」也，卽「政」「軍」之學，亦非其所喜。故曰：

> 今境內之民皆言治，藏商管之法者家有之，而國愈貧；言耕者衆，執耒者寡也。境內皆言兵，藏孫吳之書者家有之，而兵愈弱；言戰者多，被甲者少也。故明主用其力，不聽其言；賞其功，必禁無用（五蠹篇）

是第三事決非墨家所以滅亡之原因也。

梁氏所舉墨道大觳之說，亦非眞因。如果此爲眞因，則墨子之學，應『及身而絕，』何以成爲顯學，經二百年而後滅亡耶？

梁胡之說既不可信，尙有兩種新說乃絕相反者。一以墨家爲革命派，曰：

> 墨學滅亡的眞正原因，到底在那裏呢？就在農工階級的失敗。……因爲當秦末時農工階級由陳涉吳廣領導發難，起而革命，雖能以「耡櫌棘斤因利乘便」而亡秦室，終於領袖被戕，軍事失敗，被代表新興地主階級的泗上亭長劉季坐收漁人之利了。自此以後，這個地主階級掌握政權，將農工階級壓在底下，供其剝削。後者既被屈服，則代表他們利益的墨學不能倖存，自是意料中的事。所以墨

學……獨消滅于漢初，主要原因全在於此。（李季胡適中國哲學史大綱批判，頁一七四。）

此說如果成立，則嬴秦政治必爲墨家所反對，陳吳革命又爲其所親身參加也。然事實不如此，陳吳革命既未見其熱烈參加，而嬴秦統治反有擁護之嫌疑矣。（其證據詳下）

又一說則以墨子爲反革命派，曰：

他這一派在當時完全是反革命派。結果他是敵不過進化的攻勢，儘管他和他的弟子們有摩頂放踵赴湯蹈火的精神，死力撑紮着自己的存在，然而終竟消滅了。這正是社會的進展取辯證式的證明。（郭沫若中國古代社會研究，初版，頁七二——三。）

此似以消滅即爲其罪惡，乃落井下石之論也。認爲反革命，則於墨學之眞相已有所誤會。其消滅與否乃適不適而非盡由善不善。若因「敵不過進化的攻勢」，則應亡於莊孟荀韓爭鳴之日，何以驟衰於「陰陽五行」家橫行之際，而全亡於「內方士外儒家」之董仲舒學說得勢之候耶？故所謂「社會的進展」尚未足以證明也。

以上各說，既均有未安，茲就愚見述之如次：

（一）墨學自身矛盾也。

墨子以兼愛非攻相號召，此不易實現之說也。在外有國界，內有階級之世界，則有所愛有所不愛，甚或於彼憎之甚，卽所以於此愛之篤，故別士之見亦係事實，無可厚非矣。且墨家非攻，而是誅；而是殺盜，已非兼愛而陷於矛盾。雖以其墨辯之精，而陷於「殺狗非殺犬」「殺盜非殺人」之謬誤以終，可見實無善法足以彌縫補綴此一缺憾也。

(二)理想之過高也。

墨子以賤人出身，而其學說亦以賤人爲立場者也。故其日常生活，如工作，享用，娛樂，一切以當時賤人生活爲標準，（節用節葬非樂等）此種學說與生活，僅於賤人方面發展，自無滯礙，然墨子則欲推及於各方面也。於是自非賤人之士君子則以爲「其道大觳」或「役夫之道；」而自更澈底賤人化之學者，若陳仲，許行，宋鈃，其生活刻苦或尤有甚焉而不以爲觳矣。且以役夫之道爲標準，而欲以兼愛相號召，已嫌其法不善；而此種學說，豈獨在當時不易實現，卽二千年後，能實行者又有幾耶？理想過高，自是滅亡之一因，則正以其革命而非反革命之故也。

(三)組織之破壞也。

莊子天下篇言當時墨者。

以巨子爲聖人，皆願爲之尸，冀得爲其後世；至今不決，

似當時「鉅子」之繼承已發生問題，而無法解決也。韓非子顯學篇云：

儒分爲八，墨離爲三，取舍相反，不同，而皆自謂眞孔墨。

夫儒爲普通學派，雖分爲八，無礙其發展也。墨爲一有嚴密組織之團體，一經分裂，其害甚大。以近事喻之：淸代漢學家其中門戶分爭無甚關係；若康有爲之今文學，則維新保皇，已類政黨，一致分裂則易召滅亡矣。且非獨團體擴大，份子複雜始然也，即在墨子生時亦有不率教者，如耕柱篇言「我豈有罪哉？吾反後。」墨子曰「是猶三軍北，失後之人求賞也。」其中已含一背師之事實矣。迨後如秦墨者唐姑果之嫉謝子，（見呂氏春秋去宥篇）又可謂賣友矣。夫墨本以組織嚴密而驟盛也，今既分裂而彼此背馳，則其組織破壞，此所以速亡之主因也歟？

（四）擁秦之嫌疑也。

秦滅六國，本與墨家非攻之義不相容也。然秦於尙賢尙同之義則有相近者。且自孝公以後甚排斥鄒魯之儒術，商君書以禮樂詩書諸事爲六蝨，荀卿之答應侯范雎既譽秦風俗之善，而終曰「其殆無儒耶？」彊國篇李斯雖爲荀卿弟子，秉政則焚詩書，可見其與儒家之不相容矣。當昭王時，秦尙無儒，而在惠王時，則墨者鉅子腹䵍已居秦而與惠王接近，又有唐姑果在王左右，是秦已有墨也。其後關係如何，無從攷證，然實有媚秦之痕跡。如墨家之徒纏子與儒家之徒董無心相見講道，纏子稱墨家佑鬼神，引秦穆公有明德上帝賜之九十年。論衡福虛篇本書明鬼篇秦訛爲鄭，九十作十九，則以本書爲是也。然墨子生平嘗稱晉文公之節儉見兼愛中、下、及公孟三篇。又親士所染亦言及之。而未嘗一及秦穆公。蓋穆公生既無明德可言，死而殺「三良」以殉，大背墨家節葬兼愛之義也。無心難以「堯舜不賜年，桀紂不夭死，」固爲誠矣。王充且近難以秦穆公晉文公曰「……穆者誤亂之名，文者德惠之表，有誤亂之行，天賜之年，有德惠之操，天奪之命乎？案穆公之霸，不過晉文，晉文之謚，美於秦穆；天不加晉文以命，獨賜穆公以年，是天報誤亂，與穆公同也。」王氏所駁，更切理而無可易矣。然此妖妄之言，何自來耶？竊疑秦國已盛之後，仕秦而墮落之墨者，造之以媚秦王也。蓋穆公既非墨子所喜，今明鬼篇增竄之跡，尚顯然可見。其本文云：

昔者秦（原作鄭下同。）穆公，當晝日中處乎廟；有神入門而左，人面鳥身，素服三絕，面狀正方。秦穆見之，乃恐懼奔。神曰「無懼！帝享女明德，使予錫汝壽十年有九。使若國家蕃昌，子孫茂，毋失秦。」穆公再拜稽首曰，「敢問神名？」神曰，「予爲勾芒。」若以秦穆公之所身見爲儀，則鬼神之有，豈可疑哉？（明鬼下）

此事之可疑，則周宣王，燕簡公四人皆言受罰，此獨受福，而穆公之明德，又未必高於宣王，此其一也。其他四人之事，皆說明出處，著在周燕宋齊之春秋，此獨不言，其可疑二也。故秦穆公之賜壽乃後來竄入，毫無可疑矣。夫左傳之祖魏，子夏吳起之徒以媚魏也；春秋爲漢制法，今文家以妖言媚漢也；「其處者爲劉氏，」古文家增之以媚後漢也。不圖墨家後學亦有此佞諂之行，爲豈墨子明鬼之始願所及哉？且陳涉吳廣之起也，儒者實嘗參加。史記儒林傳曰：

陳涉之王也，而魯諸儒持孔氏之禮器，往歸陳王。於是孔甲爲陳涉博士，卒與涉俱死。陳涉起匹夫，驅瓦合適戍，旬月以王楚，不滿半歲竟滅亡，其事至微淺，然而縉紳先生之徒，負孔子禮器，往委質爲臣者，何也？以秦焚其業，積怨而發憤於陳王也。

此儒家參加此次革命運動之明證，而墨家則雖參加似不甚顯著也。故以陳吳之失敗，爲墨學衰亡之因者，似未察乎此也。擁秦而不革命，此失墨子之旨矣；然最少有一部分如此，而爲世詬病，此所以漢興而儒墨一起一蹶也歟？

注

鹽鐵論褒賢第十九、大夫曰「戍卒陳勝，釋輓輅首爲叛逆，自立張楚，素非有回由處士之行，宰相列臣之位也，奮於大澤，不過旬月，而齊魯儒墨縉紳之徒，肆其長衣，長衣官之也，負孔氏之禮器詩書，委質爲臣，孔甲爲涉博士，卒俱死陳，爲天下笑。」文學曰「……陳王赫然奮爪牙爲天下首事，道雖凶而儒墨或干之者，以爲無王久矣，道擁遏不得行，自孔子以至于茲，而秦復重禁之故發憤於陳王也。」此雖兼及墨，而參加之情形，不得而詳。

凡此所述四端，皆由墨學本身之缺點，而外界之反對不與也。然其缺點何以適暴露於秦漢之際耶？曰，墨學本以舊貴族社會之崩潰而發生，在改革過程中，其主張雖激，尚有以活動也。迨變革已經完成，政局穩定，此反統治階級之學派，非所宜也。墮落之墨者雖媚秦以圖自存，然秦之治爲陽法而陰儒，漢之治乃陽儒而陰法，墨學於是遂亡矣。

雖然，墨學非眞能亡也，其直接影響而發爲行動者，有許行及任俠一派，而其倘同重功利，見取於法家，節用平等，見取於道家；儒家受其影響則尤深。荀子儒效篇，分俗儒，雅儒，大儒三等。其論俗儒曰：

略法先王而足亂世術，繆學雜舉，不知法後王而一制度，不知隆禮義而殺詩書。其衣冠行僞，已同於世俗矣；然而不知惡。其言議談說已無以異於墨子矣；然而明不能別。……是俗儒者也。

豈惟俗儒如此？孟子荀卿想可謂雅儒或大儒矣，然司馬遷非謂其「獵儒墨之遺文，明禮義之統紀」耶？儒者受墨家影響之深，非可盡指，尤以易傳之文言，禮記之大學與禮運大同之說，最爲彰顯。王夫之曰：一聖人死，其氣化爲數十賢人；孰謂墨子，禽滑釐諸人之學，一朝而斬焉以盡，澌焉以亡也耶！

第十章　墨學之復活

自漢武以後，儒術日尊，墨學遂絕。非獨師承家法，墨者之團體不存；即抱殘守缺，攀績補苴，若漢所謂章句之學者，亦鮮其人。計自是以迄清初千七百餘年間，漫漫長夜，略治墨氏之學而可攷者，僅晉之魯勝與唐之樂臺二人而已。然鄭樵通志藝文略雖云：

墨子十五卷，又三卷。樂臺注。

明焦竑國史經籍攷仍之，似由唐歷宋至明尚存也。惟臺有鬼谷子注三卷，著錄於唐書經籍志，新唐書藝文志，而墨子注則兩志均不載。孫詒讓謂「鄭焦二志多存虛目，不足據」，是臺之注墨，未敢必爲事實也。惟魯勝治墨學於舉世不治之日，斯誠所謂「風雨如晦，雞鳴不已」之君子哉！

魯勝字叔時，晉惠帝時人。其時喪亂弘多，社會有崩潰之象，孔孟既見疑於人，老莊遂盛行於世。而勝邃於科學，鄙爲清談，著述甚多，有正天論，糾正當時曆法，自云「如無據驗，甘即刑戮」，以其自信之深，所論必有卓見也。所著墨辯注，隋書經籍志未著錄，他書亦未見徵引，殆以旋遇永嘉之亂，未能通行歟？茲錄其敍於此，以示景仰之意云爾。其辭曰：

名者，所以別同異，明是非，道義之門，政化之準繩也。孔子曰：「必也正名，名不正……則事不成。」墨子著書作辯經以立名本。惠施，公孫龍祖述其學，以正刑（別）名顯於世。孟子非墨子，其辯言正辭，則與墨同；荀卿莊周等，皆非毀名家，而不能易其論也。〔名〕必有形，察〔形〕莫如別色；故有堅白之辯。名必有分，明分〔明〕莫如有無；故有無序之辯。是有不是，可有不可，是名兩可。同而有異，異而有同，是之謂辯同異。至同無不同，至異無不異，是謂辯同辯異。同異生是非，是非生吉凶，取辯於一物，而原極天下之汙隆，名之至也。自鄧析至秦時名家者，世有篇籍，率頗難知，後學莫復傳習，於今五百餘歲，遂亡絕。墨辯有上下經，經各有說，凡四篇，與其書衆篇連第，故獨存。今引說就經，各附其章，疑者闕之。又采諸衆雜集爲刑（形）名二篇，略解指歸，以俟君子。其或興微繼絕者，亦有樂乎此也。（晉書隱逸傳）

按名理之學，迨魏復作，而勝以科學精神，故能有契於墨經。篇中所言，或尚不免小小紕繆，今亦不復指陳。書行身隱，其或有所不得已者乎？（按隱逸傳中人物，惟「二魯」最有特識，魯褒作錢神論以攻擊當時全體社會之貪汚，此皆非純盜虛聲者所能企及也。）

中國自漢迄明，雖變亂時起，而社會之根本組織，固未變也；故其流行之學說，亦無所變。惟自明末與西洋接觸，又經張李之擾亂，滿清之宰割，而風氣稍變。其中如顏元一派，反程朱之激烈，乃墨子之「非儒」也，其堅苦卓絕，又墨子所謂以繩墨自矯，雖枯槁不舍也。然當時儒家經學之舊瓶未破，雖有甚新之酒，不能不裝於周禮之『鄉三物』。且顏氏雖不非墨，以其人崛起窮閻，見聞不博，於墨子之書，似未睹也；如於墨書有所見，其學說之成就，其必有以異於彼也歟！然顏氏之行，雖有似墨者，固不得謂之墨學也。

其正式治墨學者，則以乾隆嘉慶及道光初年爲一期。時則有武進張惠言，仁和盧文弨，陽湖孫星衍，鎮洋畢沅，江都汪中，高郵王念孫，德淸丁杰，許宗彥，皆江蘇浙江二省人也。直隸則有大興翁方綱。此諸人者，張惠言有墨子經說解，善言名理；畢沅集諸人之校解以爲墨子注，王念孫有讀墨子雜志，（讀書雜志內。）則均墨書考證之學也。其於墨書文字有所是正，又采古書之涉於墨子者，別爲表微一卷；且作序以推崇墨子不恤與傳統之儒言相牴觸者，則汪中也。此於墨書可謂義理之學矣。汪氏所作墨子序，攷證亦多創獲，茲節錄其批評之語於次曰：

墨子之學，其自言者曰：『國家昏亂，則語之尚賢尚同；國家貧，則語之節用節葬；國家喜音沈湎，則語之非樂非命；國家淫僻無禮，則語之尊天事鬼；國家務奪侵淩，則語之兼愛非攻。』此其救世，亦多術矣。備城門以下，臨敵應變，纖悉周密，斯其所以爲才士歟！傳曰，『世之學老子者，則絀儒學；儒學亦絀老子』。惟儒墨則亦然。儒之絀墨子者，孟氏荀氏。（藝文志董無心一卷、非墨子。今亡。孔叢詰墨僞書、不數之。）荀之禮論樂論，爲王者治定功成盛德之事，而墨之節葬非樂，所以救衰世之敝，其意相反而相成也。若夫兼愛，特墨之一端，然其所謂兼者，欲國家愼其封守，而無虐其鄰之人民畜產也。雖其先王制爲聘問弔恤之禮，以睦諸侯之邦交者，豈有異哉？彼且以兼愛敎天下之爲人子者，使以孝其親，而謂之『無父』，斯已枉矣。後之君子，日習孟子之說，而未覩墨子之本書，其以耳食，無足怪也。世莫不以其誣孔子爲墨子辠。雖然，自今日言之，孔子之尊，固生民以來所未有矣；自當日言之，則孔子魯之大夫也，而墨子宋之大夫也，其位相埒，其年又相近，其操術不同，而立言務以求勝，雖欲平情覈實，其可得乎？是故墨子之誣孔子，猶孟子之誣墨子也，歸於不相爲謀而已矣。吾讀其書，惟以三年之喪爲敗男女之交，有悖於道。至其述堯舜陳仁義禁攻暴止淫用，感王者之不作而哀生人之長勤，百世之下，如見其心焉。詩所謂『凡民有喪，匍匐救之』之仁人也。其在『九流』之中，惟儒足與之相抗，自餘諸子，皆非其比。歷觀周漢之書，凡百餘條，並孔墨，儒墨，對舉；楊朱之書，惟貴放逸，當時亦莫之宗，躋之於墨，誠非其倫。自墨子沒，其學離而爲三，徒屬充滿天下。呂不韋再稱『鉅子，』（去私篇 尙德篇）韓非謂之『顯學，』至楚漢之際而微；（淮南子氾論訓）孝武之世猶有傳者，見於司馬談所述，於後遂無聞焉。惜夫！以彼勤生薄死而務急國家之事，後之從政者，固宜假正議以惡之哉？乾隆上章困敦涂月，選拔貢生江都汪中述。

按此序作於乾隆四十五年庚子，即西紀一七八〇年，亦即「八國聯軍」入北京以前之一百二十年也。當時汪氏雖爲墨子辯護，而結以「後之從政者，」不宜假正義以惡之；孰料當時即有一「從政者」因此假正議以惡汪中哉？且其人即汪氏相識又孫星衍墨子注後敘所謂「不謀同時共爲其學，皆折衷於先生，（指畢沅。）或此書當顯，」而屬望頗殷之「大興翁洗馬覃谿」也。覃谿即方綱，其書墨子有云：

有生員汪中者，則公然爲墨子撰序，自言能治墨子，且敢言孟子『兼愛無父』爲誣墨子，此則名敎之罪人，又無疑也。昔翰林蔣士銓掌教於揚州，汪中以『女子之嫁往送之門是何門？』爲問；蔣不能答，因銜之言於學使者，欲置汪中劣等。吾嘗笑蔣之不學也。今見汪中治墨子之言，則當時褫革其生員衣頂，固法所宜矣。汪中者，昔嘗與予論金石，頗該洽，猶是嗜學士也。其所撰他條亦尚無甚大舛戾。今或姑以此準折焉，不名之曰生員，以當褫革，第稱曰『墨者汪中』，庶得其平也乎？然而夷之憮然以後，則已身嚮正學矣；所以孟門弟子尚許之，尚惜之，書曰『墨者夷之』。若汪中，豈能當此稱哉？（復初堂文集卷十五）

當時所謂『名教之罪人』，重則足以砍頭殺身，以此歸罪汪中，足見其形勢之嚴重。而治墨學之人，乃以『墨者』爲罪名之表示，更滑稽可笑也。然汪中之特識，益見其偶乎遠矣！但使翁氏不爲官僚而生長墨學空氣稍濃之環境中，吾知其態度，亦必稍異也。

自「鴉片戰爭」歷太平天國以迄現在，此九十餘年之間，中國之巨變，二千年來所未有也。政治，社會，經濟種種，莫不劇變，且至今而尚未已。俞樾序墨子閒詁有曰『嗟乎！今天下一大戰國也。』若以今爲戰國，固不相同，然戰國與現代之中國，其變遷之比例正相同也。蓋均由此一時代過渡而達彼一劃然不同之時代，亦即由此一社會過渡而達彼一社會也。當此過渡之歷程中，一切與傳統精神相戾，而固有文化學術皆不足以應此世變矣。於是歡迎新知，則有所謂「洋務」與「歐化」……而以他人尋求「異教」精神，於我固有文化之中則墨學尚矣。此一時期，關於墨學之著述甚多，不暇縷指。就其較著者言之：則有蘇時學，俞樾，孫詒讓，王闓運，曹耀湘，及張純一諸人，乃就全書加以校訂箋注者也。其就一部分如經上下及說加以籀繹者，則梁啓超，鄧高鏡，張其鍠，譚戒甫諸人也。以印度唯識因明，或西洋科學，邏輯，與墨學作比較研究者，則章炳麟，胡適，章士釗，馮友蘭諸人是也。汪氏表微不傳，其於墨子生平，墨學歷史有所比輯攷證者，詒讓啓超之外，則陳柱，錢穆諸人也，其或於墨學茫無所知，而耳聞人言墨書所蘊之富，則震驚而不知所措，曰，墨翟外國人也！禽滑釐外國人也！……視彼邦爲神聖，等先民於愚頑，而不察兩國文化情形，中外交通史蹟，此亦有人焉，何足選也！

右舉諸人，於墨學雖各有所得，足爲此道功臣；然用力勤劬，著作精審，足以沾溉後學於無既者，則惟瑞安孫詒讓；其著述甚多，而文辭暢達，使新學小生，能知有所謂墨子與所謂墨學者，則新會梁啓超也。今於此二人，稍加評述。

孫氏所著曰墨子閒詁，乃以許慎注淮南王書題曰鴻烈閒詁，『閒者發其疑悟，詁者正其訓釋』也。孫氏於經學爲古文派，本說經家法，箋釋諸子，故獨睎慕叔重，遂用題署。其書閒詁十五卷，以校釋五十三篇之文也；目錄一卷，攷七十一篇之佚存也；附錄一卷，則篇目考，墨子佚文與舊敍也；後語二卷，墨子傳略，墨子年表，墨學傳授攷爲上卷，墨子緒聞，墨學通論，墨家諸子鉤沈爲下卷也。光緒十九年癸巳十月自序，謂：

余昔事讎覽，旁搜衆家，擇善而從。於『畢本』外，又獲見『明吳寬本』『顧千里校『道藏本』』用相勘覈，別爲寫定。復以王念孫引之父子，洪頤煊及俞樾戴望所校，參綜攷讀。……研覈有年，用思略盡。（校記則云『覃思十年、略通其誼、凡所發正、咸具於注。』丁酉年與梁卓如書則云『研校廿年、略識指要。』）謹依經義字例，爲之詮釋。至於訂補經說上下篇旁行句讀，正兵法諸篇之譌文錯簡，尤私心所竊自喜以爲不謬者。

翌年，甲午夏，屬吳門梓人毛翼庭以聚珍版印成三百部，質之通學。俞樾敍之，有曰：

瑞安孫詒讓仲容乃集諸說之大成，著墨子閒詁。凡諸家之說，是皆從之，非皆正之，闕略者補之。至經說及備城門以下諸篇，尤不易讀，整紛剔蠹，脈摘無遺；旁行之文，盡還舊觀；譌奪之處，咸秩無紊。蓋自有墨子以來，未有此書也。

俞氏雖譽之如此，蓋非溢美。然孫氏尚欿然不自足，謂聚珍本閒詁成後，

吾友黃中弢學士爲詳校一過，舉正十餘事，多精塙。……余亦自續勘得塍義逾百事，有前誤讀，誤釋，覈勘始覺之者，咸隨時迻錄，別冊存之。此書最難讀者，莫如經經說四篇。余前以未見臯文先生經說解爲憾。武進金武祥臧有先生手稿本，急屬……馳書求假錄，金君得書則自校寫一本寄贈，得之驚喜累日。既又假得陽湖楊君葆彝經說校注，亦間有可取，因與張解幷刪簡補錄入冊。……此書甫成，已有旋覺其誤者，則其不自覺而待補正於後人，殆必有倍蓰於是者，其敢侈然以自足邪？甲辰春，取

舊寫別册，散入各卷，增定爲此本。

此乃光緒三十三年丁未四月，孫氏題『定本』閒詁之語也。其用力於是書，前後蓋三十年矣，宜其成就有非他人所及者。

孫氏訓釋之精勤既如此，其評騭墨學，亦有可採者。如云：

墨子……身丁戰國之初，感悕於獷暴淫侈之政，故其言諄復深切，務陳古以剴今。亦喜稱道詩書，及孔子所不修百國春秋；惟於禮則右夏左周，欲變文而反之質，樂則竟屏絕之。此其與儒家四術六藝必不合者耳。至其接世務爲和同，而自處絕艱苦，持之太過，或流於偏激；而非儒尤乖戾。然周季道術分裂，諸子舛馳，荀卿爲齊魯大師，而其書非十二子篇於游夏孟子諸大賢皆深相排笮，洙泗齗齗儒家已然。墨儒異方，跬武千里，其相非，寧足異乎？綜覽厥書，釋其紕駁，甄其純實，可取者蓋十六七。其用心篤厚，勇於振世救敝，殆非韓呂諸子之倫比也。莊周天下篇之論墨氏曰：『不侈於後世，不靡於萬物，不暉於數度，以繩墨自矯，而備世之急。』又曰：『墨子眞天下之好也，將求之不得也，雖枯槁不舍也，才士也夫！』斯殆持平之論與？（閒詁自序）

又曰：

墨子……勞身苦志，以振世之急；權略足以持危應變，而脫屣利祿，不以累其心。所學尤該綜道藝，洞究象數之微。其於戰國諸子，有吳起商君之才，而濟以仁厚；節操似魯連，而質實亦過之；彼韓呂蘇張輩，復安足道哉？謹……略攷始末，以裨史遷之闕，俾學者知墨家持論雖間涉偏駁，而墨子立身應世，具有本末，自非孟荀大儒不宜輕相排笮；彼竊耳食之論以為詬病者，其亦可以少息乎！（墨子傳略序）

其於墨子為所心折，而備致推崇，大抵皆此類也。

孫氏有與梁卓如論墨子書自述治墨經過，而望卓如致力斯學。其書略云：

曩讀墨子書，深愛其撢精道術，操行艱苦，以佛氏等慈之恉，綜西士通藝之學，九流匯海，斯為巨派。徒以非儒之論，蒙世大詬，心竊悕之。覃校十年，略識恉要，遂就『畢本』補綴成注。然經說諸篇，閎誼眇恉，所未窺者尚多。嘗謂墨經揭舉精理，引而不發，為周名家言之宗；竊疑其必有微言大義，如歐士亞里大得勒之演繹法，培根之歸納法，及佛氏之因明論者。惜今書譌缺，不能盡得其條理；而惠施公孫龍竊其緒餘，乃流於儇詭口給，遂別成流派，非墨子之本意也。拙箸印成後，間用近譯西書，復事審校，似有足相證明者。……以執事研綜中西，當代魁士，又夙服膺墨學，輒刺一二奉質，覬博一哂耳。……貴鄉先達蘭浦特夫兩先生，始用天算光重諸學，發揮其恉；惜所論不多，又兩君未遘精校之本，故不無望文生訓之失。蓋此學晐舉中西，邃徹曠絕，幾于九譯乃通，宜學者之罕能津逮也。近欲博訪通人，更為墨詁補誼，儻得執事賡續陳鄒兩先生之緒論，宣究其說，以餉學子，斯亦曠代盛業，非第不佞所爲望塵擁篲，翹盼無已者也。

此書乃作於光緒二十三年丁酉，卓如則梁啓超之字也。

梁氏旣時稱道墨義，後以維新未成避地日本，乃於壬寅癸卯間，爲子墨子學說及墨子之論理學刊佈於新民叢報，卽今彙刻之題曰墨學微者。其敍論於墨子卽備致謳歌景仰之忱，如

新民子曰：今舉中國皆楊也，有儒其言而楊其行者，有楊其言而楊其行者，甚有墨其言而楊其行者，亦有不知儒不知楊不知墨而楊其行於無意識之間者。嗚呼！楊學遂亡中國，楊學遂亡中國！今欲救之，厥惟學墨，惟無學別墨而學眞墨，作子墨子學說。

其頌揚墨氏，視汪中孫詒讓更過之矣，乃地與時爲之也。越十餘年又成墨子學案（民國十年印行）謂「與少作全異其內容矣」。然於墨子之謳歌讚歎如故也。翌年又印行墨經校釋一書，則孫氏昔年之所期望於卓如之曠代盛業，至是始纖卷也。且自號任公，乃取墨義，其他文字亦時言及墨學。而其文章筆鋒常帶感情而具魔力，爲當時學界所喜誦；故雖述墨氏艱深之學，而無晦澀不明之患。墨子於此時，固如得一有力之宣傳人員矣。

然梁氏爲人，有才學而乏特識，故主張屢變而無一貫宗旨。距墨經校釋印行之後一年，梁氏發佈先秦政治思想史，一名中國聖哲之人生觀及其政治哲學，言及墨家者幾及四分之一，而對於墨子之態度則大變矣。茲試舉其批評孟子詆毀墨氏之言以爲例：

學案云。

孟子以距楊墨爲職志他說的『摩頂放踵利天下爲之，』卻眞能傳出墨子精神，不是罪案倒是德頌了。但他說兼愛便是無父因此兼愛便成了禽獸這種論理學，不知從那裏得來？（頁一五一）

思想史則云：

今所欲質墨子者，……假令愛利有實際不能兼施之時，——例如凶歲，二老飢欲死，其一吾父，其一人之父也，墨子得飯一盂，不能「兼」救二老之死，以奉其父耶？以奉人之父耶？吾意「爲親度」之墨子，亦必先奉其父矣。信如是也，則墨子亦「別士」也。如其不然，而曰吾父與人父等愛耳，無所擇，則吾以爲孟子『兼愛無父』之斷案，不爲虐矣。（頁一九八）

前則爲墨子辯護而反對孟子，後則爲孟子辯護而詆毀墨子，時間不出三年，何爲如是矛盾耶？按「假也者今不然也、」梁氏所設二老飢欲死之例、以墨子「昭昭然爲天下憂不足、」何致有此困境。

梁氏態度轉變之原因自然最爲複雜，茲姑置其根本者不談，其次要之關係，則朋友之影響也。如公孟篇墨子譏儒家『樂以爲樂』之答案，梁氏見解，亦前後大不相同。學案云：

墨子更把這種觀念擴充出去，以中用不中用爲應做不應做的標準。凡評論一種事業，一種學問，都先問一句『有甚麼用處。』如：

『問於儒者曰：「何故爲樂？」曰：「樂以爲樂也。」子墨子曰：「子未我應也。」今我問曰：「何故爲室？」曰：「冬避寒焉，夏避暑焉，室以爲男女之別也。」則子告我爲室之故矣。今我問曰：「何故爲樂？」曰：「樂以爲樂也。」是猶曰：「何故爲室？」曰：「室以爲室也。」』（魯問）（按宜改公孟）

這是墨學道德標準的根本義。若回答不出個「甚麼用處來。」那麼，千千萬萬人說是好的事，墨子也要排斥的。（頁三三）

這雖未謳歌，亦未反對也。迨思想史中則於此事極力反對。曰：

抑吾儕不慊於墨家者，猶不止此。吾儕以爲墨家計算效用之觀念，根本已自不了解人生之爲何。墨家嘗難儒家曰：

『子墨子問於儒者，曰，『何故爲樂？』曰，『樂以爲樂也』……是猶曰「何故爲室？」曰，「室以爲室也。」」』公孟

尊實利主義者，或引此以爲墨優於儒之證：謂儒家只會說個「什麼，」墨家凡事總要問個「爲什麼。」吾疇昔亦頗喜其說，細而思之，實乃不然。人類人生事項中，固有一小部分可以回答出一個「爲什麼」者，卻有一大部分回答不出箇「爲什麼」者。「什麼都不爲，」正人生妙味之所存也。爲娛樂而娛樂，爲勞作而勞作，爲學問而學問，爲慈善而慈善，……凡此皆『樂以爲樂』之說也。大抵物質

生活——如爲得飽而食，爲得煖而衣，皆可以回答箇「爲什麼；」若精神生活，則全部皆「不爲什麼」者也。試還墨子之例以詰之曰，「何故爲生活？」墨家如用彼「所以爲室」一類之答案，吾敢斷其無一而可。最善之答案，則亦曰「生以爲生」而已矣。墨家惟無見於此，此其所以不足爲聖王之道也。（頁二一二）

其毁墨子可謂至矣。而三年之中所以前後不同至於此極者，則前說爲胡適化，後說爲梁漱溟化，參觀胡氏哲學史頁一五三——五。漱溟中西文化及其哲學頁一三二：「疇昔亦頗喜其說，細思之實乃不然」即用梁漱溟之唯識學以殺胡適之實驗主義也。然梁氏之書，晚年已不甚受人歡迎，故政治思想史傳佈不如前三書之廣矣。是自墨學之觀點言之，梁氏宣傳之功，仍浮於詆毁之罪也。

夫自乾嘉以迄今日，關於墨學之著作，多矣。吾今別爲一目錄，以附於左。然則此即墨學之復活耶？曰否，否。此抱殘守缺之功夫，非墨家所重也。若墨子復生於今日，見此在蟫編蠹簡中討生活之情形，其必嗤之以鼻，而謂吾輩不可敎矣。但非墨學有復活之機，何爲墨子之書，又獨顯於此時耶？故此可謂墨學之聲影而非所謂墨學之精神也。惟自清季以來，至於今日，彼抱一信仰，努力實行；「將求之不得也，雖枯槁不舍也」；「赴湯蹈火，死不旋踵；」此有名無名爲革命而犧牲之志士，斯眞墨子之精神復活哉！斯眞墨子之精神復活哉！

附近世墨學書目表

著者	書名	附註
畢沅	墨子注	
汪中	『墨子』	中作墨子序謂『其書多誤字，文義昧晦，不可讀，今以意粗爲是正，闕所不知。』是有校釋也。『定其書爲正外篇，又以其徒之所附著爲雜篇，』則次第亦改易。今未見傳本。
王念孫	讀墨子雜志	在其所著讀書雜志內。
蘇時學	墨子刊誤	
俞樾	墨子平議	在其所著諸子平議內。
孫詒讓	墨子閒詁	
王闓運	墨子注	
王樹枬	墨子斠注補正	
曹耀湘	墨子箋	
劉師培	墨子拾補	
尹桐陽	墨子新釋	
陶鴻慶	讀墨子札記	
李笠	定本墨子閒詁校補	
張純一	墨子閒詁箋	
	墨子集解	

劉昶	續墨子閒詁	
陳柱	「墨子刊誤」刊誤	
	定本墨子閒詁補正	
支偉成	墨子綜釋	

以上爲就全書加以注釋考訂者

張惠言	墨子經說解	
楊葆彝	經說校注	
梁啓超	墨經校釋	
鄧高鏡	墨經新釋	
張子高	墨經注	
胡適	墨辯新詁	刊行者僅小取篇新詁
張子晉	新攷證墨經注	
	墨子大取篇釋	
伍非百	墨辯解故	
張其鍠	墨經通解	
	大取篇校注	
胡韞玉	墨子經說淺釋	

張之銳	墨經注緒論
	墨子大取篇釋義
錢　穆	墨辯探原
胡國鈺	墨子小取篇解
譚戒甫	墨經易解
魯大東	墨辯新注
欒調甫	讀梁任公墨經校釋

以上爲就墨經或其他一部分加以註釋攷訂者

汪　中	墨子表微
孫詒讓	墨子後語
梁啓超	墨學微
	墨子學案
章炳麟	原墨
章士釗	章氏墨學
胡韞玉	墨子學說
胡懷琛	墨子學辨
錢　穆	墨子

衞聚賢	墨子小傳	
馬宗霍	墨學論略	
釋太虛	墨子平議	此與俞樾之書，其名雖同，然彼在攷證，此爲批評。

以上爲就墨子生平及其學說加以研究或評論者

陳　澧	論墨子	東塾讀書記
江　瑔	論墨子非姓墨	讀子巵言
章炳麟	原名　明見	國故論衡卷下
	諸子學論略	
梁啓超	墨家政治思想	先秦政治思想史
胡　適	墨子	中國哲學史大綱第六篇八篇
	別墨	
蔣維喬	楊墨哲學	
王桐齡	儒墨之異同	
章士釗	名墨訾應考	
柳詒徵	諸子之學	中國文化史第二十八章
馮友蘭	墨子及前期墨家	中國哲學史上册第五章十一章
	墨經及後期墨家	

此類涉及墨子之著作甚多不能備列，以上擇其有特見或專資比較者。

右列各書，自知不免掛一漏萬之誚；然卽此亦有尙未全讀者，此表之作，欲爲按圖索驥之助，非敢以識途老馬自居也。

墨學源流

下卷　墨子之姓氏國籍學說辨

第一章　駁墨子非姓墨說

廉江江瑔著讀子卮言，（商務印書館出版）其中頗多善語；惟論墨子非姓墨一章，以爲墨家均廢姓去氏，則踳誤矛盾，持之不能成理。然自信甚堅，（如曰，「幾經歲月，益以參稽，而證據昭昭，顛撲而不可移」。又曰，「鐵案如山，不可動搖，雖至愚者觀於此，亦必恍然於墨子果非姓墨，而不致譏予之妄矣。」）自許備至；（如曰，「漢魏以後諸儒，遂至疑墨氏專家之學，而爲墨子一人之姓，墨學之精義乃湮沒而無餘，然精光雖蘊，久而不掩，至余而始明之，或如孫氏星衍之言，此書當顯耶？」）世人不察，貿然信之者，往往而是，（如顧實漢書藝文志講疏，陳柱墨學十論等）變本加厲，且有因以造墨翟爲印度人之說者，（如胡懷琛墨子學辨）而攻瑕匿謬，未見其人，甚矣習非之足勝是也。爰就江氏之說，加以駁難，而去妄顯眞，儻亦實事求是者所樂聞歟？

江氏謂墨非姓，列舉八證，然所以使其懷疑者，當在漢以前無加子於姓上以稱「子某子」之例。茲不憚煩瑣，詳舉其語於此。曰：

墨子原書多稱子墨子，夫稱曰子者爲尊美之詞，不繫於別號，卽繫於姓。然皆稱曰某子，斷無以子字加於姓之上者。若子思子，上子思二字合爲孔伋之字，下子字乃尊稱之詞耳。唐宋以後去古日遠，名稱亦濫，始有以子字加於姓之上。若唐之劉禹錫自稱子劉子，宋之程頤自稱子程子，明之劉宗周亦自稱子劉子，於例絕無所據，於理更不可通。禹錫不學，無足深怪；程劉二氏爲當世大儒乃亦不免，此則因言宋學者絀於考據，故有此陋妄之稱謂。秦漢以前，則絕無之。今稱曰子墨子，適與子思子之稱同。若云墨爲姓，然則孔子亦可稱子孔子，莊子亦可稱子莊子乎？』（原第六證）

若問孔莊是否可稱子孔子子莊子，吾將應之曰「可」。按自稱「子某子」，固爲劉程三人之陋妄，然謂秦漢以前無稱「子某子」者，則其陋妄亦不下於劉程矣。列子書中常稱子列子，此或晉人僞造，姑置不論。公羊傳言子沈子者三，（一在隱十一年，一在莊十年，一在定元年。定元年，穀梁傳作沈子。）言子公羊子者二，（一在桓六年，一在宣五年。）言子女子（閔元年）子司馬子（莊二十九年）者各一，此外則有子北宮子等，皆「子某子」之明徵，江氏何以置而不舉耶？然此猶可曰，公羊晚出，至漢始寫定，未必爲秦以前所有也。荀子書引宋鈃語，則稱子宋子；墨子書於子墨子外，又稱子禽子，均出戰國，事實彰顯，安得謂秦漢以前絕無稱「子某子」者乎？江氏曲解證據，謂此爲後人所亂或後人所加。然莊子書中稱列禦寇爲子列子者五，一在達生篇，如「子列子問關尹曰」；四在讓王篇，如「子列子窮」等。江氏謂莊子內無稱子列子者，謬矣。至國語越語下，王孫雒稱范蠡，一則曰，「子范子！先人有言曰：無助天爲虐，」再則曰，「子范子！助天爲虐不祥；」范明明爲姓，且在春秋之末，墨翟以前，以此推論墨書，墨之爲姓，又何疑乎？然則何以不稱某子而稱「子某子？」曰，此語言演變之例也。春秋之世，尊稱則曰某子，弟子稱師亦用之，如孔門稱仲尼曰子，是矣。師於弟子則直呼其名，或稱「汝爾，」論語中其例甚多。戰國則不然，師稱弟子亦曰「子，」呼爲汝爾則甚不敬，孟子所謂「充無受汝爾之實」是也。弟子於師，欲尊美之以示異於常人，不得不加以區別。故何休公羊解詁釋子沈子云，『沈子稱子冠氏上者，著其爲師也。不但言子曰者，避孔子也。其不冠子者他師也。』墨門稱翟爲子墨子，著其爲師，與彼相類。其稱禽滑釐爲子禽子者，滑釐學於墨子，盡傳其學，莊子天下篇以與墨翟並稱；滑釐有弟子曰許犯，索盧參更有再傳弟子曰田繫，故滑釐確爲墨門祭酒；其猶論語之稱有子曾子者歟？荀子與宋鈃學派不同，未必有師弟關係，或以其德美卲，故稱子宋子以尊異之，如莊子之稱子列子也。（孟子稱宋牼爲先生。）至王孫雒之稱子范子，或彼與范氏有師弟關係，故吳遣以議和；或敗國之使，屈節求成，故特加尊異於此主戰之元老，所謂『使者往而復來，辭愈卑，禮愈尊』（見國語）則不可攷矣。然此種子某子稱謂，以愚「陋妄」就所知秦漢以前證據推論，則起春秋之末，盛於戰國，灼然明甚。江氏不達語言轉變之理，致疑於子墨子之稱，更加揣測，謬論百出，「一葉蔽目，不見泰山」其謂是乎！至江氏謂「子」多繫於別號，以成子某子，則亦不然。如子思子，漢志著錄，祇曰子思，并無下子字，此江氏所已知也。子華子乃宋人

因僞家語等書之說而僞造與呂氏春秋所載子華子思想不甚類，更以莊子證之，安知其非繫子於姓耶？（注一）

江氏以不達子墨子之例，誤以墨非姓，於是更進而謂墨家無一稱姓者。此近日墨翟爲印度人論所從出，今全錄其言以資商榷。江氏曰：

「漢志所錄墨家者流，僅有六家：末爲墨子，首卽史佚；此外四人：曰我子，曰隨巢子，皆不著其姓；曰田俅子，曰胡非子，疑亦非姓。班注於此四人，亦不詳其姓名，顏師古亦不及之。當必皆爲姓名外之別號，自無可疑。墨家諸人無一稱姓，則墨子之墨，斷非姓，明矣。竊疑墨家之學，內則薄葬，外則兼愛，無親疏之分，無人我之辨，示大同於天下，與禮運所謂不獨親其親，不獨子其子之義同。以宗族姓氏爲畛域之所由生，故去姓而稱號，以充其兼愛上同之量，又與釋氏之法同。此孟子所以斥之爲無父——原注：墨氏兼愛，祇不別親疏，非不愛父，卽親中亦不祇父一人。孟子獨斥爲無父者，蓋以其因兼愛而幷革其父姓氏，而忘己所從出也。（注二）惜此理千古無人道及。——此亦墨氏之學，所以獨異於諸家而高出於千古也。孟子一書，所載當世之人，皆詳其姓氏，而於墨者夷之，祇冠以墨者二字，而不言何姓。論衡福虛篇言墨家之徒纏子，纏亦非姓。是皆可爲墨家不稱姓之證，可以與此相發明。是凡墨家之學者，無一稱姓者，固不特墨子爲然矣。」（原第五證）

此節所述，謂墨家之學者均不稱姓，而以漢志墨家所著錄及夷之爲證。更以此種假定，循環互證，而斷言墨子非姓墨。按姓氏標幟，在後世本無深義，釋氏廢之，原無不可也。然普遍遵行，恐俟異日，墨雖兼愛，尙無是事。孟子所載「墨者夷之，因徐辟而求見孟子。」趙注：「夷之治墨家之道者，徐辟孟子弟子也。」夷之與徐辟對擧，其爲姓名無疑。故孫奭疏云「夷之治墨家之道者姓名也。」卽使舍傳注而就本文推證，敍述則曰夷之，對稱則曰夷子，自稱則去夷而言之曰「之則以爲愛無等差。」然則夷非姓而何乎？試以漢志所著錄者而論，尹佚雖僞託，尹當爲姓。（江氏每喜改原文以就己說，如尹佚則稱史佚。下文引韓非子顯學篇子張之儒，子思之儒，則加「氏」於子張下，以與顏孟漆雕稱氏者相混。）田俅子當卽田鳩，田鳩爲墨者，其事見韓非子外儲說左上篇，及呂氏春秋首時篇，田固姓也。胡非隨巢二子，雖單姓複姓尙有異說，然書缺有間，事所常見，未可以爲廢姓也。纏我二子，亦復類是，雖不能斷其爲姓，又豈能斷其廢姓乎？班顏二氏不注其姓名，或爲闕疑，或以人所共知而省略，則無從質證。然如流傳最盛之儒家，俟子一篇無注，徐子四十二篇僅注曰「宋外黃人」，公孫尼子二十八篇，僅言「七十子之弟子，」況墨在東漢已成絕學乎？班氏於墨子七十一篇下注曰「名翟，爲宋大夫，在孔子後；」則猶於儒家晏曾宓世諸子下，注曰名嬰，參，不齊，碩也；道家鬻筦莊列諸子下，注曰名熊，夷吾，周，圄寇也。彼既爲姓，此獨可謂非姓乎？若謂「班氏撰漢志祇云墨子名翟，而不言其姓，固心焉疑之；」（江氏語）然則班氏於管晏莊列諸人，亦疑其廢姓乎？且班氏姓名全注者於平原老下曰「朱建也，」於老子鄰氏經傳下曰「姓李名耳，鄰氏傳其學，」不過數人；豈此外皆廢姓乎？是有以知其不然也。況墨家諸子可攷見其姓氏者，不一而足，如高石子自稱曰石，（耕柱篇石三朝必盡言……無乃以石爲狂乎？）則高當爲姓。公尙過自稱曰過（魯問篇越王大說，謂過曰）墨子對人亦稱之曰過，（貴義篇今若過之心者，）則公尙亦當爲姓。勝綽墨子稱之爲綽（魯問篇「我使綽也」一節中言綽者四，）則勝亦姓也。此三人皆墨翟弟子，就本書直接推證，而知其未嘗廢姓。再以此法推斷，則得二人，皆爲墨氏之學者也。如徐弱告其師孟勝曰「弱請先死以除路，」（呂氏春秋上德篇）則徐當爲姓。屈將子見胡非子曰「將聞先生非鬬，而將好勇。」（太平御覽四百九十六引胡非子）則屈亦姓也。而韓非子言「有相里氏之墨，有相夫氏之墨，有鄧陵氏之墨，」以與顏氏孟氏漆雕氏仲良氏孫氏樂正氏之儒相對，而別於子張子思之儒，已足以知相里相夫鄧陵爲姓。（均見顯學篇）莊子天下篇則曰「相里勤之弟子，五侯之徒；南方之墨者苦獲，己齒，鄧陵子之屬。」以此互證，可知相里名勤，鄧陵氏又稱鄧陵子，其爲姓也，尙何疑哉！凡此皆就先秦古籍推證所得，而後世注家之言，並未取資；而墨家之未廢姓去氏，燦若觀火矣。此外墨子弟子如高何，高孫子；禽滑釐弟子如許犯，犯弟子如田繫；墨家鉅子如孟勝，腹䵍，田襄子；均當爲姓名具備者。即如滑釐弟子索盧參，近有以爲印度字譯音者，然中國實有索盧氏，不足爲奇。是凡爲墨學者，均無廢姓之痕跡。若以江氏墨非姓而爲學派名之說推求，則田也，徐也，勝也，孟也，屈也，許也，公尙也，索盧也，相里，相夫，鄧陵也，豈均爲學派名乎？江氏亦必啞然失笑矣。但於此可得一通則，卽春秋時冠姓於子以爲美稱，戰國以來則多以名字間於姓與子之間。墨家諸人以外，就漢志所著錄者而言：儒家有公孫尼子，孫卿子（江氏以卿爲荀子之字，亦見讀子巵言）魯仲連子；陰陽家有鄒奭子；名家有公孫龍子；雜家有尉繚子；均其明證。知此稱謂演變之例，則隋書經籍志於隨巢胡非二子，以巢非爲名者近是。梁玉繩以隨巢胡非爲複姓，胡非則本之通志氏族略，隨巢則不知何據？似涉輕斷。疑其廢姓者，則更誤矣。由此觀之，江氏所謂墨家廢姓說，乃無一而不妄。（墨家姓氏不可攷者惟鄭人翟，可疑者惟跌鼻一二人。然古籍散佚，各家所常有，未足爲病。況莊子寓言十八，其列禦寇篇所言：「鄭人緩呻吟裘氏之地，祇三年而緩爲儒，使其弟墨。儒墨相與辯，其父助翟，十年而緩自殺。」若以此爲例，則其兄緩亦然，豈儒家同廢姓乎？）

江氏中堅之言，盡於上舉二條，餘則更覺牽强。如云：

『墨之爲姓，墨子一人外更無所見。惟古有墨胎氏爲孤竹國君，伯夷叔齊卽其後。然夷齊後卽無聞，斷非墨子所出。且墨子之前後，亦絕無墨姓其人，是不特墨子非姓墨，且恐其時幷無墨之一姓矣。』

（原第四證）

夫姓氏至繁，而其人之顯晦不一，未可以「趙錢孫李」之眼光，遂謂世無此姓。按墨氏在明代尚有高陵人墨麟，洪武中以國子生擢監察御史，永樂初陞兵部侍郞，尋兼少詹事，卒諡榮毅，續通志氏族略亦收之，雖未。

必爲墨子之裔，是墨子以後固有墨姓也。墨子以前，雖難深攷，然墨子本出於賤人階級，（穆賀稱墨子之語，見貴義篇）其先當無顯者。江氏遂以墨無此姓，直未之思也！至墨之得姓，其說不一：世本謂「宋襄公子墨夷須爲大司馬，其後有墨夷睪。」路史謂「宋成公子墨台之後。」通志氏族略則謂墨台之後，因避仇改爲墨氏，又改爲怡氏。姓考則云，「孤竹君本墨胎氏改爲墨氏。」莊季裕雞肋篇載論語音注引春秋少陽篇謂伯夷姓墨名允，叔齊名志。凡此種種，無由斷定。鄭樵氏族略所謂「大抵氏族之家言多誕，博雅君子不可不審，」其在是乎？要之，必春秋戰國時代已有姓墨者，則無可疑。否則秦漢以後，墨學消沉，詆之者視爲禽獸，孰肯以墨爲姓，自躋非人之類若墨麟耶？或謂墨子乃宋後而居於魯、若孔子之爲者、上所舉世本以下諸說、似可爲佐證。但恐氏姓之家、認墨子爲宋大夫、加以附會、故有此說、今尚不敢斷定也。

江氏又曰：

『孟子多拒墨之詞，或單稱之曰墨；韓非子顯學篇亦皆單以墨稱。古籍所載，有單稱名而不知其姓者，而斷無單稱姓而不著其名之理。今孟韓皆單稱曰墨，則墨豈得爲姓乎？』（原第七證）

按孟韓所指之墨，已成學派之名，自當別論（其說詳後。）至謂古籍所載，無單稱姓而不著其名者，則非事實。即以漢志儒道二家而論：有漆雕子十三篇，注云，「孔子弟子漆雕啓後；」有景子三篇，注云「說宓子語，似其弟子；」李氏春秋二篇無注；侯子一篇，李奇曰，或作倖子，是皆儒家有姓而無名也。道家有老子鄰氏經傳四篇，注「鄒氏傳其學；」老子傅氏經說三十七篇，注「述老子學，」捷子二篇，注「齊人，武帝時說；」楚子三篇則無注；此皆有姓而無名也。史記所舉楚人南公，蓋公言黃老，洛陽吳公，薦賈誼，亦皆著其姓而失其名也。凡此皆無關宏恉，亦以見江氏之疏耳。

由以上各說觀之，則墨之爲姓，可以確然無疑矣。然墨氏之姓，胡爲與諸家有異，而使江氏生疑以起異說？曰：墨學爲翟一人所獨創，與他家不同。淮南子要略訓云：「墨子學儒者之業，受孔子之術，以爲其禮煩擾而不說，厚葬靡財而貧民，久服傷生而害事，故背周道而用夏政。」其背周道，明爲儒家從周之反動；其用夏政，則節財薄葬與禹相類，非禹時已有墨學也。且墨子貴創，不獨未嘗因襲，更以因襲好古者爲非，觀公孟非儒所載，可以知其故矣。『公孟子曰，「君子必古言服然後仁。」子墨子曰，「昔者商王紂，卿士費仲爲天下之暴人，箕子微子爲天下之聖人；此同言而或仁不仁也。周公旦爲天下之聖人，關叔爲天下之暴人；此同服或仁或不仁。然則不在古服與古言矣。且子法周而未法夏也，子之古非古也。」』（公孟篇）是其法夏特以譏諷儒家，豈自法夏而曰不在古服古言乎？非儒篇則言尤銳利。『儒者曰，「君子必古言服然後仁。」應之曰，所謂古之言服者，皆嘗新矣，而古人言之服之，則非君子也。然則必服非君子之服，言非君子之言，然後仁乎？」又曰，「君子循而不作。」應之曰，「古者羿作弓，伃作甲，奚仲作車，巧垂作舟；然則今之鮑函車匠皆君子也，而羿，伃，奚仲，巧垂，皆小人邪？且其所循，人必或作之；然則其所循皆小人道也？』（均非儒篇）貴創。

好作之精神如此，又豈肯規規然以法禹而用夏政哉？漢志於墨家，雖列尹佚二篇於前，又曰，「墨家者流，蓋出於淸廟之守。」然所述貴儉，兼愛，上賢，右鬼，非命，上同，固爲翟之所長；（尹佚書今不傳，馬國翰輯本所載史佚語及遺事，與墨家不類。）卽「見儉之利，因以非禮；推兼愛之意而不知別親疏；」亦翟之所蔽也。則與所敍他家，迥然不同。明夫墨學爲翟所獨創，則江氏所謂「未有墨子之前，已有墨家之學」（原第三證）者，其說不攻而自破矣。

學爲墨翟所創，與他家不同，秦漢以後乃有「墨家」之稱。劉班列於諸子十家，乃循俗爲之，非於名稱有何深義也。（按諸子分家，亦猶佛教之分宗，其名或以義，或以地，或以人，原無定軌。）江氏以九家名稱之例，證墨非姓（原第二證）不其瞀乎？且此義江氏亦非不之知也。於論九流之名稱已見及此，如曰，「儒爲學士之通稱，非孔門所得獨有；道爲學問之總匯，非老莊所得自私；曰縱橫，曰雜，又未得爲專家之名；」「凡茲之類，命名之意，均有未安」，是其例也。徒以欲曲證墨非姓，故爲所蔽，而取材於未安之名耳！且學而分家，其習始於司馬談父子『論六家要指』，秦以前則多以名姓爲分合，荀子非十二子，雖舉其名而不列其家；莊子天下篇於儒家外亦擧彭蒙田駢愼到墨翟禽滑釐老聃惠施公孫龍之疇，亦不指其爲某家之學，」（均江氏語，見論九流之名稱）然則以姓氏爲學派之分合者，正先秦之舊例，江氏何以自違其說耶？

墨旣轉爲學派名，則凡爲墨學之人，稱曰「墨者」。然此未必爲墨翟本意，乃事勢所適然也。故墨翟在時，未見此稱。今墨子書僅小取篇兩見，所謂「墨者有此而非之」是也。（小取篇無「子墨子曰」字，而所論名學極精，當非翟在時所有。）江氏不達此理，而曰「墨者之義指學墨子之人言之；學墨子之人非必姓墨，何以繫其師之姓？」謬矣！（原第八證）又曰「韓愈爲文，最有古法；其原道篇中有佛者老者之稱，當是襲孟莊諸子稱『墨者』之例。然佛者之佛，老者之老，亦皆非姓。」按佛者之佛固非姓，老者之老，豈初卽學派名耶？而「老或是姓」，近人胡適已有此說。且不曰道者而曰老者，抑又何歟？此無義例可尋，而引以曲成其說，惑矣！

江氏所舉諸證，已略加批駁，可以見其疏謬。至以『古人稱謂之例』枉相比附；（原第一證）而篇中又曰，『古人於此類稱謂，絕不拘於一律。故古有稱周孔，孔姓而周非姓；有稱老莊，莊姓而老非姓；且與墨子對稱，亦多有稱儒墨，稱老墨者，而儒老亦均非姓，豈能執此而疑之乎？』於此旣知其不一律，於彼必欲一律以求之，自說相違，其妄甚矣！

墨爲翟之姓，已如上述。此外當附論者三事：一曰翟爲姓。江氏旣云墨家廢姓，又襲伊世珍之謬說而以翟爲姓，旣嫌誣枉，又自矛盾，聽者均知其非，不必詳論。二曰翟貴儉而形容枯槁，深合於墨字之義，故以墨名其家，人亦咸以墨子稱之。按墨家要義在兼愛，儉乃其一端耳。墨字涵義，非徒瘠墨，繩墨，而「貪墨」亦其大者。故古有墨刑，多以懲貪，而左傳言「貪以敗官曰墨。」然墨子之教則在廉，（如呂氏春秋不二篇孔子貴仁，墨翟貴廉。尸子廣澤篇：墨子貴廉，孔子貴公。）廉與貪相反，豈肯以此名其學乎？（江氏云「荀子一書言儒字甚多，如云偷儒轉脫〔見修身篇〕爲懦弱畏事之意〔見楊倞注〕荀子儒家也，豈有舉此不美之名，以自名其學哉？」明於彼而昧於此，亦其蔽也。）若謂以繩墨自矯則司馬遷曰，「申子卑卑，施於繩墨。」（史記申韓列傳）劉向曰「孫卿道守禮義，行應繩墨。」（向校孫卿書錄）是凡綜核名實與律己嚴肅者，均有繩墨之稱，不獨墨家爲然矣。三曰「疑墨子既發揚墨學，因而以墨自名，或別字爲子墨，故墨書亦稱子墨子。」按江氏此說，以僅知今有子思子之例，爲繫子於字下，而不知冠子於姓上，古有此例，（說詳前；）乃生是謬。若必持此說，試問禽滑釐何以稱子禽子，豈滑釐發揚「禽學」耶？——江氏之說既逐一論之如右，墨子姓墨，墨家均未廢姓，當可以瞭然矣。

注一　按子華子學說，除見呂氏春秋外，莊子中亦有之。讓王篇載子華子見昭僖侯，以下文子列子例之，華當爲姓，釋文引司馬云，子華子，「魏人也。」則陽篇載魏瑩與田侯牟約，田侯牟背之，犀首季子聞而恥之，華子聞而醜之曰云云。釋文「華子魏臣也。」更就兩篇中所述華子與子華子之思想言之，大略相同，當係一人而姓華者也。

注二　江氏曾謂孟子非拒楊墨，（卮言卷一第八章）此謂因墨子去姓而爲孟子所闢，亦自矛盾。按孟子實拒墨，而墨亦未曾廢姓，乃闢其兼愛也。

附錄　駁墨爲刑徒奴役說

自江瑔「墨子非姓墨」之說流布以後，胡懷琛以墨翟爲「黑狄，」予有所商榷，別詳後篇。頃見錢穆墨子傳略（百科小叢書本墨子之第一章）亦信墨非姓之說，而於「墨」字別有解釋。其言曰：

余考墨乃古代刑名之一。……古人犯輕刑，往往罰作奴隸苦工。……故知墨爲刑徒，轉辭言之，便爲奴役。墨家生活菲薄，其道以自苦爲極，故遂被稱爲墨了。

錢氏之意如此，篇內雖列六證，但僅足以見墨子出身賤人，勤勞刻苦，富於犧牲精神，而不足以證墨非姓。而爲刑徒奴役之義也。卽如荀子禮論篇謂「刑餘罪人之喪，不得合族黨，獨屬妻子，」亦僅譏斥墨家薄葬的非禮，而非以墨字爲黥墨罪人之意而致訕笑也。

墨之爲姓，錢氏所引英布之事，最足證明其言有曰：

後來漢初有一個黥徒，他本姓英名布，但是當時多呼他黥布；他以後封到王爵，但是黥布的徽號，已經流行，司馬遷做史記，爲他作傳，也逕題黥布列傳，而在文中聲明他本姓英氏。現在墨子也居然以墨爲姓了，可惜司馬遷對於墨子的事迹也知道得很少，沒有把他的眞姓氏記出。

按司馬遷雖對於墨子的事迹知道得很少，無以記出其眞姓氏；但墨子爲顯學大師，其弟子及後學與當時之人，豈皆如遷之疏，無以記其眞姓氏乎？且遷雖逕題黥布列傳，篇中發端卽曰：

黥布者，六人也，姓英氏。秦時爲布衣，少年，有客相之曰「當刑而王。」及壯，坐法黥，布欣然笑曰，「人相我當刑而王，幾是乎？」

既述所以稱黥布之故矣，而傳中仍多稱英布。班固漢書乃復題英布列傳也。至所以稱黥布之故，說者亦不一，如司馬貞史記索隱云：

布本姓英，……以少時有人相云「當刑而王。」故漢雜事云，布改姓黥以厭當之也。

如漢雜事所云，則黥乃布所自改，而錢氏乃云「儒家反脣相譏，……所以纔加上他們一個墨家的徽號，這明是譏笑他們。但是墨家卻實認不諱。」又曰「因此，那一派人便得了一個墨者的稱呼。……墨子是那一派的先生，人家譏笑他說那位先生是『墨先生，』墨家也就直認不諱的都呼他爲『墨先生』了。」夫呼馬應馬，呼牛應牛，固有此種，然在名人顯士，必有眞姓氏可求。如太史公人或稱爲『腐遷，』而仍知其姓司馬是已。況墨之義亦示貪汚，非僅刑徒奴役耶？是乃誤信江氏墨非姓之說而望文生義，成有此曲解也。

篤信錢氏之說而廣證之者，則有馮友蘭。馮氏關於墨子之考證有曰：

墨子所主張者爲「賤人之所爲；」此其所以見稱爲墨道也。然墨子卽樂於以墨名其學派。此猶希臘安提斯塞尼斯 Antisthenes 之學之見稱爲犬學，而安氏亦樂於以此名其學，死後其墓上並刻一石犬以爲墓表也。——中國哲學史上冊頁一一〇

安氏之刻苦精神，固有類於墨子，然彼流於出世，墨子則爲入世者耳。然安氏之學，在希臘，恐遠不如墨學在戰國時之顯。吾人於犬學(Cynics)之外，尚知有安提斯塞尼斯 Antisthenes；何以滅墨子之姓氏而不著耶？以希臘之事例之，墨爲姓而成學術之稱者，亦猶有柏拉圖而有柏拉圖派，或新柏拉圖派 New-Platonism；

有亞里士多德而有亞里士多德學派 Aristotelinism。至所謂犬學，其說不一，但如馮氏所舉，則猶孟子稱墨翟爲「禽獸」耳。倘使孟墨並時而生，墨子聞而以「禽獸」名其學，則犬猶禽獸，墨猶安提斯塞尼斯也。是則此例適足以證墨爲姓氏而已矣。

第二章　駁墨子爲印度佛敎徒說

自胡懷琛發表墨子爲印度佛敎徒說以後，予草論與之商榷，前後多次。計兩方文字，則有左列各篇：

（甲）胡：墨翟爲印度人辨（東方雜誌卷25，號8）

我：墨子非印度人論（知難週刊期78）

（乙）胡：墨翟續辨（東方雜誌卷25，號16）

我：駁胡君懷琛墨翟續辨（知難週刊期88）

（丙）胡：關於墨翟問題之討論（知難週刊期80）

我：再論墨子非印度人（同右，期87）

（丁）胡：關於墨翟問題討論之討論的兩封信（同右，期90）

我：墨翟國籍問題之最後一函（同右，期96）

（戊）胡：討論學術與筆戰（同右，期101）

我：介紹一個討論學術的妙法（同右，期112）

此討論之篇目也。至其內容，我愧「輸攻，」幸胡氏亦未「墨守，」終承認墨子並非佛敎徒。

今此問題既成過去，茲僅錄予所作墨子非印度人論及駁墨翟續辨二篇。胡氏之文，既無單行本，舊雜誌亦不易覓，則錄其墨翟爲印度人辨一篇於後，以見此問題所由起也。

一　墨子非印度人論

墨子之生地，爲魯爲宋說雖紛紜不一；而其爲中國人則古今一揆，尙無異議也。最近胡懷琛君著墨翟爲印度人辨一文，揭於東方雜誌（第二十五卷第八號）則以墨子來自印度，並非此土所生。其言雖甚辯，惜徵驗不充，未足以饜吾心。爰就胡君之說，略獻所疑，加以評騭；再引往事，藉證其非，而造斯論。蓋事實彰明，未可顚倒，以誣前人；若因墨翟聖哲，引之以爲中國重，而故與胡君異撰，則非褊心所敢爾也！

胡君從江瑔「墨子非姓墨」之說，進而疑「墨」爲「貊」之轉音，或「蠻」之轉音，「翟」即爲「狄」之異文。「墨翟」即「貊狄」或「蠻狄」兩字幷稱，如「蠻貊」「夷狄」「戎狄」是也。以「貊狄」或「蠻狄」二字代人名者，對於不知姓名之外國人，遂以此稱之，因而斷曰，「如是，墨子爲外國人，可無疑矣。」吾以爲胡君之說非也。夫「墨」與「蠻」「貊」同聲固可相轉，「狄」亦有作「翟」者；然古書雖多假借，用本字者其常，用假借者其偶。墨子書中稱子墨子，及他書言墨子墨氏墨翟者無慮千數，無一作「蠻」「貊」者；墨子書中自稱翟及先秦兩漢三國之書言墨翟者亦無慮數百，無一作「狄」者。今嚮壁虛造，謂墨爲蠻貊之轉音；因「夏翟」「陵翟」之與「狄」通，乃以偶者概其常，則亦異夫實事求是者矣。此其一。就令「墨翟」卽爲「貊狄」『蠻狄』，中國人以是稱之，墨子不應以此自承。蓋於不知姓名之外國人，固有以種族或地名稱之者，如呼蒙古人曰「蒙古」，然蒙古人不以是自稱也。卽如晉宋時之稱胡僧，天竺僧人，今日之稱洋鬼子，外國人，事誠有之；然係泛指一類之僧與一類之人，不聞於某一僧一人稱之曰胡僧，天竺僧人，洋鬼子，外國人，視同私名，「呼牛應牛，呼馬應馬」也。此其二。胡君知「蠻貊」假音說之不可通，旣而以爲墨翟者「黑狄」也，因面黑或衣黑，故稱墨。衣之黑否，無甚關係，墨子是否衣黑亦無以質言。至以膚色別人類族，古誠有之；明代稱荷蘭人爲紅毛夷或紅毛國人，亦有用以泛指一切歐洲人者。然教士西來，自利馬竇以降，皆自著姓名，未聞稱某一人曰紅毛氏，曰紅毛子，或紅毛先生，亦未聞某一人自稱曰夷以爲私名，若墨子之稱狄——翟——也。故以墨翟爲「黑狄」而比之紅毛國人者，擬失其倫矣！此其三。夫以墨子姓名稍異常人——予仍信墨子姓墨名翟之說，別有釋墨一文，茲不具述——遠惑伊世珍瑯環記之誣說，近信江瑔讀子卮言之偏見，兎絲依木，蝜蝂援牆，附會無所不用其極，亦見其惑矣！前章駁墨子非姓墨說，卽由釋墨一文改定而成也。

胡君以墨子爲外國人，持之未見有故，言之不能成理；而古籍中足以反證墨子非外國人者則往往而有。孟子闢異，素重夷夏之分，其告陳相有曰：

『……吾聞用夏變夷者，未聞變於夷者也。陳良楚產也，悅周公仲尼之道，北學於中國，北方之學者，未能或之先也；彼所謂豪傑之士也。子之兄弟事之數十年，師死而遂倍之！……今也南蠻鴃舌之人，非先王之道；子倍子之師而學之，亦異於曾子矣。吾聞出於幽谷，遷於喬木者；未聞下喬木而入於幽谷者。魯頌曰：「戎狄是膺，荊舒是懲。」周公方且膺之；子是之學，亦爲不善變矣！（滕文公篇）

夫許行楚人，孟子以夷夏之見，嚴斥如此。墨子之學，更非孟子所喜，目之以無父，儗之於禽獸，使墨子如爲外國人，豈孟子不知，知之而不責耶？且墨子雖兼愛，以其本中國人，夷夏之見亦未能盡忘，其謂公尚過曰：

『子觀越王之志何若？……抑越不聽吾言，不用吾道，而我往焉，則是我以義糶也。鈞之糶，亦於中國耳，何必於越哉！』魯問篇，呂氏春秋亦載此事，其言略同。墨子曰：

『……越不聽吾言，不用吾道，而受其國，是以義糶也。義糶何必越，雖於中國亦可！』（高義篇）

「中國」之義，雖古籍不一，以與越對舉，則猶夷夏也。使墨子如爲外國人，萬里航行，而達此土，則中國與越等耳，何必更存此蠻觸之界哉？魯陽文君言於楚惠王則曰：

『墨子北方賢聖人，君王不見，又不爲禮，毋乃失士！』（渚宮舊事二）夫所謂「北方賢聖人」者，猶孟子所謂「北方之學者」也。使墨子如爲外人，偶居魯國，則以其屢游於楚，同一僑寓，斷不謂之北方人矣。——墨子游楚，可攷者三：（一）魯問篇公輸般至楚爲舟戰器，亟敗越人；墨子與論鈎拒。（二）公輸篇般爲雲梯將攻宋；墨子至郢見般與楚王，乃不攻宋。（三）貴義篇墨子游楚見惠王；王以老辭。而墨子與魯陽之關係，尚不與焉。——況墨子見楚惠王獻書，渚宮舊事繫之惠王五十年。孫仲容墨子傳略謂以「墨子生於周定王初年計之，年蓋甫及三十。」而論鈎拒，止攻宋，尚在其年之前。使墨子而爲外人，年二十，孑然來自異域，言語之不通，文字之隔閡，又當魯國好儒術惡異端之地；數歲之間，遽流北方聖賢之譽；『持其守圉之器，在宋城上而待楚寇者有弟子禽滑釐等三百人。』學術之精如彼，弟子之盛如此；墨子雖「才士」，豈以一外國人短時所能幾及哉？此必無之事也！

胡君以墨子爲外人，國人不知，典籍莫載，喻之以唐時景教。其言曰：「景教之東漸也，……亦但謂其在元明時耳；直至最近，始知在唐代已東來矣。墨子亦猶是也。」曰，是不然。夫景教在唐代甚微，於世無大影響，其教徒又乏傑特之士，所以泯泯無聞。倘其時高僧崛起，遠之若達摩，佛圖澄，竺法蘭；近之如利馬竇，龍華民，湯若望；是豈國人不之知，典籍不之載耶？墨子顯學，與儒術並稱。（韓非子顯學篇）孟子曰：『楊朱墨翟之言盈天下；天下之言不歸楊則歸墨。』（滕文公篇）呂氏春秋：『孔墨徒屬彌衆，弟子彌豐，充滿天下』（尊師篇）其他孔墨儒墨對舉者，先秦古籍中，不可勝數；其學之光大如此，而墨子又救世之急，僕僕往來於魯，衞，宋，楚；非隱逸譎詐，若老聃，鬼谷，鶡冠之倫也。使墨子而非此土所生，豈當世皆不能知，必待二千餘年始克一旦而發此秘乎？

夫證以孟子之論魯陽文君之語，及其夷夏之見與墨學之盛，則墨翟之非外國人，可以信而無疑矣。墨子既非外人，則其非印度人，於理固不待辯。惟以祛俗人之疑，折論者之心，仍略言焉。

胡君據貴義篇日者曰，「先生之色黑，不可以北。」因謂墨子膚黑，指爲印度人。推此例也，則備梯篇有曰，「禽滑釐子事子墨子三年，手足胼胝，面目黧黑。」豈禽滑釐亦印度人乎？此猶可曰，憔悴過甚。若戰國策所云蘇秦「形容枯槁，面目黧黑」也。然晉書后妃列傳：武帝曰：「衞公女美而長白，賈公女醜而黑短，」則明指膚色高度而言。豈衞氏爲歐陸頎晳之女子，賈后爲非洲侏儒之婦人耶？故日者之言，未足斷墨子爲印度人也。

胡君又謂兼愛，非攻，節用，無一不與佛學相合；天志，明鬼，所謂天即佛，鬼即菩薩也；而墨經之名學，即印度之因明。羌無徵驗，以其學說橫加比附，此大謬也。夫兼愛非攻節用之指，豈惟墨子與佛相合，即孔老之說，耶穌之教，東西聖哲之學，亦不甚遠也。墨子之所謂天，「兼而愛之，兼而利之；兼而有之，兼而食焉」（天志篇）此豈佛力所可比倫？而所謂鬼者，雖福善禍淫，報應不爽；此乃春秋時之舊說，墨子無所發明。觀左傳國語所載鬼神之事，可以瞭然，更不必與菩薩塗附也。墨經之名學，遠紹孔子正名之法，旁附施龍名家之言，日積月累，始臻斯境，原非「墨子突然發明，一蹴即造此精深之域」也。至其法術，不獨與因明相合，亦與歐土「邏輯」相通。亞里士多德氏後墨子百餘年，印歐則多同種；亞氏不聞往自印度或中國，墨子乃生於梵土，其誰信之？且印度因明傳於此土者，皆在陳那改良以後；至「古因明」與墨經名學異同如何，亦難質言矣。要之，學說偶同，未足爲異；蓋昔愼到有言「治水者茨防決塞，雖在夷貉，相似如一；學之於水，不學之於禹也。」（列子湯問篇張湛注引。）今見墨學與佛教一二類似之處，卽曰墨子來自印度，不已誣乎？

胡君援引孟子而曲解之，謂墨氏無父卽出家摩頂放踵卽禿頭赤足，是視墨子爲僧伽也。夫所謂墨氏無父乃指其兼愛之說，亦卽夷子所謂「愛無等差，施由親始」也。無父與禽獸，同爲由兼愛推論之辭，原非敍述之語；若泥而不通，如江瑔謂無父爲去其宗族姓氏，以符兼愛之義；胡君謂卽爲釋氏；然則楊氏無君，亦卽遠如盜跖操金椎以葬，下見六王五伯而敲其頭（呂氏春秋）或爲鮑生非君之說；（抱朴子）近如盧梭民約之論，中俄委員之制乎？而所謂「無父無君，是禽獸者」，楊墨二氏又皆兩翼四足之動物乎？據孟子「溢惡之言」，以爲實錄，斯已瞀矣！至「摩頂放踵利天下爲之」，乃與楊子拔一毛而利天下不爲，相對成義；所以見墨子救世之殷，而非言其狀貌也。孟子離婁篇：「今有同室之人鬥者救之，雖『被髮』纓冠而救之可也」，莊子天下篇：「禹親自操橐耜而九雜天下之川，『腓無胈，脛無毛』，沐甚雨，櫛疾風。……而形勞天下也如此。」又曰：「將使後世之墨者，必自苦以『腓無胈，脛無毛』相進而已矣！」此言救鬥之急與勞苦之極，皆以足與毛髮爲喻。胡君不顧文義之安否，而獨以摩頂放踵爲釋氏之裝，豈未之比勘耶？且墨氏救時，釋家出世，根本精神，固相去如胡越矣。而墨子之言曰：「丈夫年二十，無敢不處家；女子年十五，毋敢不事人。」（節用篇）又以久喪爲「敗男女之交，」（節葬篇）是男女皆應嫁娶也。墨子如爲和尚，在馮煥章將軍演說和尚革命娶妻以前，中印僧伽有此方便之制度否乎？亦足以資一噱也！

胡君以墨氏弟子之名，多極怪僻；如隨巢子，胡非子，我子，纏子，彭輕生子，腹䵍，疑如後世僧人之法號。索盧參則印度字之譯音也。是亦不然。夫墨者輕生守法，視死如飴；若孟勝死陽城君之難，弟子死之者百八十三人；二人致命於田襄子，可以無死矣，仍反死於荊。（呂氏春秋上德篇）腹䵍之子殺人，秦惠王已令吏弗誅矣；腹䵍不許，而遂殺之。（呂氏春秋去私篇）是以其後多絕，姓氏不顯；而墨學又復中衰，故其姓名不常與耳目相接。今日視之，乃覺怪僻否則腹䵍之名何如壤駟赤邽巽句井疆鄡單狄黑罕父黑（皆仲尼弟子）而隨巢子胡非子不猶今所謂申黨秦非韓非子耶？至其以索盧參爲印度字譯音，則視索盧參三字「尤奇」。後漢有索盧放，以尚書教授建武間徵爲洛陽令，徙諫議大夫。（後漢書獨行傳）後秦有索盧曜往刺苻登，爲登所殺。（晉書姚萇載記）然則索盧放索盧曜亦爲印度字譯音，其人皆印度人歟？

至如鉅子制度，似禪宗之衣鉢相傳固也。然不能以此爲佛教制度，而證墨子爲印度人。蓋禪宗晚出，在中國成於達摩後，墨子約千載；若以此與國籍有深切關係，則達摩當爲中國土著，而非來自「西天」矣。

韓非有言：「無參驗而必之者，愚也；弗能必而據之者，誣也。故明據先王必定堯舜者，非愚則誣也。愚誣之學，雜反之行，明主弗受也。」（顯學篇）今參驗各說，而定墨子爲中國人；雖與胡君之辨異趣，其亦可以免於愚誣之譏也夫！

按胡君以墨翟為「墨狄」，旁證雖多，而無一實例。攷陶弘景真誥稽神樞篇云：「墨狄子服金丹而告終。」（據孫仲容引）翟正作狄，與胡君之說相成。然而不足信者，以其與葛洪謂墨子為地仙之說同一詭誕；且年代彌遠，異文訛字，自然難免也。作者附記。

一九二八，九，一日。

附　胡懷琛：墨翟為印度人辨

今人於老子之姓名，疑問甚多，人所共知。而於墨子則不然。墨子之國籍，為魯為宋，固有問題，然墨子之姓名，則自史記以後，讀子卮言以前，皆無異辭，曰「墨姓墨名翟」，直至讀子卮言，始創言墨非姓，乃其學派之名，取刻苦自勵、面目黧黑之義，而疑翟為姓，墨翟，并其學派與姓名並稱之也。然鄙意猶以為未盡然。讀子卮言謂墨非姓，共有八證，而其最有力者，謂墨荀為姓，則不當稱「墨家」。如「儒家」不稱「孔家」，「道家」不稱「李家」也。又謂，不當稱子墨子，如子思子之類，非以「子」加於姓上也。又謂，韓非子謂，有相里氏之墨，有相夫氏之墨，有鄧陵氏之墨。孟子謂，墨者夷之，墨荀為姓，均不當如是云云。又謂，墨子前後，及其同時，均無姓墨者。又謂，墨子弟子，多不稱姓，蓋實行兼愛，無別親疏，已廢棄姓氏不用，何得墨翟獨稱姓。其言大抵如此，今不多錄，讀者可參考原文。（讀子卮言卷二第二十七頁至三十八頁。）其辨墨非姓，可無疑義矣。

然余猶有進者，墨固非姓，翟亦非姓，翟更非名。「翟」即「狄」也。古多通用。禹貢「羽畎夏翟」，漢書地理志，作「狄」。檀弓注，「是時在翟」，釋文本作「狄」。而「狄」「戎狄」尤多作「戎翟」。如國語「自竄於戎翟之間」，是翟也。

「狄」作「翟、」至魏、晉時猶然。搜神記云、『胡床、貊槃、翟之器也。羌煮、貊炙、翟之食也。自太始以來、中國尚之、貴人富室、必畜其器、吉享嘉賓、皆以為先。戎翟侵中國之先兆也。』（崇文本搜神記卷七。）穆天子傳云、『陵翟致貽（郭璞注、陵翟、隗姓國也。音峻。』良馬百駟、歸畢之寶、（郭璞注、畢、國名、言翟子前取此寶也。）以詰其成。陵子㽙胡口東牡。』（郭注、爽狄有德者稱子。㽙胡、名。）又云、『陵翟來侵、天子使孟忩如畢討戎。』（天一閣刊本穆天子傳卷五。）

搜神記「狄」皆作「翟、」穆天子傳原文皆作「翟、」而郭注或作「翟、」或作「狄。」總之、狄字在魏、晉時猶多作「翟」也。

「翟」為「狄」之異文、「墨」亦疑為「貊」之轉音、或「蠻」之轉音。「墨狄、」即「貊狄、」或「蠻狄。」兩字并稱、如「蠻貊、」「夷狄、」「戎狄」是也。

以「貊狄」或「蠻狄」二字代人名者、對於不知姓名之外國人、遂以此稱之也。如晉、宋時之胡僧、天竺僧人、今日之洋鬼子、外國人、皆是也。如是、墨子為外國人、可無疑矣。

不然、謂墨翟係指其面目黧黑而言、亦無不可。墨翟者、黑狄也。古有長狄、因其身長而言。明人稱荷蘭人為紅毛國人、今人稱非洲土人為黑人、均此例也。又不然、因其所著之衣服為黑色、而稱黑翟、亦無不可。如古之赤狄、白狄、均因其衣服之色而得此稱也。總之、其為外國人無疑。

然則墨翟果為何國人、曰、在彼時舍印度外、更無他國。故疑墨翟為印度人。假定因面目黧黑而稱墨翟、則印度人本為棕色、在當時人視之、宜乎其為墨也。假定因衣黑而稱墨翟、則僧衣緇衣、緇亦黑色、後世尚有「緇流」之稱、宜乎當時有墨翟之號也。

況墨子書中、亦常言其面目為黑色。貴義篇云、『子墨子北至齊、遇日者、日者曰、「今日帝殺黑龍於北方、而先生之色黑、不可以北。」墨子不聽、遂北至淄水、不遂而返。』此「黑」字、從來讀者只解作因形容枯槁而黑、不知其膚本作黑色、乃墨子特別形容也。苟因形容枯槁而黑、乃常有之事、未必為日者所注意、惟其膚作黑色、有異於中國人、故日者特別言之。此尤可證墨翟之為印度人矣。

再一考墨子之學說、其重要之部份、曰「兼愛、」曰「非攻、」曰「節用、」無一不與佛學相合。

至其「天志、」「明鬼、」則為佛教、其所謂天、所謂鬼者、即佛與菩薩也。在當時傳譯至中國、乃變為天、為鬼耳。

尤有進者、墨經之名學、即印度之「因明」也、梁任公墨學微（附錄第一頁至三十七頁）墨子學案、（九十二頁至一百四十二頁）言之甚詳、梁先生謂墨子之發明、暗與「因明」相合、而不知墨子之「名學」、即「因明」也。此種學術、爲中國素所未有、孔子雖言正名、老子雖言無名、然方法均與墨子之名學不同、夫素所未有、而墨子突然發明、一蹴即造此精深之域、疑無是理、其必本於「因明」無疑。

再就孟子斥墨子之言而辨之、孟子曰、「墨氏兼愛、是無父也。」（孟子滕文公下）朱注云、「墨子愛無差等、而視其至親、無異衆人、故無父。」然猶今視之無父即出家、江瑔亦謂無父爲去其宗族姓氏、以符兼愛之義、又與釋氏之法同。而不知即爲釋氏也。

孟子又斥墨子云、「墨子兼愛、摩頂放踵、利天下爲之。」（孟子盡心上）朱注云、「兼愛、無所不愛也。摩頂、摩突其頂也。放、至也。」而朱注實本於趙注、趙注云、「兼愛他人、摩突其頂、下至於踵、以利天下、已樂爲之也。」焦循疏「突」字云、「莊子說劍篇云、我王所見劍士、皆蓬頭突鬢、荀子非相篇、孫叔敖突禿。楊倞注云、突謂短髮可淩突人者。故莊子說趙劍士蓬頭突鬢、突禿聲轉、突即禿、楊氏解爲短髮是也。」

按據焦循疏、「突」「禿」聲轉、是「突」即「禿」也。摩頂者、突頂也、即禿頂也、亦即今所謂和尚也。「放」當解作放任之「放」、放踵者、赤足不著履也。赤足亦爲佛教儀式之一種、如此、則摩頂放踵、乃釋家之裝、孟子所云、乃謂禿頂赤足、是犧牲其身體而利天下、非若楊子之一毫不肯犧牲也。若依趙注、朱注則謂墨子犧牲其自頂至踵之毛與髮、然何故須突其頂、則無事實證明、故不若解爲禿頂赤足之爲佳也。

再從墨子弟子方面辨之、當時墨子弟子甚多、呂氏春秋當染篇云、「孔、墨徒屬彌衆、弟子彌豐、充滿天下。」是也。而其弟子又皆抱捨身救世之志、甘爲教義而犧牲、淮南子云、「墨子服役者百八十人、皆可使赴火蹈刃、死不旋踵。」是也。此種精神、非宗教家不能有。今人多謂其近於耶教、卻不知其爲佛教也。

墨家又有「鉅子制度」、莊子天下篇云、「以鉅子爲聖人、皆願爲之尸、冀得爲其後世。」是可見「鉅子」地位之尊。梁任公解釋「鉅子」、謂其似天主教之教皇、同時不能有兩、但教皇之制、前皇死後、新皇由教會公舉、而「鉅子」之制、是由前任指定後任、如「禪宗」之衣缽相傳。此言甚是、然仍未知「鉅子」之制度、即佛教制度也。

墨子弟子之名、多極怪僻。據孫詒讓墨子閒詁所搜、弟子十五人、再傳弟子三人、三傳弟子一人、治墨術而不詳其傳授者十三人、雜家四人、其中如隨巢子、胡非子、我子、纏子、皆曾著書者、而其姓名皆不經見。「隨巢」、或謂是氏、（梁玉繩說。）或謂巢是名、（隋志注說。）「胡非」或謂複姓、（廣韻說。）或謂非是名、（隋志說。）「我」與「纏」亦絕不似姓。其他如彭輕生子、腹䵍、索盧參、更似譯音、疑墨子弟子之名、亦如後世僧人之法號、（其弟子中、至少有若干人如此。）或竟有若干人、爲印度人也。

或曰、「在二千餘年前、交通不便、印度之墨子、何以能至中國也。」曰、「是不成問題、二千餘年前、與一千餘年前相比、時間上固相差甚遠、而物質文明之程度、則相若也、晉南北朝時有帆船、周時亦有帆船、晉之法顯、能以帆船往、梁之達摩、能以帆船來、周之墨子、獨不能以帆船至耶。」

或曰、「法顯之往、達摩之來、國人知之、典籍載之、何獨於墨子之爲印度人、則未聞言及也。」曰、「此亦不足爲怪、景教之東漸也、國人所知、典籍所載、亦但謂其在元明時耳、直至最近、始知在唐代已東來矣、此墨子亦猶是也。」

或曰、「信如君說、墨學即佛學、何以今所傳墨子書、與後世佛經文字不相似也。」曰、「此亦無足怪、墨子書之文字、固不如後世之佛經、然亦不如「儒家」書、「道家」之書、此可見其自成一種文體、而非中國所固有、且同爲心經、鳩摩羅什譯本與玄奘譯本與法月譯本不同、其他各經、多有如此者、安得就文體不同、而指其不似佛書、此但就文字之表面言之耳、即論其實質、東土「十宗」各不相同、甚至有衝突之處、而「禪宗」非印度所有、適成爲震旦之佛學、則墨子學說、亦豈能一一盡合於後世之佛書、但其大意如是耳。」

或曰、「墨子之學、出於夏禹、莊子天下篇言之、後世信之、君何得獨有異言。」曰、「墨子之學、出於禹、是墨子之託言也。墨子以一外國人、欲傳其學、其教於中國、非借用中國聖人之大名、又誰信之、如清末李佳白傳基督教於山東、亦常引孔子之言、以此大得聽者之信仰也。墨子託禹、何獨不然、吾人試以墨子與禹一比、除刻苦節儉以外、其他無相同處、可以知矣。況夫黃老、老莊、周孔、孔孟、其一脈相傳之學派、同時人或後人、多有並稱其姓名者、而禹墨則不經見並稱、是亦可見禹墨之關係、不如黃老、老莊、周孔、孔孟之深且切也。」

或曰、「「墨翟」即爲「墨狄」、而單取「墨」字以爲其學派之名、在周秦時有先例乎。」曰、「此正以其爲外國之學、在當時爲例外、故其學派之命名、亦與「道家」「儒家」等不同耳。」

或曰、「「墨」既非姓、「翟」又非名、何以墨子書中、嘗自稱其爲翟也、何以其弟子稱之爲子墨子也、」曰、「當時人以墨翟呼之、彼亦以墨翟應之、本非姓名也、而已借用爲姓名矣、故自稱之、其弟子稱之亦猶太戈爾至中國、中國人名之曰竺震旦、於是此印度詩人亦自稱姓竺而名震旦矣。」

或曰、「然則墨子之東來也、非先至魯、即先至宋。君以爲孰是。又嘗爲宋大夫、信乎、否乎。」曰、「當先至魯。其一、墨子由海道來、當先至魯。（苟謂由陸道來、則與事實不符。）其二、魯爲當時文化最盛之邦、墨子之東來也、固在傳彼之學、彼之教、而亦欲觀中國之光也。故當先至魯。至於爲宋大夫事、或有之、蓋亦客卿之類、如元之馬哥波羅、明之利馬竇、龍華民也。」

或曰、「道書中之瑯環記、謂墨子姓翟、名烏。其母夢日入懷、而生墨子、故以「烏」名。君於此說、以爲如何。」曰、「道書之言、多神仙怪誕之事、固不可信。然稱墨子姓翟、名烏、在當時或有此事。他人忽之、惟賴道家之說以存耳。烏爲黑色、即墨也。「翟烏」與「墨翟」、不過顚倒其姓名耳。然姓名未有可以顚倒者、以此亦足證明「墨翟」之非眞姓名。至於夢日入懷之說、當然是後人因「烏」字而傅會之也。」

吾於是可得一總結曰。

一、墨翟者「墨狄」也。因面黑或衣黑而稱「墨」，因外國人而稱「狄」。

二、墨翟，印度人也。

三、「兼愛」「節用」，佛學也。

四、「天志」「明鬼」，佛教也。

五、「名學」「因明」也。

六、「無父」，出家也。

七、「摩頂放踵」，禿頭赤足之僧裝也。

八、索盧參，印度字之譯音也。

二　駁墨翟續辨

予既作墨子非印度人論對於胡君懷琛墨子爲印度人辨有所商榷，其後胡君致函知難週報記者加以指正，予亦有書答辯矣。（見知難週報八十七期）惟胡君函中新證，以時間倉卒，未及討論；今見胡君續辨，說明視前函稍詳，故就續辨，略獻所疑；亦有續辨所未有而見於函中者並附著焉。（續辨見東方雜誌二十五卷十六號）

胡君續辨，新證甚多，今仍分爲各組，討論如左：

（甲）墨子與釋迦牟尼之生卒年代

墨子與釋迦生卒年代，其說紛歧，莫衷一是；尤以釋迦爲甚，有相差至數百年者。茲就胡君所認定者爲準，一加批評。

胡君依據梁啓超墨子學案，呂澂印度佛教史略表定墨子與釋迦之年代如後：

墨子生於周定王元年至十年之間；（西紀前468—459）

卒於周安王十二年至二十年之間。（西紀前390—382）

釋迦生於周靈王七年；（西紀前565年）

卒於周敬王三十四年。（西紀前486年）

胡君謂「墨子之生，在釋迦滅度後約二三十年，其至中國（原注，假定如此）當爲釋迦滅度後約六七十年。非不可能之事。」夫墨子既以釋迦滅度後二三十年生，當釋迦滅度後六七十年而至中國；是墨子來中國時已三四十歲矣。然孫仲容墨子年表及墨子傳略並謂墨子見楚惠王獻書，年蓋甫及三十，而與公輸般論鉤拒，止楚攻宋，尚在其前。胡君固深信孫氏之表者也，而此與之衝突，豈墨子尚在印度而佛法廣大，能分身以「語般止戰獻書」耶？若非推翻孫說，則所假定墨子當釋迦滅度後約六七十年來中國，實「不可能之事」矣！

胡君於此必引梁氏之言，謂「獻書當是墨子三四十歲時事，」則亦難圓其說也。孫氏謂墨子當生於周定王之「初年」（非謂元年，）原可伸縮，與梁氏所謂定王元年至十年之間不悖。如墨子生於定王十年，——獻書在惠王五十七年，——則其時止二十七歲；就令墨子生於定王元年，——則惠王五十七年亦止三十七歲，而見公輸般止楚攻宋，梁氏亦列其年之前，謂墨子當在三十歲內外；則胡君謂墨子三四十歲自印度來者，終不可能也。（按余知古渚宮舊事明明繫獻書於惠王五十年，孫氏從之，梁氏亦未言其謬；若無證據而妄改唐人之說，則甚不可。）若謂墨子於釋迦滅度後三四十年即來中國，則墨子止一二十歲；當時佛教是何情形，（是否完全成立，）以予愚陋，頗少稽考；而墨子幼時能否完全承受，亦有可商也。故墨子與釋迦年代問題，以胡君之矛，攻胡君之盾，已覺衝突若此，尚望其更加斟酌也。

至墨子與阿育王之關係，胡君既自謂「牽强附會，」「知不足信，」予亦不必再論。但須注意者，阿育王以國家力量遣使弘布佛教，不聞直接輸入中國；墨子生阿育王遣使前二百年，私人東來，而能成一教派，「言盈天下，」事之奇詭，有如此者乎？若無徵驗，決難置信也！

胡君所列旁證，則止足反證墨子非印度人。何則？現既無墨教碑出土，亦無敦煌「金匱」之墨教經也。唐代景教豈能與墨子事同年而語！馬可波羅史籍失載，向無以爲中國人者，且其「旅行記」又足以證明。墨子事，於印度既無文獻可徵，於中國則氏籍班班可攷，何能與馬可波羅相比？楊老圃攷定唐之「崑崙奴」卽非洲土人，固甚可信。然墨子亦非其比也。以今事例之，滬地富翁雇一印捕，外商用一黑奴，世人可以無須過問。杜威，羅素，杜里舒，太戈爾，來華講學，國人豈有不知者乎？故「崑崙奴」千年無人攷證，而「西天」高僧來此土，則紀載詳明。吾故以所列旁證乃足爲反證也。惟近有一事與墨子是否印度人，可資比較，則蘇曼殊國籍問題是也。（見柳亞子編印之曼殊全集附錄）但曼殊生數歲，卽隨母來粤，又酷好中國文化，後雖出家，仍華化之佛教徒，故曼殊是否日本人，彼自謂「身世有難言之恫，」而吾人至今亦不能斷定。墨子則不然，如胡君言，是彼三四十歲始來華。又去姓削髮，異服，（僧裝，）於重宗法「非先王之法服不敢服，」（趙武靈王胡服，當時有人反對，）「髮膚不敢毀傷，」（後世尚嘲秃奴）之社會中，世人豈不之知？典籍乃反。失。載。耶？可以決無是事也！

胡君所引朱士行經錄，漢武故事，隋書經籍志，皆不足以證墨子爲印度人，自云「錄之姑備一說，」予亦存而不論。

（乙）所謂事實上之證據

胡君所謂事實上之證據，一言以蔽之：則均非事實，不足以爲證據也。試言其故：

（一）胡君最有力之證據，則爲墨子書言火葬。然而非也。夫義渠國雖在秦之西，畢引括地志，孫引周書王會篇孔晁注，後漢書西戎傳，俞引史記秦本紀，疏通證明，以爲在今陝西之西，甘肅慶陽諸縣也，可以灼然無疑矣。若謂渠舊本有作秉者，此乃形似而誤；如爲一地異譯，則「渠」與「秉」無論古今，音相差甚遠，斷難混同，且印度諸邦，雖在古代，尙未聞有義秉之國也。就令退一萬步言之，義渠即印度，更足以證墨子非印度佛教徒。何則？火葬本佛教之制，墨子若爲佛教徒，當然不應反對。節葬篇云：

『今執厚葬久喪者言曰，「厚葬久喪果非聖王之道，夫胡說中國之君子，爲而不已，操而不擇（畢云同釋）哉？」

子墨子曰，「此所謂便其習而義（俞云義猶善也）其俗者也。」

「昔者越之東有輆沐之國者……

「楚之南有炎人之國者……

「秦之西有義渠之國者……然後成爲孝子。此上以爲政，下以爲俗，爲而不已，操而不擇，此豈實仁義之道哉？此所謂便其習而義其俗者也。

『若以此若三國者觀之，則亦猶薄矣；（王：猶，已也，）若以中國之君子觀之，則亦猶厚矣。如彼則大厚，如此則大薄，然則葬埋之有節矣。』

謂火葬爲非「仁義之道，」爲「已薄，」爲「大薄；」且與食長子，棄大母，厚葬，詆爲同類惡俗，是明明反對火葬也。佛教徒應如是乎？

（二）棄大母殺長子之俗，節葬篇以爲在越之東輆沐之國；魯問篇載魯陽文君語墨子，則曰：

「楚之南有啖人之國者橋，其國之長子生，則鮮而食之，謂之「宜弟；」美則以遺其君，君喜則賞其父。」（按橋疑卽國名）

是又以食長子爲橋國之事也。胡君既以秦之西爲印度矣，則此棄大母食長子者，無論「越之東」「楚之南」一方向相反，何以復指爲印度耶？（立東西於地球上本不易，然一人一地則無差異。）且胡君以食長子爲印度風俗，所據者百喻經也。其言曰：

『往昔世時，有婦女人，始有一子，更欲求子。問餘婦女：「誰能使我重有子？」有一老母語此婦言：「

我能使爾求子可得當須祀天。」問老母言：「祀須何物？」老母語言：「殺爾之子，取血祀天，必得多子。』

事出喩經，明爲寓言，猶此土所云「剖腹藏珠」之類也；安得視爲事實！殺子祀天，又與自食而獻君者有別；縱爲事實，亦係「愚人妄舉」（胡君語）烏睹所謂「便其習而義其俗」者耶？當時如有此風俗，則此婦奚待問諸老母？故此事未足以釋輆沭與橋之惡俗也。若以此事奇特，除喩經外更無所聞，則古代嘗用人以祭矣，易牙嘗殺子以食君矣（見管子）宋人嘗「易子而食矣」（見宣公十五年左傳及公羊傳）事更質實，與喩經之譬況不同，何以必附之印度耶。

印度今雖有「撒提」Suttee 之風，然殉者多係無子之少婦，非母或大母也。且撒提猶吾國所謂「死烈」或「殉葬」與「遺棄」不同。節葬篇明言「大父死，負其大母而棄之曰：『鬼妻不可與居處。』」僅言遺棄，則非撒提也。撒提係殉死者之意，如吾國古代遺命以某人爲殉也。輆沭國人以惡死者而并及其妻，故謚曰「鬼」妻而棄之，亦與印俗不同。胡君以中國古代平民社會無殉葬俗，此明言輆沭之國，非言華俗也。且棄大母非殉葬，與中國印度無關，想係當日野蠻民族之風俗，安可以此與印俗牽合，而誣墨子爲印度人？且胡君既以印度爲古代世界文化發源之地，而以食長子與棄大母之惡俗盡歸於彼土，前後矛盾，亦不可解。

(三)說書未必即講經，即使爲講經亦未必墨子效於印度。夫說書無以證其爲講經，安知「說書」二字不與上「談辯」相對，同爲動詞耶？就令書爲名詞，何以知其即爲「宣傳式之講學？」至「公開講演」在戰國時誠有之，然爲道家儒家所行。魯連子曰？

『齊之辯者曰田巴，辯於狙丘而議於稷下，毀五帝，罪三王，一日而服千人。（按似無政府主義者，）有徐劫弟子曰魯連，謂劫曰：「臣願當田子，使不敢復說。」』（此據文選曹子建與楊德祖書李注引。史記正義與此微有不同。曹書原文則爲「田巴……罪三王，呰五霸，……魯連一說使終身杜口。」注又引七略曰：「齊有稷，城門也。齊談說之士期會於稷下者甚衆。」）

若非公開演講，田巴無以「一日而服千人」，魯連亦不能一說而使田巴終身杜口也。史記孟荀列傳「田駢學黃老道德之術。」漢書藝文志道家有田子二十五篇，云名駢，遊稷下。田巴學說與駢相類，亦道家也。魯連則漢志有魯仲連子十四篇，列入儒家。是則道家儒家已有公開演講。胡君以爲宣傳式之講學法，在當時儒家道家均無有，似稍誤矣。田巴雖在墨子後，然學派不同，未必取法墨子，而墨書中除附會「說書」二字，亦無以見公開講演之跡也。故吾以爲講學非墨子效法印度者此也。

(四)墨經中之幾何學，胡君以爲出於印度，亦非事實。胡君之言曰：

『古人於天文學雖有所發明，而與幾何學無關。幾何之不能發明者，因無須乎此也。古代須用幾何學處，至多爲量田之面積，無須乎較深之幾何學。……就情理而言，中國古代生活簡單，日用之器，亦極拙陋，無須乎幾何學可斷言也。』

此皆臆揣之辭，未足以盡當時情實。夫井田割劃，日用器物，或無須幾何學；而須幾何學者乃別有所在也。如胡君之說，印度幾何學之發生，以謹於「鬼事」製造神几耳。中國古代「鬼事」或不如印度之謹，人事一方面所須於幾何學者固甚亟。偉大之建築宮室臺榭如姑蘇章華之屬，運河若吳之邗溝，長城雖世以爲秦皇所築，實繼燕趙之遺烈也。兵器戰具之進步，若雲梯鉤拒之備。玩好之器，如削竹木爲鵲成而飛之，三日不下。（見魯問篇）此皆須幾何學始克成功者也。墨子節用，建築玩好方面固無所賴於幾何學；然以實行非攻，因「善守禦」（史記孟荀列傳）兵器之應用也。且當時幾何學亦必達相當程度，未必爲墨子「憑空發明此理」。公輸般輩之精於製造者，想亦能明其術，惜無書傳世耳。墨經中之幾何學，亦以附七十一篇而幸存。若使單書行世，不隨秦火俱揚，亦與漢志歷譜十八家同盡矣。魯勝曰：「自鄧析至秦時名家者，世有篇籍，率頗難知，後學莫復傳習，於今五百餘歲，遂亡絕。墨辯有上下經，經各有說，凡四篇，與其書衆篇連第，故獨存。」（晉書隱逸傳）以名概形，則幾何學之亡，當亦不少也。胡君不察此理，以幾何學爲墨子一人所擅，而墨子竊諸印度，不亦誣乎？至其引隋志所載諸算書，有來自印度者，乃在中印溝通以後之事，未可與墨經比附也。

(五)胡君以「雞三足」之說，其遠源出於佛書，而用爲墨子來自印度之證，亦「無雞」(稽)可笑也。

按公孫龍「雞三足」之說，的解如何，殊無定論。今人章士釗始依司馬彪所解，(彪云「雞雖兩足，須神而行，故曰三足。」見莊子天下篇注。)演爲論式：

「無雞一足，一雞較無雞多兩足，故一雞三足。」(名學他辨)

此是否與公孫龍原意吻合，未敢質言也。胡君見百喩經索無物喻有某二人語將車人云「與我物來！」答言，「無物。」又復言「與我『無物。』」以此「無物」二字，遂過信章氏之說，與「無雞」二字兩相牽合，彷彿八比文中截搭之法，而證墨子爲印度人。尋胡君所用邏輯法式：

墨子名學中，有公孫龍雞三足之說，

雞三足之說，卽司馬彪所謂須神而行，

須神而行卽章士釗所謂無雞一足，

「無雞」一足似百喩經之與我「無物；」

百喩經出於印度。

故墨子爲印度人。

此如可信，則劉勰所謂「迴犬似人，轉白成黑，」不爲謬誤也。勰之言曰：「專以類推，以此象彼。謂犬似玃，玃似狙，狙似人，則犬似人矣。謂白似緗，緗似黃，黃似朱，朱似紫，紫似紺，紺似黑，則白成黑矣。」（劉勰新論原名。此喻本於呂氏春秋）胡君之論何以異此！

且胡君以施龍之學出於墨子，若引梁啓超胡適之說則可；今引章氏之說則未可。章氏著名墨訾應攷（東方雜誌廿紀念號）以證名墨兩家「倍譎不同，」決非相為「祖述，」（施龍漢志列名家。）惠子言「一尺之棰，日取其半，萬世而不竭；」墨子言「非半勿都，則不動說在端。」章氏謂「兩義相對一立一破，絕未可同年而語。且以辭序徵之，似惠為立而墨為破。」今胡君又以施龍「無雞」之說祖述墨子，而墨子乃竊之印度者，不亦誣乎？

以上所論五事，均就胡君續辨加以商榷；以下試就胡君致知難週報討論墨翟問題書中所舉者，一為評騭。

（六）胡君謂墨子書中多寓言，而寓言來自印度，此亦不然。試就胡君所舉魯問公孟公輸諸篇而論，僅用一二比喻，尚不足稱寓言。其論式用對辯體，頗似梭格拉底之「產婆術」也。凡文學發達至某一境域，各種辭格與體式，自然產生，區區寓言，不必來自印度。胡君以為來自印度之徵者，則彼已於佛書中尋出與莊子韓非子呂氏春秋相同之寓言，在六則以上。夫在寓言佛書如彼之多，在百家亦不勝枚舉，以六則與莊韓呂偶同，而謂墨子及其比喻法均來自印度，是猶見甲乙二人毛髮相似，而斷其高曾必同，無乃太滑稽矣乎？至其舉孟子「宋人有憫其苗之不長者，」而謂戰國前後寓言多流行於宋，以與墨子仕宋牽附。夫墨子是否仕宋尙屬疑問，（胡君亦謂墨子居魯，則於魯影響宜更大。）而寓言稱宋人固不少，而稱他國者亦多，卽以孟子而論齊人一妻一妾，楚大夫欲其子之齊語也，卽言齊楚；其他秦人越人亦莫不有。莊韓之書，亦類是也。胡君若作文說明時，甚望其將孟莊韓呂諸子，國語戰國策諸書中之寓言，一一比輯，較其國別，宋與他國孰多？更與佛書及新舊約伊索寓言天方夜談諸書比勘，較其同異，果古人所謂「東海西海有聖人，此心同，此理同」耶？抑戰國諸子蹈襲於印度耶？然無論如何，墨子書中之「辟」（同譬）「舉也（同他）物而以明之，」（小取篇）惠施所謂「以其所知諭其所不知而使人知之」（說苑）者，尙未可與莊韓諸書中之寓言同日而語也！

（七）胡君以唐大周石刻所用「正」字，與墨經「同長以正」之「正」均作古文「𤴓；」遂曰「後世佛書中多襲用墨子書中字。」單文孤證，遽下斷語；旣違樸學攷據之風，亦乖內籀歸納之法，實事求是者當不爾爾也。說文序曰，「孔子書六經，左丘明述春秋傳，皆以古文。」若使許氏之言可信，後世又不改爲今隸，則「投心正覺」一語，不使仲尼丘明及孔門諸子均變爲印度人耶？大唐刻石以吾淺陋，未窺原文，僅據畢氏所引耳；胡君以爲「佛書，」想無訛誤。但孫氏閒詁云「𤴓亦見唐岱岳觀碑。」岱岳觀碑是否亦爲佛書？若非佛書而爲道家言，然則老子亦來自印度耶？以此推概，其謬自見矣。且佛教初來，譯經多用老莊玄語，「

四十二章」之經。讀之猶道德五千言也。尚不能謂老子來自印度，況一字之偶同乎？以近事爲例，斯賓塞爾之學，與莊子不啻相差天壤矣；然嚴氏譯其所著羣學肄言，謨知接知（物蔽篇）直用南華之語。此視正字書法偶同者已進一步；然則莊子之國籍豈能因此而異乎？

（八）胡君謂晉宋時釋道不分，轉而將墨子混入道書，此尤滑稽可哂者。夫釋教東來，墨氏如爲同種同教之人，當然可以同時光大，且或藉以標榜矣。何至反而混入道書？如爲釋道不分之故，則利馬竇初來，亦嘗服沙門服，自稱沙門矣！唐代景教，此後益爲人所共知；未聞轉而混入「道書」「佛經」「可蘭」中者何耶？至道教之成，遠承燕齊方士之誕說，旁附印度宗教之皮毛，以老莊之非鬼神，破迷信，牽入其中，已嫌不類。墨子明鬼敬天，則有相似者。若謂道墨殊途，墨子苟非由釋氏而轉入道家，無由混合，則遠於事理矣！

（九）胡君讀墨子雜記中所言者二事：曰「墨經中宇宙名稱出於佛書，」曰「墨子書中之棋。」夫「解帶爲城，以牒爲械，」（俞以牒本字當作挾，挾猶箸也。）翟守，般攻，非演習戰守之法，而爲著棋以分勝負；試問當直皖戰爭時，吳佩孚與段祺瑞著棋以決雌雄，果將孰勝孰負耶？胡君可以比類得之矣。此與墨子是否印度人無關，可不深論。其言墨經中宇宙名稱出於佛書，亦殊不然。按宇宙字墨經及經說作「宇久」，管子作「宙合」。（管子雖多後人附益，然宙合篇無從斷其不在墨經前。）宙即久，合則宇也。其言曰，「天地，萬物之橐；宙合有（又）橐天地。」是墨子以前已有表時間空間之宇宙名詞矣。（其詳見知難七十七期雜膾宙合條。）莊子庚桑楚篇「有實而無乎處者，宇也；有長而無乎本剽者，宙也。」注「宙爲古今之長，而古今長無極；宇有四方上下，而上下四方未有窮處。」尸子，淮南子，漢志列雜家，所謂「兼儒墨，合名法」者；其所言宇宙或襲墨經。莊子矯矯頗譏墨氏。庚桑楚之文，豈能謂其竊自墨子耶？且文子及三倉均言上下四方謂之宇，往古來今謂之宙。文子如非僞記，則亦先於墨子矣。要之宇宙之名，皆用引伸之義，久與宙則以一聲之轉而相通叚。（可參閱說文段注劉昶續墨子閒詁）若用本義，則「久爲從後灸之象人兩脛後有距也。（說文語）然則今之用爲「悠久」「遲久」者，亦可謂譯自印度耶？是高誘雖以宙爲棟梁，亦可無疑矣。至易言「乾坤」「古今」，不如「宇宙」之精密，此自進化之理應爾。若問墨子何所需要而忽然想起「久宇」二字，然則道家之管文莊何所需要而想起「宙合」與「宇宙」？予與胡君又何所需要而討論墨子是否爲印度人耶？故謂墨經中久宇名稱出於佛書者，於事於理，均嫌其疏矣。

（十）胡君謂「墨子之非命論，與佛理略同，梁啓超已有是說。墨經之知識論，胡適亦舉以與佛學相比。」遂指爲墨子出於印度之證。亦讕言也。按章太炎論惠施曰「唯識之論不出，而曰萬物無有哉！人且以爲無歸宿」（國故論衡明見）適之隨順其意，曰，「惠施公孫龍諸人，都帶有唯識的意味。」（名學稽古惠施公孫龍之哲學）胡君所謂適之舉以與佛學相比者，當指此也。然唯識論晚出，或以爲非釋迦時所有；惠施之學本與墨子有別，所論各事，又出於天下篇，以此證墨子爲印度人，已顛倒矣。梁氏謂墨子非命論與佛理略同者，其大旨曰：

「其足以爲墨子學說（指非命說）樹一奧援者，則佛之因果說是也。佛說一切器世間有情世間，皆由衆生業力所造。……故一社會今日之果，卽食前此所造之因；一個人前此之因，亦卽今日所受之果。……此佛敎之大概也。故佛敎者有力而無命者也。」（墨學微及墨子學案附錄）

末更以頌聖語結之曰：

「嗚呼！佛其至矣！使墨子而聞佛說也，其大成寧可量耶？」

愚於佛學，雖少探索；然以常識衡之，梁氏之言似猶未嘗佛。佛雖說一切器世間有情世間，由衆生業力所造；而其因果說則將因果關係推之太遠，往往視爲非業力所能左右。亦猶荀子所謂「莊子蔽於天而不知人」耳。烏睹佛敎有力而無命者耶？就事實徵之，中（墨）印兩聖，當時旣有入世出世之殊；而末流之弊，佛爲不痛不癢「食粟而已」之僧尼；墨則成爲敢死之任俠，以匹夫抗暴主大奸，其有力無命，果何如耶？梁氏所論佛墨力命之異同，旣已如此；而嘆墨子不聞佛說，胡君乃云墨子來自印度，其相距乃若天淵矣！

胡君以墨子之學，在中國來源不清，亦多疑之過。夫以墨名家，其爲翟自創可知，（墨子非姓墨說，不可信。）漢志言其出於淸廟之守，誠不盡然也。至墨經中之形學，力學，光學，名學，知識論，墨子固有所發明，實以戰國時代科學發達，加以墨門諸子之綴輯，繼進，始克成茲鉅觀。若謂均墨子一人所發明，或其竊諸印度；然而莊子有進化論，荀子有戡天主義，韓非子有人口論，豈彼三人竊培根達爾文馬爾薩斯？抑三子均為英吉利人耶？達於彼而拘於墨，非固則誣矣。

就以上十事觀之，吾謂胡君所舉，均非事實，不亦信而有徵乎！

（丙）餘論

夫墨子與釋迦年代之衝突如彼，事實之不合又如此；其非印度人可以瞭如指掌矣。此外尚有可商者，墨子書非翟一人自著；施龍之說，尤不能併為一談。印度事跡，古今不同；佛書真偽，亦復雜出。胡君似未注意及此，加以分別也。至欲證墨子為印度人，宜多舉直接事實；若於學說中毛舉細故，吾前曾言之矣：就令可信，僅可謂墨子學說與印度有關，不可謂墨子為印度人；況所舉皆牽強附會者乎？此於方法亦宜審慮也。

第三章　駁墨子爲印度婆羅門教徒說

自民國十八年，胡君懷琛刊布墨子學辨，其書有胡君自印本，未載發行地址，現收入古史研究第二集上冊。其冬予即草墨子學辯商兌一文，以獻所疑，而未發表也。二十四年春，見衞君聚賢古史研究第二集，商務印書館出版亦在證墨子爲印度人者，予乃草墨子果印度或亞剌伯人歟一文，加以商榷。惜其文遺失，乃再草一篇，名曰評古史研究者之墨子國籍觀。茲彙刊於此，則墨子是否婆羅門教徒，庶幾可以判定矣。

一　墨子學辨商兌

自胡君懷琛發表墨翟爲印度人之說以後，予以所疑，與之商榷，亦既詳哉其言之也。胡君雖時賜答辯，或加修正，然仍自信甚堅，最後乃成墨子學辨一書，爲其定說。予本不欲再事曉舌，以費時日，惟胡君云：「此文公布後，以前載東方及中國學術周刊各文均作廢；如有與予討論者，宜根據此文。」所謂此文，即墨子學辨也。其書總結，且謂：「余之希望亦甚有限，只望此問題能成問題而已。」此固胡君謙撝之語，然其望人討論之心，則灼灼明矣。茲以愚昧之見，再就胡君新說一獻其疑，儻亦胡君及學者所樂聞歟！（胡君云：「讀者如願誠懇的精密的討論，余當竭誠歡迎。若夫斷章取義，强詞奪理，或駁其一枝一節，或僅以空言相責者，皆非余所敢領教也。」予之駑鈍，精密與否，不敢自必。至於誠懇，則幾三薰三沐，始敢執筆也。）

胡君此辨文甚繁富，要義則在墨翟爲印度婆羅門教徒，其他皆枝葉也。試擇其要點，衡論如左：

一、以姓名膚色論適足證墨子非婆羅門人

墨子是否婆羅門教徒，於其姓名膚色，當有重大關係。然予就其姓名膚色攷察，適足以證其非婆羅門人也。夫墨非姓之說，倡於江瑔，胡君襲謬承訛，無所發揮。然江氏所列八證，無一是處，予已批駁於前矣。胡君既盲從江氏之說，而於「墨翟」二字，望文生義，則有三種臆說：

(1)墨翟即「貊狄」或「蠻狄」兩字并稱；

(2)因其所着之衣服爲黑色而稱墨翟；

(3)墨翟係指其面目黧黑而言。

岐義之多，游移不定，無如此者。要之如依其說，墨翟本無姓字，只有諢名綽號，以爲標識；墨雖尚質，豈若是之陋乎？江氏之說既不可信；胡君欲認墨非姓，則須別求論證。今姑退十步言之，假定墨非姓，胡君三說，仍均不可通。

夫以衣服偶黑，而稱其人則猶「褐夫」「白衣」之類；用此爲一學者之私名，斷無是理，其謬可一望而知矣。對於不知姓名之外國人，雖或有特種稱謂；「如晉宋時之胡僧，天竺僧人，今日之洋鬼子，外國人，「

然此係類名，尚有其一人之私名，如鳩摩羅什，馬可波羅也。墨子在中國爲一大學者，當時受人尊崇，亦應「名從主人」，豈以「貊狄」「蠻狄」貿然稱之乎？墨子膚色如何，殊難質定。貴義篇雖載日者之言，謂子墨子之色黑，不可以北。然究以形容枯槁而黑之解，其義爲長。即如胡君之說，其膚本作黑色，非關枯槁而然；則更足見墨子非婆羅門教徒也。夫歷史上之印度統治階級，其膚爲白色，本阿利安種Aryan。故有印歐民族之稱。其語言則曰印度歐羅巴語。至其被壓迫之土人，始爲黑色，所謂達羅毗荼族（Dravidiuns）也。此種事蹟，凡閱印度普通史籍者，均能道之；紀載之多，隨在可見。茲錄胡君所舉參攷書中之世界史綱數節於此，以見一斑：

> 梵文史詩所載事跡，與伊里亞特極相似，皆記一種膚白食牛肉之人之故事。此種人來自波斯，至北印度之大平原，侵進印度河，由是而漫布於全印度，征服黑色達羅毗荼人，頗吸收其風俗習尚。——漢譯本上册頁二百六

此戰勝民族色白，戰敗民族色黑之說也。然則婆羅門果黑耶，白耶？威爾斯述「印度之階級」則曰：

> 有謂最初所分階級之前三類，（按指婆羅門，刹帝利，吠舍）乃征服印度之吠陀（Vedic）雅利安人之子孫，此輩設此嚴格之階級分別，以免與被征服之首陀羅及波利安種族混合——頁一七二

又在「瞿曇略傳」中云：

其時印度階級方始萌芽，婆羅門人雖享特權，有勢力，尚未能據階級最上層也。然在彼高貴之雅利

安人與較黑之平民間，其區別已着深痕，若鴻溝之不可越焉——頁三百一

婆羅門人居印度四階級之首，爲白色之戰勝民族，亦已明矣。若墨子色白，尚可勉强比附；如果色黑，則斷非婆羅門敎徒也。今以色黑而認爲婆羅門敎徒，豈胡君習見滬上「紅頭阿三」其色多黑而忘其或爲印度士人乃「非婆羅門敎」乎？於印度史實與現狀，隔膜若此，安能高論墨子是否爲印度人乎？若曰婆羅門人雖色白，墨子不妨稍黑，然則中國民族獨不能有偶黑之學者乎？故以墨子膚色之黑而論，適足證其非婆羅門人也。有此根本謬誤，其論證可以全部推翻。蓋胡君之說，雖甚繁冗，推原究委，無非引伸江氏墨非姓之言而已。

二、墨翟弟子無一爲外國人

胡君從墨翟弟子方面辨證墨子非中國人，則謂禽滑釐疑爲匈奴人，索盧參疑爲月氏人，而隨巢子胡非子等皆不似中國人姓名。胡非隨巢之姓名，其所疑與江氏同，前已論之矣。茲就索盧參與禽滑釐之事略論之：

當胡君第一次發表墨翟爲印度人辨時，關於索盧參則有三語：一曰「索盧參更似譯音；」一曰「索盧參，印度字之譯音也；」一曰「其他如索盧參尤奇。」僅此空言，未列證據。予在拙作墨子非印度人論中

有曰：

『其以索盧參爲印度字譯音，則視索盧參三字「尤奇。」後漢有索盧放，以尙書教授，建武間徵爲洛陽令，徒諫議大夫。（後漢書獨行傳）後秦有索盧曜，往刺符登，爲登所殺。（晉書姚萇載記）然則索盧放索盧曜亦爲印度字譯音，其皆爲印度人歟？』

彼時胡君有書答辨則並放亦疑爲佛教中人。今觀學辨則曰

『索盧參，余初疑其爲印度人，而「索盧參」三字卽印度語譯音。聞者頗不以爲然。及余詳攷之，則以爲是月氏人，比較的爲可信矣。蓋有可注意之點三：

其一，「索盧參」三字連讀，絕不似中國音。……

其二，後秦有索盧曜，見晉書姚萇載記，稱爲敦煌索盧曜云。按，敦煌在嘉峪關外，漢爲月氏地，然則「索盧」二字疑爲月氏語，而索盧參爲月氏人。

其三，漢有索盧放，見後漢書獨行傳。……然則索盧放，其亦婆羅門教徒或佛教徒歟？其索盧參之苗裔歟？

以上第二點尤爲重要，余根據此點疑索盧參爲月氏人。」

按獨行傳明言『索盧放東郡人。』攷東郡爲秦取魏地所置，治濮陽，故衞都也。其地所轄，則今山東河北之

一部而已。若放與參有關係，則可見俱爲中原之人。而呂氏春秋尊師篇所謂『索盧參東方之鉅狡也，』更可明白。胡君舍東漢之索盧放而取後秦之索盧曜，以斷定索盧參爲月氏人，索盧爲月氏語，此種辯證方法，何奇特乃爾。若以胡君之詳攷，而不知放爲東郡人，固「荒天下之大唐，」知之而故顛倒至此，亦「滑天下之大稽」者矣。

胡君以禽滑釐爲匈奴人，其理由如左：

『在匈奴語中有音，史記及漢書均言谷蠡王。谷蠡王當是匈奴官制，與姓名無涉。但其音則相同也。「谷」字顏師古謂應讀作「鹿，」實則「谷鹿」乃一聲之轉耳。「滑釐」之「滑」本應讀「骨，」故禽滑釐列子楊朱篇作「骨釐。」然則「滑釐」「谷蠡」相同。「谷蠡，」既爲匈奴語，「滑釐」亦爲匈奴語，滑釐卽匈奴人。又按：前漢書卷六十六，有劉屈氂，武帝庶兄也。是雖中國人，其名則學匈奴人，當時貴族喜效法外國風俗，宜有此事。』

夫以「滑釐」爲名者，戰國時甚多；墨書中除禽滑釐外，復有駱滑氂，見耕柱篇，此胡君之所知也。魯國有愼滑釐，見孟子告子下篇，胡君豈不之知乃遺而不舉，獨刺取漢代之「谷蠡」「屈氂」繳繞以爲證何耶？「滑釐」二字，本不能定禽子之國籍，若必以爲言，則以與愼子同國，其義爲較勝也！且史記儒林傳言禽滑釐受業子夏之倫，若因弟子以及其師，然則子夏亦外國人耶？

由上所舉言之，故索盧參，禽滑釐俱不能定為外國人。

三、由孟子拒墨反證翟非婆羅門人

胡君從孟子拒墨方面辨證墨子為婆羅門教徒，一曰無父即宗教家無家庭觀念，二曰摩頂即禿頭，放踵為赤足：此亦反戾自陷之說也。胡君若依向者之言，以墨子為佛教徒，則龔江氏之說，謂「無父為去其宗族姓氏，以符兼愛之義，又與釋氏之法同，」尚不大誤。今以墨子為婆羅門教徒，婆羅門者自以為印度最貴之階級，矜其門第以自尊而賤人也。則其為教，正坐有彼家庭觀念，而不去其宗族姓氏耳。與墨子兼愛無父，不亦相去萬里乎？（按法經規定婆羅門人，對於祖先有維持家系之負債，即非無父而矜重門第也。）至「摩頂放踵，」若非喻其犧牲精神，而為「禿頭赤足；」試問與「兼愛利天下」有何關涉乎？如以禿頭赤足，與「拔一毛不為」相對，則孟子之文直可謂不通矣。婆羅門教徒是否赤足，吾不得而知，至拔劍削髮為瞿曇所行，而佛徒從之，婆羅門教徒未嘗禿頭也。按兼愛利天下，佛與墨尚有相類之處；婆羅門教，其義與楊子為我相近，與墨子則風馬牛不相及也，故由孟子拒墨反足以證墨子為非婆羅門人也。

然由孟子書中以反證墨子非外國人者，此外尚往往而有。夫孟子闢異，素重夷夏之分，其告陳相有曰：『吾聞用夏變夷者，未聞變於夷者也。陳良，楚產也，悅周公仲尼之道，北學於中國，北方之學者，未能或之先也，彼所謂豪傑之士也。子之兄弟事之數十年，師死而遂倍之！……今也南蠻鴃舌之人，非先王之道，子倍子之師而學之，亦異於曾子矣。吾聞出於幽谷，遷於喬木者；未聞下喬木而入於幽谷者。魯頌曰：「戎狄是膺，荊舒是懲。」周公方且膺之；子是之學，亦爲不善變矣！』（滕文公篇）

夫許行楚人，孟子以夷夏之見，嚴斥如此。墨子之學，更非孟子所憙，目之以無父，儗之於禽獸，使墨子如爲婆羅門敎徒，又禿頭赤足，孟子豈不之知，知之而不責耶？若謂「既稱爲翟，則已於名字中指爲外國人矣，何必更斥之乎？」然墨子常自稱爲翟，孟子多稱爲墨子，墨氏而稱翟者轉少；豈孟子之斥墨，反不如墨子之自斥耶？嚴於許行而寬於墨翟，斷無是理。故因孟子之拒墨，可以反證墨子非外國人也。

四、學術思想方面亦足證墨子非婆羅門敎徒

胡君證墨子爲印度婆羅門敎徒，其中堅之論據，盡於上舉姓名膚色，弟子國籍，及孟子拒墨之言，然尚虛妄如彼。其他更屬牽强，不值一辯矣。然爲祛惑計，故不憚辭費，一加評騭焉。

關於學術思想方面，胡君分爲哲學，科學，文學，文字四方面，今仍依次述之：

墨經有云：「知，聞，說，親。」經說云：「知，傳受之，聞也。方不㢓，說也。身觀焉，親也。」梁任公墨經校釋舉例解說，偶有與所傳尼乾子經同者，遂謂墨經知識論出於尼乾子經。夫梁氏受印度思想影響之深，無庸諱言。至墨家此種知識論，聞知爲儒家所最重，了無深義。其說知，親知，若依章太炎之解釋，則亦此土舊聞，儒墨所同也。章氏曰：

心能推度曰恕，周以察物曰忠。故夫聞一以知十，舉一隅而以三隅反者，恕之事也。周以察物，舉其徵符，而辨其骨理者，忠之事也。故疏通知遠者恕，文理密察者忠。『身觀焉』忠也，『方不庫』恕也。——

——檢論三，訂孔下

由此觀之，墨家此種知識，豈待竊之尼乾子經乎？其於尼乾子經也，胡君云：

『尼犍子經卽尼乾子經。百論作「乾」，百論疏作「犍」。又謝无量佛學大綱作尼耶夜經，熊十力因明大疏删註作尼耶也，卽此經也。』

按，尼乾子或尼犍子，梵音如Nirgrantha，亦有譯尼健尼虔者，具譯云尼乾陀弗怛羅。尼耶也或尼耶夜，梵音如 Nyaya or Naiyayaka，亦有譯尼那者。兩家人物不同，思想亦異。（梁漱溟印度哲學概論，敍尼耶也派於十七頁，敍尼犍子宗於十九頁。此非僻書，隨處可檢閱者。）胡君比而同之，不知何說也。夫尼乾子與尼耶也之不能分，而欲定墨家與尼乾子之異同，不亦滑稽太甚乎？胡君云，若墨經不出於尼乾子經，則『此種精密之思想，在中國古代，決不能有。卽至今日，中國人之思想，大多數猶是籠統，在彼時能分析得如此清楚，似與事實不合。』誠然，誠然！欲求實證，則胡君分析尼乾子經與尼耶也經，卽籠統之適例也。至其以墨經說覩與百論對照，胡君自知百論之成，在佛滅度後八百餘年；則後於墨子亦約八百年矣，其時中印棣通，何以不言提婆菩薩取墨經以造成之耶？（予非欲如是立論，以近誇大特質胡君耳。）近人多以佛墨互證，則佛墨精神尚有相類處也。若婆羅門教與墨子根本不同，未可比附。——胡君所謂從哲學方面辨證者其謬如此。

胡君謂墨書科學疑出於印度，其證據則不過印度古有科學耳。曰：

「印度科學之發達，自有其相當之原因。若中國則何如哉？中國古代生活簡單，工藝製造甚爲拙陋，無可諱言也。墨子以前，既未有科學，墨子自身亦無所需要忽然發明，殊非事理所宜有，故疑其來自印度也。」

如胡君之說，印度科學之發生，以謹「鬼事，」製造神几耳。中國古代「鬼事」或不如印度之謹，「人事」方面所須於科學者固甚亟。偉大之建築，宮室臺榭如姑蘇章華之屬，運河若吳之邗溝，長城雖世以爲秦皇所築，實繼燕趙之遺烈也。兵器戰具之進步，若雲梯鈎拒之備。玩好之器，若偃師倡人則列子僞書，未可深信；然如削竹木爲鵲，成而飛之，三日不下，則見魯問篇：皆須科學始克成功者也。墨子節用，建築玩好方面固無所賴於科學；然以實行非攻，因「善守禦」則兵器之應用也。且當時科學，亦必達相當程度，未必爲墨子「忽然發明；」公輸般翟之精於製造者，想亦能明其時之科學，惜無書傳世耳。墨經中之科學，亦以附七十一篇而幸存。若使單書行世，不隨秦火俱揚，亦與漢志所著錄者同盡矣。魯勝曰：「自鄧析至秦時名家者，世有篇籍，率頗難知，後學莫復傳習；於今五百餘歲，遂亡絕。墨辯有上下經，經各有說，凡四篇，與其書衆篇連第，故獨存。」（晉書隱逸傳）以名學喻之，則其他科學之亡，當亦不少也。胡君不察此理，以科學爲墨子一人所擅，而墨子竊諸印度不亦誣乎？至其引隋志所載諸算書，有來自印度者，乃謂「墨書幾何學界說尤似出於印度，」殊不知此乃中印溝通以後之事，未可與墨經比附也。——胡君所謂從科學方面辨證者如此。

胡君以墨經橫行，甚爲奇特，疑與印度有關。按所謂『讀此書旁行』者，亦猶表譜之『旁行斜上』也。本古代所常有，特非後世帖括之士所習耳，不足爲異！又以兼愛非攻等長篇論說文，非春秋時所宜有。夫墨子生長於戰國初年，兼愛非攻等篇，又非翟所自著，乃門弟子述其言論，誰謂春秋時所宜有耶？又以尚賢上篇『闔其自入』四字絕似後世佛經中語。按闔其自入，在普通文句則宜作『闔其所自入，』與論語『視其所以』句法相同，但省略關係代名詞耳。此不知作者以其意易曉，故爲沙汰；抑係後世轉寫奪之？然無關宏恉也。若即以此四字謂文句結構，與後世佛經中文法相似，豈佛經中不用關係代名詞『所』字耶？其謂「中國寓言始於墨，墨子寓言出於印度，」繁徵博引，此胡君精心結撰之處也。何以知其然？胡君曰：

『一則中國之寓言以墨子爲最早，二則中國之寓言以宋爲出發地，而漸及於他國，以宋爲出發地者，因墨子嘗仕宋故也。何謂以宋爲出發地？蓋諸子寓言中假託之人，以宋人爲多。……此等寓言，或爲諸子引用流傳之故事，則其故事必產生於宋；或爲諸子所自造，亦必以宋地此類故事最多，故雖自造亦必託名宋人也。然則謂中國寓言發源於宋國，宋國寓言出於墨子，誰曰不宜。』

夫墨書中雖有寓言，不如孟莊韓諸子之善；後來居上，此進化之理則然，不必爲墨子病；胡君以此爲墨子誇，更可不必也。至謂寓言以宋爲出發地，則更相反，諸子寓言以宋人爲題材者，則十九爲愚癡一面，如胡君所舉孟子「宋人有閔其苗之不長者，」韓非子「宋有富人天雨牆壞，」又，「宋之愚人得燕石於梧台之東，」又「宋人有酤酒者，」又，「宋人有耕田者：」即可見也。若爲宋人自作，豈如此自嘲乎？且以稱「宋人」而言，更知其非宋人自作。孟莊韓三子，鄒楚韓籍也，（莊子，蒙人。或以爲屬魏，劉向以爲宋人，然其精神與楚相類，或疑其爲楚人）其寓言從無稱鄒楚韓人者；莊子稱其本國人則曰『郢人』有堊漫其鼻端而不泛言楚也。今曰宋人，其爲宋以外之人所造，不更明白矣乎？至何以多稱宋人，此理甚複雜，或宋爲殷後，乃戰敗民族，故受此嘲弄歟？墨子仕宋爲大夫，雖見於史記，是否可信，亦殊難言。是則寓言非以宋爲發源地而與墨子更無涉。則中國寓言始於墨，已不可信。中國寓言與印度寓言，雖稍有相似處；胡君自謂『墨子寓言未能指明某則出於印度某則，』是所謂墨子寓言出於印度，已自破之矣！

胡君從文字方面攷證，則曰後世佛書有襲用墨子書中字者。佛書與婆羅門書教義不同，未可併爲一談也。且其所舉四字，亓字固見於唐大周石刻，然亦見於唐岱岳觀碑，若大周石刻爲佛氏語，而岱岳觀碑則道家語矣。至謂後世佛書中超度之「度，」卽本於墨書中「仁者之爲天下度也，」「孝子之爲親度也」之「度；」若非胡君深通詁訓「與衆不同，」不能有此發明！……胡君所謂從文學與文字方面辨證者，如是而已。

由上列哲學，科學，文學，文字各方面觀之，則胡君所舉又無一不妄，而必强辭附會，不知何爲而然也。

五、宗教，風俗，器物各方面證墨子非印度人

胡君由宗教，風俗，器物，各方面證墨子爲印度婆羅門教者，以予觀之，均適得其反。試述如左：

從宗教方面辨證墨子爲印度婆羅門教徒，胡君未嘗舉一直接論證，僅言墨翟弟子有犧牲精神與婆羅門教之苦行相同耳。夫墨翟「弟子服役者百八十人，可使赴火蹈刃，死不旋踵（淮南子語）」者，胡君所謂「皆抱舍身救世之志」也。與誦尼乾子經則投淵赴火以求解脫，出於自私自利之心者，根本不同。是則苦行雖有萬一相類之處，而動機絕對相反，胡君乃欲牽合，謂墨子爲婆羅門教，不亦傎乎？至天志明鬼之說，乃中國天道鬼神之舊觀念，其思想視儒家尙爲落後，此社會淺化者所常然，更不必出自印度也。鉅子制度，後世禪宗衣缽相傳雖有類似處，而婆羅門教未聞有此也。若謂禪宗學之於墨，尙可勉强附會，今謂墨子出於婆羅門教則甚戾矣！墨子有役使鬼神匿形幻化等術，則後世神仙家所攀附也。按漢志諸子略有道墨等家，方技略則有神仙家。神仙家於道家則攀附老子，使破除鬼神之說者化爲今日民間所信奉之「太上老君；」況墨子本信鬼神，其攀附之也更宜。而其種種匿形幻化之怪說，非必印度所獨有，凡淺化之宗教術士，各社會間均有之也。——故以宗教方面言，墨子非出婆羅門教。

從風俗方面辨證者，如以耕柱篇「能說書者說書」謂即佛教之「講經；」一望而知其妄，可不必辨。

節葬篇所言輆沐國俗，謂卽今緬甸風俗，與墨子是否婆羅門敎徒無關，置之不論可也。其言火葬與早婚之俗，則胡君所舉更足證墨子非婆羅門敎徒也。節葬下云：「秦之西有義渠之國者，其親戚死，聚柴薪而焚之。」此言火葬，固不待言。然言秦之西，則以方位論，乃非印度，畢沅以爲義渠戎國之地，在今甘肅省，則甚當也。此其一。胡君謂義渠無火葬之俗，所據者前漢書匈奴傳、後漢書西羌傳也。此自兩漢書之偶略，非義渠無火葬也。荀子大略篇云：『氐羌之虜也，不憂其係壘也，而憂其不焚也。』呂氏春秋則曰：『憂其死而不焚。』此所指卽義渠等俗也。胡君謂義渠無火葬，則疏矣。此其二。胡君謂墨子能知義渠之俗，亦可爲其非中國人之證；此則大可駭者。夫墨子由印度至中國，成一大學者，既認爲事實，而明瞭中國境內今甘肅省之義渠風俗，則無從得聞，有是理乎？此其三。且節葬篇原文云：

秦之西，有義渠之國者，其親戚死，聚柴薪而焚之，燻上謂之登遐，然後成爲孝子。……此豈實仁義之道哉？此所謂便其習而義其俗者也。若以此……觀之，則猶薄矣；若中國之君子觀之，則亦猶厚矣。如彼則大厚，如此則大薄，然則葬埋之有節矣。

謂火葬爲非「仁義之道」，爲「已薄」，爲「大薄」；且與輆沐炎人之食長子，棄大母，冎親戚之肉者，詆爲同類惡俗，是明明反對火葬也，豈印度婆羅門敎徒所爲乎？予向爲此說，胡君答之曰：「此墨翟爲中國人言也。例如墨子節用非樂，然其見荊王也，則錦衣，吹笙，因也。（見呂氏春秋貴因篇）其不贊成火葬，亦由是也。」

曰：不然。夫錦衣吹笙，以見荆王，是否有此，尚不可知；然書中節用非樂之義，固如故也。若因見中土厚葬而反對火葬；並箸於書中，以達平日之所主張，此「曲學阿世」者所爲，而謂墨子爲之乎？此其四。有此四點，故火葬如非印度之俗，則與墨子是否印度人無關；火葬卽曲解爲印度之俗，更足證墨子爲非印度人也。早婚之俗，則見於節用篇。其言曰：「昔者聖王爲法，曰：丈夫年二十，無敢不處家；女子年十五，無敢不事人。」此亦中國春秋以來之陋俗，不必認爲印度始有之也。國語越語云：

令壯者無取老婦，令老者無取壯妻。

女子十七不嫁，其父母有罪。丈夫二十不娶，其父母有罪。

是越王句踐提倡早婚之俗，已在墨子之前。韓非子外儲說右下，則言齊桓公

令男子年二十而室，女年十五而嫁，則內無怨女，外無曠夫。

是齊桓公之提倡早婚更在句踐之前矣。墨子「託古改制」，謂曰昔者聖王爲法，雖與儒家三十而娶二十而嫁之所謂周制相出入，未必毫無所本也。胡君附會爲印度早婚之俗，予已言其與佛家宗旨相違矣。今以婆羅門教而論，則更足證墨子爲非印度婆羅門教徒。蓋胡君徒知印度有早婚之俗，而不知婆羅門教徒，不獨非早婚，實可謂特殊之晚婚也。俱舍光記曰：

婆羅門法，至年四十，恐家嗣斷絕，歸家娶妻，生子繼嗣。（佛學大辭典引。）

「墨子所謂無不敢云云，是至遲之限度，其早者可以男子十五六而娶，女子十二三而嫁。」胡君此種解釋，原甚謬。當然與婆羅門法所謂至年四十始歸家娶妻者，何相去之遠乎？豈以墨子之力行，而故亂印度婆羅門教之清規耶？——故以風俗方面言，墨子非出婆羅門教。

從器物方面辨證者，有「轒轀」，有「答」，言爲匈奴物；有「鼜」，謂與今雲南出土之銅鼓相同。卽使其說可信，亦與墨子是否印度人無關，況牽强附會耶？有「蠡」，謂「於印度俗爲近」；有「瑇瑁」，言「熱帶深海中產物，非中國所宜有。」按瑇瑁見太平御覽引墨子佚文，畢沅以來，均不之信，疑爲御覽誤引。而瑇瑁又非印度海中特產，可以不論。然胡君於墨書中器物，疏證殊疏，如備城門篇云：

五步一罌，盛水有奚，奚蠡大容一斗。

胡君釋之曰「說文缶部，罌，缶也。余按，此字从兩貝，是以大貝殼爲缶也。」然說文明明定罌爲形聲字，則取其聲，胡君能通六書，不應如是疏陋。果如其說，則「譻」「嬰」「鸎」三字何以亦有二貝耶？欲曲解僞證，不免心勞日拙矣。且備穴篇明明云：

令陶者爲罌，容四十斗以上，固幎之，以薄鞈革置井中，使聰耳者伏罌而聽之，審知穴之所在，鑿穴迎之。

罌既陶者所爲，且容四十斗以上，豈能用大貝殼耶？胡君且用此爲根據，謂奚蠡爲大蠡，曰「參觀上文罌字，可以互證」也。至蠡爲螺，固不待言；然是否借字，則不可知。卽如胡君言：「非濱大海，亦無從得此大螺殼。」又曰：「此種大螺產於熱帶深海中。」然中國非濱大海耶？中國南方非有熱帶深海耶？故以器物言，亦知墨子非印度人也。

六、墨學之源流無關於印度

胡君所涉及之問題，除以上所述者，尚有墨學在中國之源流，年代與中印交通三事。既於墨子爲佛教徒，自加修正，年代已不成問題。中印交通，雖僅言秦始皇時佛教已入中國，未證明周時交通情形，然亦不必再加討論。蓋其時中印交通爲一事，墨子是否印度婆羅門教徒又爲一事也。茲但論墨學源流問題如左：

墨學之淵源，出於禹與淸廟之守二說，均不可信，胡君之言與予亦同。但胡君曰：

『若謂墨學中非古之所有者，均爲墨翟發明，理由亦不充足。蓋一人發明一二事，原不爲奇，若墨翟以一人發明許多事，殊非事實所宜有。墨翟何以能以一人兼爲哲學家，科學家，宗教家，文學家，軍事家乎？故墨學在中國之源不淸』

夫墨子之宗教，在天志明鬼；其天道鬼神觀念，本爲舊說，最稱卑劣，胡君雖號之爲宗教家，未足卲也。墨子書本非翟所自著，於諸子中最爲質樸，時傷複沓，楚王所謂「其言多而不辯」也。（見韓非子外儲說左上篇）胡君稱之爲文學家，亦嫌溢美。惟以「非攻」而善守禦，軍事或其所長，然備城門以下諸篇所載，未必均出於翟手，如號令雜守篇等，可以決其爲僞作也。哲學科學萃於經與經說上下及大小取六篇，其中言論，蓋翟粗引其端，而爲其弟子及後學所發揮光大也。此理胡君亦自知之，如云「墨子書係出於墨子弟子之記錄」（學辨頁八十三）今忽疑以一人發明許多事，以一人兼爲哲學家，科學家……將墨子書中之學術盡歸於翟一人，不亦前後矛盾乎？墨子書中所有思想，雖同一問題而稍有不同；此可證其逐漸進步，而非一人驟然發明。即於古昔一事，而態度前後互異，有託古，變古之殊。故所謂三表，有「上本之於古者聖王之事。」（非命上中下三篇均有此類語。）而任舉一義，必曰「古者，」或「昔者聖王爲法，」其例之繁，誠不勝枚舉；此皆託古也。其在公孟篇則墨子之見稍進矣；至非儒經下諸篇，則墨家後學，勇於變古，非復其師當日之態度矣。（非儒與經均無「子墨子曰，」以出墨家後學爲近。畢沅梁啓超之說，不可信。）試錄其言於此：

> 公孟子曰：「君子必古言服然後仁。」子墨子曰：「昔者商王紂卿士費仲，爲天下之暴人；箕子，微子，爲天下之聖人；此同言而或仁不仁也。周公旦爲天下之聖人，關叔爲天下之暴人；此同服或仁或不仁。然則不在古服與古言矣。且子法周而未法夏也，子之古非古也！」——公孟篇

此雖疑古，猶藉更古之夏以抑周，其託古之用心，尚在也。至經下則不然，已反對復古思想，如：

> 經——推其所然者於未然者，說在推之。
>
> 說——推堯善治，自今推諸古也。自古推之今，則堯不能治也。（此從梁氏校釋。又「堯之義也，生於今而處於古，而異時，說在所義。」與此亦

相類。

非儒篇則更痛快如：

儒者曰：「君子必古服古言然後仁。」應之曰：「所謂古者，皆嘗新矣。而古人服之，則非君子也。然則必法非君子之服，言非君子之言，而後仁乎？」（又駁「君子循而不作、」論鋒亦與此相類。）

此種變古思想，豈當日所能有乎？知墨學之逐漸進步而成今日所傳之墨子書，則其淵源明矣。

至墨學之衰微，其原因複雜，外來之反對，有政客法家（韓非子及管子中均有攻擊墨家之語，管仲雖生於翟前，其書多戰國時法家言）及君主，而孟子乃一部分也。尤在其自身之腐敗，分裂，爲致命傷。此理甚長，當別爲專篇討論。（注）若如胡君言，係婆羅門教之故；何以佛學起於印度，婆羅門教猶盛，而佛教在印度反微；一入中國，遂能汲收中國之婆羅門教（墨學）耶？且佛學未盛於中國，而墨學在楚漢之際已微，尚待佛教之汲收耶？如非另有原因，此皆必不可通者也。（註）予所作墨學之勃興及其衰亡，即說明此理，今散入上卷第六第九各章內。

故以墨學源流言，與印度更無關係！

七、結論

胡君謂如認墨子爲中國人，則有八問題不易解決，即思想，文體，學術之源與流，書中言外國風俗及外國器物，國籍，姓名也。吾今已爲之釋其疑而破其妄矣。不知胡君之意果以爲如何也？如認墨翟爲印度人，胡君亦舉出四問題，卽：春秋時佛教是否已傳播至他國？春秋時中印是否能交通？墨子書中何以多言中國事？墨翟爲外國人，何以不見於中國記載？是也。按佛教爲一事，婆羅門教又爲一事，佛教之傳播與否，已不成問題。中印交通爲一事，墨子是否爲印度人又爲一事；卽使胡君能證明春秋時中印能交通，墨子之印度人尚不能定也，況胡君自謂：「春秋時中印能交通無確證」耶？茲亦不再討論。惟第三項則墨子書中不獨多言中國事；且絕不言及印度事，此何故耶？胡君雖舉出數項，附會之以爲印度事，然實非印度事也。（其說均見前數節所論。）墨書中言中國事，則曰「皆弟子輩所加入」，然則墨書之眞面目果如何？胡君能舉以相告耶？此可疑者一也。墨翟爲外國人，不獨不見於中國記載，卽如馬可波羅之見於外國記載者，亦無之也。安可「嚮壁虛造」「鑿孔栽鬚」以爲印度人耶？此可疑者二也。

尙有更可疑者：以思想言，墨子最重平等。荀子所謂「墨子有見於齊，無見於畸」也（天論篇）又曰：「上功用大儉約而僈差等，曾不足以容辨異縣君臣……是墨翟宋鈃也。」（非十二子篇）皆言其平等的精神。然而婆羅門教則最重階級，其階級思想之深，雖謂爲世界之冠，亦無不可也。墨子最重利他，孟子所謂「墨子兼愛，摩頂放踵，利天下爲之」也。卽在墨家亦自謂：「任，士損己而益所爲也。」（經上）釋之者曰：「任，爲身之所惡，以成人之所急。」（經說上）均能表示其犧牲精神。然而婆羅門教所重者利己主義也。國可亡，種可滅，而仍自視爲天之驕子，不與其他階級相往來；墨家豈有此乎？若曰橘逾淮爲枳，在印度之婆羅門教如彼；在中土之婆羅門教不妨如此。況耶教腐敗而馬丁路得興，墨子亦可爲婆羅門教之馬丁路得也。然墨子有云：

「凡入國必擇務而從事焉。國家昏亂，則語之尙賢尙同。國家貧，則語之節用節葬。國家憙音湛湎，則語之非樂非命。國家淫僻無禮，則語之尊天事鬼，國家務奪侵淩，則語之兼愛非攻。故曰：擇務而從事焉。」——魯問篇

今墨子以平等利他之教，不於階級最嚴，利己最甚之本土倡之；而遠適此階級不甚嚴，利己說較淺之國家，强聒不已，以自苦爲極，所謂入國必擇務而從事者，固若此乎？此墨學與婆羅門教根本不同者也。

由以上諸事觀之，故墨子決非印度婆羅門教徒，

二 評古史研究者之墨子國籍觀

有曰：

衞聚賢君之古史研究第二集，乃以『先秦時代中印文化溝通的探討』爲職志者；其所作墨子小傳

墨子舊以爲姓墨名翟，魯人或宋人，均非。……宋魯爲其所居處地，非其產生地，產生地究爲印度或亞剌伯，亦不易定。

墨子究爲印度或亞剌伯人，雖云「亦不易定，」但其所作小傳及墨子引書考與墨子各篇的作期及其派別諸文均認墨子爲印度婆羅門敎徒者也。夫先秦時代中印文化已有溝通，此絕無問題者，除衞君所舉，予亦能舉多端以資例證。惟墨子非印度人，予亦幾經詳攷，有以知其確無可疑。用敢略陳其愚，尚望衞君一垂察焉。

衞君中堅之言，在於小傳，小傳所以證墨子爲印度人者，一在身體，一在墨子生平及其學術。然觀其所列證據，均出附會，試逐一論之，其謬自見矣。

一，皮膚黑色。其言曰：

墨子貴義云『子墨子北之齊，遇日者。日者曰「今日帝殺黑龍於北方，而先生之色黑，不可以北。」墨子不聽，遂北至淄水不遂而返。』……備梯言禽滑釐是『面目黧黑。』

墨子之色黑，既與禽滑釐之面目黧黑爲一類，然黧黑者固古人所常有，如戰國策秦策言蘇秦『形容枯槁，面目黧黑。』淮南子脩務訓言『舜黴黑，』又云『申包胥羸糧跣足，跋涉谷行，面若死灰，顏色黴黑：』均墨子色黑之類也。且禽滑釐初受學於子夏，見史記儒林傳，其非印度人可知，謂爲外國人者，固絕無根據之妄說也。禽滑釐面目黧黑而爲中國人，墨子之色黑，何以卽爲印度人耶？

且印度人膚色亦不同，土著之達羅毗荼人(Dravidiums)色黑，而文化程度甚低劣；後來侵入之種族

(Arya)雅利安，膚色固甚白者。雖以久居熱帶，膚色漸黑，究與其土人有別；在戰國時代，則視現在之婆羅門人，想更白也。今衛君以墨子色黑而斷爲印度人，不知視爲達羅毗荼人歟？抑雅利安人歟？如視爲雅利安人，則已矛盾而不可通矣。（衛君言『雅利安於西元前二〇〇〇年左右至印度，』則迨戰國時，其年尙無戰國至現在之久。且初至時則居留於印度河恆河兩流域，其地較溫和。後始越頻闍耶山，達德干高原而至錫蘭。故其時之雅利安人，必較現在爲白皙。）

二、高鼻。衛君以公孟篇有人名跌鼻，因曰：

『跌鼻』亦卽低鼻。按世界人種，中國人爲低鼻，雅利安人爲高鼻，而高鼻人對於低鼻人則稱爲『無鼻人』。……墨子稱中國人爲跌鼻，則墨子爲高鼻可知。

按墨子公孟篇與跌鼻之語相連者尙有一節，今錄於此，最足以資比較。其言略曰：

有游於子墨子之門者，謂子墨子曰：「先生以鬼神爲明知，能爲人禍福哉，爲善者富之，爲暴者禍之。今吾事先生久矣，而福不至；意者先生之言有不善乎？鬼神不明乎？我何故不得福也？」……

其人對於鬼神不甚相信，固跌鼻之類也。跌鼻之言則曰：

子墨子有疾，跌鼻進而問曰：「先生以鬼神爲明，能爲禍福；爲善者賞之，爲不善者罰之。今先生聖人也，何故有疾？意者先生之言有不善乎？鬼神不明知乎？」……

此兩事縱不謂一人之言而記載有異，其同爲中國人可無疑也。若跌鼻非一人之姓名或別號，而泛指中國人，則上節何以不稱跌鼻？書中又何以不稱「有跌鼻」或「跌鼻人」？又何以在墨子書中僅此一見？此皆宜探討者也。且吾人卽使安於見劓，自承「無鼻」（跌鼻）而墨子亦非卽高鼻也。假如今有一無鼻人進而與衞君討論學問，彼固跌鼻也。衞君豈卽金髮碧眼之高鼻人耶？以跌鼻一名，坐定墨子爲高鼻，未免輕斷矣。（按梨俱吠陀(Rgveda)神話中，言有大沙(Dasa)或大斯尤(Dasyu)爲黑色無鼻之半惡魔，說者謂卽指其先住民族也。是婆羅門人應爲白色高鼻。衞君以墨子黑色而高鼻，縱加附會，亦與古書不密合。（此梨俱吠陀之說乃據高觀廬譯印度哲學宗敎史轉引。）

三，禿頭而髮不黑。孟子盡心上「墨子兼愛，摩頂放踵，利天下爲之，」衞君本此而爲言曰：

摩頂卽突頂，突頂卽禿頂，禿頂卽禿頭。文選答賓戲班固云「墨突不黔」，黔爲黑色，是墨子非黑色髮人，當爲黃色髮人。

按班固答賓戲云：「聖哲之治，棲棲遑遑，孔席不暖，墨突不黔。」乃以叶韻關係，如是云云。其實在班固前，淮南子修務訓則云「孔子無黔突，墨子無暖席。」（據淮南鴻烈集解本）高誘注：「黔言其竈突不至於黑，坐席不至於溫，歷行諸國，汲汲於行道也。」淸儒莊逵吉云：「突音深，俗本作突，字誤。」是此字是否爲突，尚有問題也。茲姑假定爲突，亦竈突而非頭禿也。就令退萬步而假定爲頭禿，則依文子自然篇及淮南王書，突頭而髮不黑者，乃孔子而非墨子；是孔子乃印度人，而墨子非印度人也。衞君於文子淮南既取其「墨子無煖席，」以證墨家「自苦爲極」」此則僅下取班固而加以曲解，何其虛搆與自陷，一至此耶？

四，赤足，其證據則以墨子止楚攻宋，自魯至郢，有「裂裳裹足」一語。衞君乃曰：

墨子因跑路太多，脚跑傷了，因裂裳裹之。可知墨子平日不穿鞋，至跑路脚傷，無鞋可穿，而用裳裹。

按「裂裳裹足」乃形容之語，易涉夸飾，墨子公輸篇原文無之，最得其實，而無盈辭也。昔孫惠有云：『竊慕墨翟申包之誠，跋涉荆棘，重繭而至。』（晉書卷七十一）故欲得此事眞相，宜將申包胥請秦救楚一事，加以比較研究。

按申包胥請秦救楚，左傳僅言『申包胥如秦乞師。』（定公四年）史記亦僅云『申包胥走秦告急，求救於秦』（伍子胥列傳）耳。然後漢書郅惲傳『裹足而去，』李賢注云：『史記曰，「吳兵入郢，申包胥走秦求救，晝夜馳驅，足腫蹠盭，裂裳裹足，鵠立秦庭。」』而史記實無『裂裳裹足』之語也。惟吳越春秋有曰：『申包胥……之於秦求救楚，晝馳夜趨，足踵蹠劈，裂裳裹足，鶴倚哭於秦庭，七日七夜，口不絕聲。』（闔閭內傳）或以吳越春秋爲史記歟？墨子止楚攻宋，公輸篇僅云『起於魯，行十日十夜而至於郢。』宋策亦僅云『百舍重繭往見公輸般。』最爲得實。至呂氏春秋愛類篇始有『裂裳裹足』一語，而淮南修務訓亦然。世說新語文學篇注，及文選廣絕交論注，引墨子均有『裂裳裹足』一語者，乃誤據呂覽，淮南以爲墨子，亦猶後漢書注，誤據吳越春秋以爲史記也。知公輸篇本無「裂裳裹足」一語，則「赤足」之說已不能成立。若謂他書言其「裂裳裹足，」因斷定墨子平日不穿鞋，然則申包胥亦平日不穿鞋耶？亦印度人耶？故赤足而爲印度人之說實謬言也。

以上四事乃就墨子身體方面爲言者，或矛盾，或虛妄，無一不謬，則墨子之非印度人已可確定矣。其他各事本可不論，但爲杜閱者之疑難，則仍申論之：

衛君於墨子行事及學術思想證其爲印度人者，在小傳中則一曰南方的非中國人。其所以認爲南方的非中國人者，則引墨子貴義篇二則，曰：

子墨子北之齊，遇日者。日者曰「帝以今日殺黑龍於北方，而先生之色黑，不可以北。」子墨子不聽，遂北至淄水不遂而返焉。日者曰「我謂先生不可以北。」子墨子曰「南之人不得北，北之人不得南，其色有黑者，有白者，何故皆不遂也？」

子墨子南遊於楚，見楚獻惠王。獻惠王以老辭，使穆賀見子墨子。子墨子說穆賀，穆賀大說，謂子墨子曰「子之言則誠善矣！而君王天下之大王也，毋乃曰『賤人之所爲』而不用乎？」……

以衛君所引墨子書觀之，既曰「北之齊」而「南遊於楚，」則墨子之生地乃在齊之南，楚之北，則現在攷定爲魯人固無可疑；而曰南方的非中國人，不亦與所引自相衝突乎？

衛君於論膚色時，亦引子墨子北之齊一節而曰：

中國的人看見了墨子，由驚訝而懷疑，由懷疑而謀殺害。據此，可知顏色特別黑，非中國人所應有。但觀墨子明云「南之人不得北，北之人不得南，其色有黑者，有白者，何故皆不遂?」則當時實以淄水發生變故，交通斷絕，無論人之黑者白者，南不得北，北不得南，其非對於墨子個人因其色黑而加以殺害，已可見矣。今於此下，則曰：

「南之人……黑，」而『北之人……白』是以南方為黑人，北方為白人。……墨子為南方的黑色人種，當在中國現在的領土以外，非猶太人，卽印度的雅利安人。

按貴義篇所謂南北，乃淄水之南北，南之人，北之人，明說其色有黑者，有白者。今乃曰「南之人黑，北之人白，」且移其南而極於現在的中國領土以外，而認為猶太人或印度人，此種『無方分』的飛躍態度，巧妙太甚，誠非淺陋如予者所能了解矣。

至穆賀稱墨子為賤人，賤人卽平民也。戰國時平民雖可為官，乃躋於貴族之地位，為王侯服役耳。其始終以平民立場而有組織，有計劃，為平民謀利益者，則墨子一派也。衛君謂：

按古代巴比侖希臘印度對待外國人與奴隸一樣，故墨子非中國人，中國人以其為賤人，此則先已坐定墨子為外國人，而有此附會也。

二曰其籍貫距中國甚遠。衛君云：

墨子尚賢上『今上舉義不辟遠，然則我不可不爲義。逮至遠鄙郊外之臣……四鄙之萌人，聞之皆競爲義。』中國在墨子時用人固打破國界，但遠鄙郊外，不惟非其本國，恐指中國以外很遠之地。至『萌人』一切經音義云『萌，古文氓同。』氓非本國人，如孟子言許行自楚至滕，告滕文公願爲氓。是墨子爲中國以外很遠國的人。

此其證據之全文也。所當討論者：一爲遠鄙郊外。按爾雅釋地：

邑外謂之郊，郊外謂之牧，牧外謂之野，野外謂之林，林外謂之坰。

則郊外之地，固甚近也。周禮載師有近郊，遠郊。杜子春注云，『五十里爲近郊，百里爲遠郊。』即其明徵。鄙則國語齊語有『參其國而伍其鄙。』韋昭注云『鄙，郊以外也。』即曰『遠鄙，』亦猶載師所謂『遠郊』耳。衞君謂『遠鄙郊外，不惟非其本國，恐指中國以外很遠之地，』毋乃離事實太遠乎？

至萌人之萌，乃氓或民之假音，不成問題。史記三王世家：「加以姦巧邊萌，」索隱：「萌一作甿。」甿即氓也。文選上林賦「以贍萌隸」注引韋昭說「萌，民也。」長楊賦「遐萌爲之不安，」注引韋昭說亦同。漢書霍去病傳「及厭衆萌，」注「萌字與甿同。」此皆可證萌與氓同。衞君獨取慧琳一切經音義，豈以其與印度有關歟？至氓即民，如不加以限制，則爲本國人。如詩衞風「氓之蚩蚩，」毛傳『氓，民也。』即如孟子中，公孫丑上「皆悅而願爲之氓矣，」萬章下「君之於氓也，」趙注皆云「氓，民也。」衞君獨取許行願爲氓，而武斷曰岷非本國人，墨子爲中國以外很遠國的人，斷章取句，望文生義，直無從索解也。

且墨子僅勸國君尙賢，而非自爲解嘲。原文云：

逮至遠鄙郊外之臣，門庭庶子，國中之衆，四鄙之萌人。

是則其遠近親疏，層遞可見。乃因此而曲解爲「籍貫距中國甚遠，」其牽强殊甚也。（按呂覽高義篇、墨子言「比於『賓』萌、」賓萌可說是外國人，但此乃對越而言，更可以證其爲魯人、不得云距中國甚遠也。）

三曰，在中國曾用翻譯。衞君引經下云『通意後對。』因謂『通卽其翻譯。』按通是否卽翻譯，尙難斷定。姑假定爲翻譯，亦不足證墨子爲印度人。蓋古代交通阻塞，語言複雜，故治春秋者有魯語齊語之分。周鄭同在河南境內，文化相同，然秦策云：

鄭人謂玉未理者璞，周人謂鼠未臘者璞。周人懷璞過鄭賈曰，『欲買璞乎？』『鄭賈曰，『欲之，出其璞乃鼠也。』因謝不取。（按亦見尹文子及漢書應奉傳）

是周鄭之語亦不相同也。至楚越雖同在長江流城，言語隔閡，非通譯無以相喻。如說苑善說篇載越人之事云：

鄂君子晳之泛舟於新波之中也，……越人擁楫而歌，歌辭曰：

「濫兮抃草濫予昌枑澤予昌州州𩜱州焉乎秦胥胥縵予乎昭澶秦踰滲惿隨河湖」按此歌不能

句讀

鄂君子晳曰：「吾不知越歌，子試爲我楚說之。」於是乃召越譯，乃楚說之曰：

今夕何夕兮，搴洲中流。今日何日兮，得與王子同舟。蒙羞被好兮，不訾詬恥。心幾煩而不絕兮，得知王子。山有木兮木有枝，心說君兮君不知。

於是鄂君子晳乃揄修袂，行而擁之，舉繡被而覆之。

越人之歌，不經翻譯，無由明瞭其義，相差如是之甚，殊出人意表也。是戰國時代，雖在今中國境內，必多用翻譯，豈能卽以此坐墨子爲印度人耶？

四曰，因道義與膚色不同被中國人排斥。衞君所謂因膚色不同而被排斥者，

經說上云『以人之有黑者，有不黑者，止黑人；與以有愛於人，有不愛於人，止愛人，是孰宜止？』……

……非攻上『今有人於此，少見黑曰黑，多見黑曰白，則必以此人爲不知黑白之辯矣。』

人之有黑者有不黑者止黑人，此特偶舉爲例，如當時「白馬」「黃牛」之類，不必視爲墨子自己辯護也。墨子卽使爲黑人，亦無以證其爲印度人，說已見前。至非攻上尚有『少嘗苦曰苦，多嘗苦曰甘，則必此人爲不知甘苦之辯矣。』白黑甘苦之辯，同爲譬喻，乃舉他物而以明之也。今以此證膚色不同而被排斥，昔人云，癡人前不可說夢。衞君固非癡人，其或神經過敏歟？

衞君又引小取篇：

此與彼同類，世有彼而不自非也，墨者有此而罪非之，無他故焉。以此爲道義不同，而被排斥。按墨家兼愛，而云「殺盜非殺人，」自陷於矛盾。故世有彼而不自非，墨者有此而罪非之也，是直道其所道，義其所義，而不可合世人之道義耳，豈以其道義來自印度而中國人加以排斥耶？

五曰因其自苦爲極，不合乎中國人的苟安性。夫墨子自苦爲極，固也，然以其出於賤人（平民）階級，故其刻苦精神非貴族或當時普通士人所能堪耳，非完全不合於中國人之性格也。近代顏元一派之儒學，亦與墨家之刻苦相類，亦驟盛而忽衰，豈能謂其非中國人乎？若求此種精神於中國以外，則應附會之於寒帶國度以內；至印度則不宜矣。蓋印度氣候多熱，物產豐富，人民習於苟安，卽有傑出之賢哲，若佛家及諸苦行外道，雖亦自苦爲極，大都以出世之精神爲之，故以世事爲煩，欲求解脫，又恐墮於輪迴，而希求永靜之「涅槃，」此種精神，與墨子席不暇煖，突不得黔，以救世之急者，豈復相類乎？是墨家自苦爲極，更不能謂其出於印度也。（衞君作墨子爲回教徒攷提要，正謂墨子之道，「均表現寒帶『以自苦爲極』的精神，」可見其說之未安而流於矛盾也。）

其他如墨子生卒年代，及墨學衰微原因，亦有與鄙見不同者，惟已詳上卷，茲不具論。由左列五事以觀之，則衞君就墨子行事及學術思想，推其爲印度人者，固無一而非僞證也。

以上就墨子小傳加以商榷，則墨子非印度人已可明白矣。此外本可存而不論；惟欲求詳盡，仍獻其疑，如左：

衞君作墨子引書攷，其要點曰：

『一　墨子所引的書，其逸文較先秦任何書爲多。

二　所引同一書的語句，音同而字不同，就字解釋，意義大乖，似爲譯音。

三　所引的詩書語句，不類中國文體。

就以上三點，雖不能證明墨子非中國人，但墨子的引書確是奇怪。此文發表後，可以引起人的注意及討論。——墨子爲印度人之又一證——』

衞君明言就以上三點不能證明墨子非中國人，但仍卽以此作墨子爲印度人之又一證，於此要點，自違其說，頗難解釋也。至其所舉三點，如所引的詩書語句，不類中國文體，一則墨家非樂，因以非詩，故引詩而散文化。二則墨子之敎義，行於賤人階級，欲求通俗，故引書而詰屈聱牙者則使白話化也。其理由詳上卷第三章

「墨子所引的書，其逸文較先秦任何書爲多。」此語似難成立。蓋衞君所用以比較者，僅左傳國語禮記三書耳。此三書爲儒家典籍，而據以攷其存逸者，又儒家所傳之詩與書也。儒家爲漢以來之正統學派，其所傳之典籍，爲士人所通習，故與墨子所引存佚不同。若在他家，其結果恐不如是。吾曾就管子所引詩書加

以攷察詩則全亡，書亦視墨子所引者亡逸爲多也。故其逸文止可謂較先秦儒家書爲多，而不得謂較任何書爲多，因其較管子固已爲少矣。

第二條要點，在文中分爲兩節：一曰書名太怪，似爲譯音。其例如下：

馴天明不解爲印度的 Sama Veda

三代不國爲印度的 Atharva Veda

距年與豎年爲印度的 Veda

按此絕不能成立。蓋 Veda 一名後世佛書中雖有吠陀，韋陀，違陀，毗陀，皮陀，薜陀，鞞陀，吠馱種種異譯，蓋以譯之者，派別不同，時代先後又異，故如是參差，然萬變未離其宗，與 Veda 兩音固相似也。今在墨子書中，時代與派別相距不遠，何以 Veda 兩音，或譯不解或譯不國，或譯距年，或譯豎年耶？此其一。「不」字尚可以古無輕脣音加以解釋，至「距」「豎」與 Ve，「解」「國」「年」與 da，則無論古今音皆不相類，此其二。以馴天明譯 Sama，以三代譯 Atharva，其音或多或少，與原文絕不相同，此其三。謂 Veda 譯爲『佛陀，』書中先後屢見，按 Veda 之譯已如上述，佛陀則爲 Buddha 之對音，非 Veda 也。（按 Buddha 雖有休屠，浮陀，浮圖，浮頭，勃陀，勃馱，部陀，母陀，沒馱，佛陀之異譯，似無以與吠陀相混者）此其四。以馴天與 Sa 音近，以三與 Athar 音近，謂『「年」爲古「禾」字，「禾」與「陀」音近，「豎」與「佛」音近，是「豎年」

即「佛陀，」』皆所未安者。（如年、說文云『穀孰也，从禾千聲。』春秋傳曰、大有秊。』不得即謂古禾字也。）此其五。以此五者言之，則上述三書名，決非印度字譯音也。衞君於印度學問及古文字聲音，決非如是之疏，特偶有所蔽而未暇詳審耳歟？

二曰書的內容大同小異，似爲譯義。以上面所謂散文化白話化言之，謂爲譯義可也；特所譯者古書，而非印度典籍耳。古書譯成今語，文字自有不同，如邶風靜女一詩，今人譯之者有顧頡剛，郭沫若，謝祖瓊，劉大白，魏建功，董作賓等十餘家（見古史辨第三冊下編）無一相同，即顧氏一人兩譯亦前後不同。特墨子時代引書，則不如今人視詩經之古，故各篇所引，相差尚不甚遠也。至於書中異文，或以聲近，或以義通，則在儒書中亦甚多，如尚書之費誓一篇，其名即有多種寫法，或作肸誓（史記魯世家）或作鮮誓（史記索隱言尚書大傳如此作）或作獮誓（史記集解引徐廣說）或作粊誓（說文及禮記周禮鄭注）乃其異文之最著者也。即「誓」一字亦有多種寫法，爲便於排印起見，茲不具列。詳王引之經義述聞第三誓字古文條。又如周書康誥：『殪戎殷，誕受天命。』左傳宣六年引周書亦作『殪戎殷。』說文歺部引古文作『壹戎殷。』禮記中庸作『壹戎衣而有天下。』鄭注『衣讀如殷，聲之誤也。』古文尚書之武成則作『一戎衣，天下大定。』僞孔傳云『衣，服也。一著戎衣而滅紂。』在儒書中，一語而異文之多，解釋不同，尚復如此，何疑於墨子引書，其內容大同小異乎？是則以墨子中引書之異文，而疑其著者爲印度人，決難成立矣。——故墨子引書攷所列之理由，實不能作「墨子爲印度人之又一證」也。

墨子引書不足以證墨子爲印度人，已如上述。衞君著墨子各篇的作期及其派別一文，亦欲證墨子爲印度人也。其墨子各篇作者的派別一節中有曰：

苦獲既有異音而已齒之名，不類中國，莊子天下篇列爲南方之墨，當非楚國，而爲印度人。

衞君謂苦獲卽伯夫的異譯，故有此說，其誤已指陳於前矣。（上卷第七章頁一四四）其以爲印度人者，大抵以墨家分三派，下派爲印度人苦獲己齒派，著作的各篇如左：

A. 尚賢下，尚同下，兼愛下，非攻下，節葬下，天志下，明鬼下，非命下。

B. 經上，經下，經說上，經說下，

C. 七患，辭過。

至其理由在A類則曰：

下篇的文法完全不類中國，非攻下有怪形的神，非中國的現象。節葬下說越之東輆沭國食長子，楚南炎人國朽肉埋骨，均非中國的風俗，而且非有交通中國的中原人，是不能知道的。

按下篇文法完全不類中國，此毫無根據。（詳上卷第三章及本卷第四章）非攻下怪形之神，亦左傳楚辭山海經所常有，山海經屈之爲印度人所作，左傳在前，衞君且視爲了夏作矣（見其所著古史研究第一集中）輆沭在越東，公尚過曾仕越，炎人在楚南，墨子曾屢至楚國，其弟子亦有楚人或仕於楚者，何爲楚南越東之事「中原人是不知道的」耶？且衞君以印度人大批至中國活動講學，而中國人則不許知道楚南越東之事，毋乃矛盾太甚歟？

其B類之理由則曰：

經上經說上經下經說下四篇，文體不類中國。而且所含的聲學光學力學等自然科學非中國所有。其書又係橫行書法，均非中國所有的現象。

此所謂文法不類中國，或以其字句太簡約歟？然衞君在A類理由中有曰：

中國人是『勿多言』的，是上篇係中國人作，每篇平均未滿千字，下篇係外國人作，每篇平均在二千字以上，超過上篇的一倍。

是則簡約正是中國人『勿多言』的習慣。彼以字多爲外國人作，此又以字少爲外國人作，則一節之內，自相矛盾矣。自然科學，在彼時環境有發生之可能與需要，『旁作』非卽橫行，不得謂非中國所有之現象也。說詳上卷第八章第四節

其C類之理由則曰：

七患有『五分之一，……五分之五』與中國十分之幾情形不同。……並有『重其子此疚於隊』倒裝文法。辭過對於住衣食行性的演變，說的很詳，這種情形，非看見落後民族的現狀，不能如此。按在

A條亦曰「數目爲五分之幾，非中國的現象。」

按古代生活簡陋，『落後民族的現狀』隨處可見，何必由印度至中國始能見之，所以疑辭過者，不免過辭矣。『重其子此疚於隊』王引之云『當作「此疚重於隊其子」』……今本顚倒，不成文義。』王氏此說，最爲可信。蓋七患全篇，文從字順，明白曉暢，何至此句獨倒裝如是之甚耶？即五分之五，亦以孫詒讓『疑當作五分之三』爲是。至謂與中國十分之幾情形不同，則頗失攷。蓋分數無所不可，豈能限中國人於十。如公羊昭三十一年云：

夏父受而中分之，叔術曰：「不可。」三分之，叔術曰，「不可。」四分之，叔術曰，「不可。」五分之，然後受之。

考工記則言五分者甚多，（如輪人：「五分其轂之長，去一以爲賢，去三以爲軹。」輈人：「五分其長，以其一爲之軓圍；」「五分其軫間，以其一爲之軸圍；」「五分其頸圍，去一以爲踵圍；」「五分其金而錫居一，謂之斧斤之齊；……五分其金而錫居二，謂之削殺矢之齊。」矢人：「兵矢田矢五分，二在前，三在後；」「五分其長而羽其一。」廬人：「凡爲殳五分其長，以其一爲之被而圍之；……五分其晉圍，去一以爲首圍；」「凡爲酋矛……五分其圍去一以爲晉圍。」車人「五分其長以其一爲之首；……五分其輪崇，以其一爲牙圍。」）計用「五分之幾」者，達十三次之多。此外如三分（輪人「參分其輻之長，而殺其一。」）四分（輈人「四分其金而錫居一。」）六分（輪人「六分其輪崇，以其一爲之牙圍。」以至九分匠人「九分其國，以爲九分，九卿治之。」十分輈人「十分其輈之長，以其一爲之圍。」十二分匠人「堂涂十有二分。」無所不有；惟以五分爲較多。安得謂「五分之幾」非中國所有，而爲印度現象乎？然此可曰公羊傳與考工記或晚出也，至左氏傳則衞君以爲子夏所作者，而隱公元年即有：

先王之制：大都，不過參國之一，中、五之一，小、九之一。

此皆用五分之徵也。豈均能否認之乎？且今人動言百分比，視古爲密，而十分亦視五分爲密。衞君所想像者印度文化高于中國也，何以言分數獨如是疏略耶？故衞君所以證墨子之作者爲印度人，觀此所言，可知其決不能成立也。至其所言作期，或不重要，或詳上卷所論，茲可略而不言也。

或曰，衞君所言墨子爲印度人，汝既批評之而言其不能成立矣。然此乃消極方面也，汝積極方面所以證墨子爲中國人者，其說安在？曰，予所作墨子之生平及其學派，即所以證墨子爲中國人也。閱者可取而觀焉。茲篇之作，則在破墨子爲印度人說而已，限于篇幅，不能詳陳積極之論證也。但墨子非印度人，其他尚有多端，可以證明，試申述於此：

一、許行，楚人也，孟子當其弟子陳相而詆之曰：

吾聞用夏變夷者，未聞變於夷者也。……今也南蠻鴃舌之人，非先王之道，子倍子之師而學之，亦異於曾子矣。……魯頌曰：「戎狄是膺，荆舒是懲。」周公方且膺之，子是之學，亦爲不善變矣。

許行在墨翟以後，楚國在今中國境內，孟子對之尚復以夷夏爲言。衞君以墨子爲印度人，身體形容服飾語言，均復大異其時去宗法社會尤近，時人獨能容忍，孟子反之亦無一言及此，豈有是理耶？

二、墨子之學，一切以平等爲宗旨，荀子所謂『有見於齊無見於畸』也。印度佛教，雖有平等之義，尚不如墨子之徹底。至婆羅門教則極注重其本階級利益，而壓抑他階級。如梨俱吠陀中之原人歌（Purusa sūkta）謂由原人之頭生婆羅門（Brahman）由肩生王族（Rājanya）由腿生吠舍（Vais'ya）由足生首陀羅（Sudra）即已露此消息者也。迨梵書（Erāhmana）時代，即婆羅門教確立之時代也。此種不平等傾向，益見激烈，而成爲社會制度矣。般遮雲夏梵書（Pañcavimsā Brahmana）竟謂四姓之間，保護神亦異；婆羅門之守護神爲祈禱主，殺帝利爲因陀羅丸爾那，吠舍爲一切神，首陀羅無守護神。故首陀羅只有義務而無權利也。墨子平等精神固與婆羅門教之階級壓迫者不合，即其言鬼言神，亦在保護平民，其鬼神固帶革命色彩也。法經（Dharma sutra）中規定婆羅門之責任與義務，即所謂三負債也。一曰，對於先聖，有學習吠陀之負債；二曰，對於諸神有祭祀之負債，三曰對於祖先有維持家系之負債。墨子雖祀神明鬼，其鬼神與婆羅門不同；墨子變古則無學習吠陀之虔誠態度；汲汲遑遑，兼愛無父，豈屑維持家系耶？墨子與婆羅門，細爲比較，無一不相剌謬，强相混合，豈非奇蹟！

三、談印度思想史者，（如高楠順次郎之印度哲學宗教史等）謂自西紀前五六世紀時，始婆羅門在文化上之地位，已經沒落；一切文明設施，悉出於王者之方針，而婆羅門不與焉。故在此時期以前，乃婆羅門文明，而此時期則剎帝利文明也。墨子時代正佛教光芒萬丈之時，墨子安得爲婆羅門教徒？蓋墨子如爲婆羅門教所派遣來華，則婆羅門教無此勢力；而彼以保守爲幟志之教，恐亦無此野心。如謂因印度佛教盛行，婆羅門教無所活動，故東來華土，則以墨子平日奮鬥犧牲之性格，彼豈示弱遠徙者耶？且以墨子生平攷之，吳未亡時，卽已講學，非攻中篇所謂『南則荊吳之王』是也。衞君謂其『至中國時在周考王初年。』『年當在四十歲左右，』然止楚攻宋，渚宮舊事並在楚惠王五十年以前，孫詒讓墨子年表繫於考王元年。若初至中國，則墨子雖才士，豈能深明中國文化？又豈能得禽滑釐等三百人爲之服役？況在此以前，已與公輸般論鈎拒耶？是則證以印度歷史與墨子事實，兩均不合也。

總結衞君三文中，所舉墨子爲印度人之證據，均不能成立，此非衞君之陋也，蓋攷史亦如演算，公式一誤，全盤均差。墨子實非印度人，如欲曲爲證成，雖得辯才無礙之律師如衞君者爲之辯護，所謂其馬雖良，無奈南轅北轍何也！

關於此問題，去春曾草一文，名曰墨子果印度或亞剌伯人歟，長萬餘言，藉以商榷。適友人爲某雜誌徵稿，乃舉以應之，不料竟爲該雜誌編輯部遺失。今日重寫，因興趣已減，證據不如前篇之豐，如先秦舊籍中管子等書引詩書之逸文，曾詳爲稽攷比較，並請統計專家製成表格，今則不暇再檢原書而爲之矣。惜夫！

第四章　駁墨子爲亞剌伯回教徒說

墨子爲亞拉伯回敎徒之說，發之者爲金祖同君，陳盛良君研究墨子文法，亦有以助成其說，衞聚賢君收金陳兩氏之論文於其古史研究第二集，商務印書館發行所作提要，更主張之，雖與其墨子爲印度婆羅門敎徒之說，互相牴牾，則未暇計及也。

金君作墨子爲回敎徒攷，所討論者有五：

一、墨子非中國人

二、墨子書爲宗敎家言論

三、墨子非佛敎及婆羅門敎

四、墨子爲回敎

五、墨子與回敎年代的問題

按墨子非佛敎及婆羅門敎，金君所見與鄙意正同。墨子書爲宗敎家言論，「仁者見仁，知者見知」吾國本有此說；西歐哲學家則有「戴黃眼鏡者，所見物皆黃」之喻；所戴如爲宗敎家之眼鏡，宜其所見墨子書皆爲宗敎家言也。墨子非中國人則拾胡懷琛衞聚賢兩君之牙後慧耳，不足深論。但胡衞兩君以墨子爲印度人，金君則以墨子爲亞拉伯人也，而所舉證據謂墨子長篇論文出於印度俗語，墨子之輿地觀念來自印度，墨子中之神話與傳說，乃熱帶產物，皆以證墨子爲印度人者。金君矛盾自陷，何爲一至此極耶？且此諸說本不能成立，如以兼愛中言禹治天下爲西北東南四方，與禹貢中國九州之系統不合，而印度則分世界爲四大部州，疑此爲墨子來自印度。殊不知四方乃常言，（詩大雅文王有聲、「自西自東自南自北、無思不服」等。）卽禹貢雖分九州，其總結則曰：「東漸於海，西被於流沙，朔（北也）南暨聲教，訖於四海。」墨子本未言四大部州，豈得云與禹貢不合乎？其他亦正類此，不必詳辯。惟所當注意者，回教傳至印度，乃在穆罕默德以後之事，此稍治印度史者均知之也。金君謂：

印度文因與佛教關係，今皆不習，然［有］許多甚古之經典，仍有譯自印度文者，可知當佛教未昌明時，必有習之者。而墨子或卽爲印度回教，其弟子亦皆印度人。

此種說法，頗越常識範圍，若非舉出眞憑實據，以助成其說，縱不疑金君所杜撰，或「想當然耳，」尚難遽得學者之信從也。至墨子爲回教，所舉證據，如此牽强，則任何宗教均可加以附會。如佛教徒，婆羅門教徒，固有人附會之矣，然金君附會之於回教，尚不如王闓運輩附會之於基督教，而謂耶源於墨，則教義史蹟，尤較密合也。故金君所述前列四項，均可存而不論矣。

吾人於此最當深究者，則「墨子與回教之年代問題」也。金君亦自知之，而恐引起一般人之疑慮，乃曰：

普通所知者，回教創始於穆罕默德聖人，在耶穌之後，核以中國年代，大約在陳宣帝太建三年，耶穌紀元五百七十年，與墨子相去甚遠。質我者將以爲大有力之證。

金君所以破此「大有力之證」者，首在迴護。曰：

不知穆罕默德實爲回教中最後之聖，而集大成者，故言回教必稱穆罕默德，猶之言儒家必稱孔子，不知孔子乃集堯舜禹湯文武之大成，淵源有自，固非手創也。回教亦然。

夫孔子本非宗教，但孔子以前，雖有堯舜禹湯文武，而中國近世所謂「三教」中之儒教，則完成於孔子。無孔子則無儒教，此不獨今文派經學家如此主張，吾人研究古代學術史實者，當知其非過言也。至穆罕默德以前之亞拉伯舊宗教果如何，此最難言。或曰：

於穆罕默德以前之阿剌伯，縱不得全稱爲非宗教的；然在當時，其缺少有支配人心勢力之宗教，則無可疑者也。

又曰：

回教勃興時，阿剌伯之信仰界，頗極紊亂紛擾，當時阿剌伯爲遊牧人，遷徙無常，然其崇拜之神則反是，爲一定不變者，毫不與部落之移住而行變遷，故前部落之神，留止於其地方，與後來部落之神，乃一混合糅雜，……故麥加偶像之數乃至數百焉。……致雜亂紛擾，毫無統一之堅固信仰，遂使阿拉伯之宗教墮落於迷信之中。

此宗教歷史研究者所言穆罕默德以前之阿剌伯宗教也。（加藤玄智著世界宗教史，有鐵錚譯本。）然回教中之學者，多不以此說爲然，往往爲之辭曰：

故謂穆罕默德爲纘羣聖之傳統，集伊斯蘭之大成，是誠當矣。如以創造回教之名，加諸穆罕默德之身；未免貽徇俗乖實之譏，不可不加察也。（馬鄰翼著伊斯蘭教概論）

其所以須加察於是者，則曰：

世之人，或謂回教創於穆罕默德，或謂回教爲耶教支流，皆失考之論也。（同上）

二說不同，孰爲可信？吾人不暇深考，亦姑徇俗而從歷史研究者之說可耳。蓋穆罕默德以前之亞拉伯宗教，若果即如穆氏改良以後之燦爛，則穆氏無事力闢偶像崇拜而大聲疾呼；彼麥加之人，又何爲誤會嘲笑，而終加以迫害耶？金君直視穆氏以前之宗教與穆氏建立之回教，以爲是一非二，毋乃抹煞穆聖在教中之地位歟？是金君之解釋未當也。（回教諸君注意，愚之此說，正所以推尊穆聖創造之功也，請勿誤會。）

金君恐亦自知其未當，乃更引證據以成其說，今不憚煩瑣，謹錄於此，曰：

據我經典，非議他人，恐人將目爲自是之談，不足信。今請先述埃及Egypt古史言曰：

據猶太史學家約瑟非師述懿濤之言曰：帖馬依與係埃及十三朝紀之王，王在位時，有回族自外而來，埃及軍隊不勝而退。厥後回族首長沙拉梯廣築城塞，更徵兵二十四萬，分戍各要塞，以備不虞。沙拉梯師在位十有九年而卒。……其後埃及之復興也，仍在替白斯 Thebes 境，其時米斯法默都爲埃王，大起傾國之師，與回族戰而勝之，遂復有埃及，乃勒令牧羊王 Sheep King（回族入埃及後，其王之名也）居塔尼司城。

此其所根據之史料也。金君旋即釋之曰：

按馬懿濤爲埃及史家，生西元前三百年，領祭司，以希臘文譯埃及文，著有古史考，……則其言爲可信已。穆罕默德在耶穌後五百七十年，馬懿濤在耶穌前三百年，是馬懿濤在穆罕默德前八百七十年，八百七十年前之史紀，回族已如此强盛，則回教之不創始於穆罕默德也明矣。

金君所引埃及古史不知何人所譯，未承示及，頗用歉然。但此所謂『回族』者，據西文書所載埃及史蹟，則並非『回教的民族』而爲 Hyksos 也。韋爾斯之世界史綱其中有埃及古史一節，述此事曰：

埃及被以遊牧爲生之人所征服，建「牧人朝」，所謂喜克索（Hyksos）（第十六）朝是也。後爲埃及土人所驅逐。事約在第一巴比倫帝國興盛之時，惟古埃及與巴比倫歷史上年期對照仍難確定。總之埃及人被征服久之，始羣起而驅退敵人。（漢譯本頁一二〇）

至喜克索或「牧人朝」(Shepherd Kings)之時代，邁爾氏通史謂大約在西紀前一九八五年至一五七五年，(Myers: General History)P.17.即1985—1575B.C.)大抵由後人推測而成，故不甚準確也。傅運森氏之世界大事年表於西紀前二一〇〇年則曰黑克索斯人略埃及，是歲乃所謂夏少康十九年辛酉也。於西紀前一六五〇年曰底比斯人復埃及逐黑克索斯。則當所謂商小甲十七年辛卯也。未知所據何書，要亦史家推測之一說耳。吾人已知回族乃 Hyksos 或譯喜克索，或譯黑克索斯，而非「回教的民族」則以此為回教不始於穆罕默德之證，固未足信矣。

金君又謂：

> 更按墨子，據梁啓超之說，以為生於周定王元年至十年之間，（西元前四六八至四五九）卒於周安王十二年至二十年之間，（西元前三九〇至三八二）正回族强盛之時，則遣教士由君士坦丁堡至蒙古汗國入中原，或由阿富汗印度而入中國傳教，亦非不可能之事。

以墨子時代『正回族强盛之時，』豈以所推埃及史家馬懿濤之年代，誤為 Hyksos （回族）之年代歟？殊不知喜克索佔埃及之時代，乃在中國夏少康至商小甲之四百餘年間耳，且其武力雖盛，文化甚低，故史家稱之曰『牧羊朝。』迨墨子時，則久已還亞洲本地，游牧於亞拉伯（伊斯蘭，）在歷史上匿迹銷聲，寂寂無聞，而謂派遣教士如墨子者，以入中國傳教，於此土既無根據，於彼邦亦非事實，欲不謚以夢囈，寧有是耶？

至墨家文化博大精深，又豈游牧之民所能產生耶？故墨子爲亞拉伯回教徒乃絕不可能之事也。金君雖竭力以彌縫其失，亦欲蓋而愈彰耳。（其所謂君士坦丁堡及蒙古汗國、在彼時狀況如何、金君亦注意及之否。）

金君所以攷墨子爲亞拉伯回教徒者，其不可信已如上述。陳良盛君作墨子文法的研究，洋洋數萬言，其主旨亦在證墨子非中國人，故其結論有曰：

墨子中下篇作者，或是外國人，而學習中國文字，因其文字沒有相當的訓練，所以文中便有非驢非馬的句子，雜揉附益於其間。否則作者必是中國人而精通外國文，耳濡目染，於不知不覺間，所做的文體便受了外國文體的影響。

又云：

墨子中下篇特殊文句，有與中國邊地民族及外國文句法相近，尤其是回文。

按此乃絕不足信之讕言，陳君用力雖勤，而此論實未安也。試言其故：

一曰，誤解古書。如節葬下云：

今唯無以厚葬久喪者爲政。

此「唯無」或作「唯毋」「雖毋」，墨子中曾迭見，其義即「唯」也。說詳王念孫讀書雜志，而孫詒讓墨子閒詁引焉。陳君不達此恉，乃於此句詫爲外國文法，而大發議論，曰：

這句話應改做『今之爲政者，若無以厚葬久喪』才合中國普通的文句。現做『今唯無以厚葬久喪者爲政』這是主詞倒裝了。按中國普通的文法，都是主詞居前，動詞居後。動詞居前，主詞居後，這樣文句是少見的，所以我在節葬下篇裏，找到了這樣特殊的文句，是很奇怪的。

若知「唯無」之義爲「唯，」陳君改爲「順裝」而意思完全「顚倒」矣。且此種句法，本文從字順，不獨墨子書中前後一致，卽如管子立政九敗解云：

人君「唯毋」聽寢兵，則羣臣賓客莫敢言兵。

人君「唯毋」聽兼愛之說，則視天下之民如其民。

人君「唯無」好全生，則羣臣皆全其生。

人君「唯無」聽私議自貴，則民退靜。

人君「唯無」好金玉財貨，必欲得其所好。

人君「唯毋」聽羣徒比周，則羣臣朋黨。

人君「唯毋」聽觀樂玩好則敗。

人君「唯毋」聽請謁任譽，則羣臣皆相爲請。

人君「唯無」聽諂讒飾過之言則敗。

用「唯無」者九，試問如何改爲順裝？豈管子亦外國文法耶？陳君所謂「這樣特殊的文句，是很奇怪的，」毋乃少見而多怪歟？要之，欲讀先秦古書，宜略通訓詁，以免誤解；若用躺在沙發椅上，讀申新兩報或論語半月刊的態度，以讀墨子，宜其視同外國文法也。陳君篇中此類妙論，頗復不少矣。

二曰未能盡例。如「若苟」二字，用爲假設連詞，陳君謂僅墨子中下篇內有之，遍引書經左傳以迄荀子，計十種之多，亦云無有，但就予記憶所及，則左傳言：

若苟有以藉口而復於寡君。（成公二年）

考工記亦云：

若苟一方緩一方急，則及其用之也，必自其急者先裂。若苟自急者先裂，則是以博爲帴也。（鮑人）

此皆用「若苟」爲假設連詞也。吾人如有暇晷，詳爲檢閱，恐尚不止此。其他各例，固不暇一一審察，大抵亦此類耳。夫內籀歸納之方，必事例既詳，然後著爲概說，始能極成而可信。陳君雖加以統計，劃成表格，看似完密；然事實既有未盡，而例外無以說明，則由此所推得之結論謂

墨子中下篇的特殊文句，不但在中國其他古籍裏找不到，就是牠的文法也是與中國其他古籍有異的。

以「若苟」爲例，則在左傳考工記諸古籍中，明明可以找得到，其文法亦與左傳考工記諸古籍無殊，此種

結論，尚足信乎？

　　三曰，未能求同。如尚同中下等篇有『何故之以也，』陳君遍查禮記及荀子諸書，以爲這樣疑問語句，乃古所未有者。殊不知左傳昭公十三年有曰：

　　　我之不共，魯故之以

杜氏注『不共晉貢，以魯故也。』『魯故之以』與『何故之以』二語，自文法上之見地言，原爲一致也，特『魯』與『何』一爲私名詞，一爲代名詞耳。又如尚賢中下等篇，有：

　　　於先王之書，呂刑之書然曰：

陳君謂：

　　　本來『於先王之書，呂刑之書然曰』這句話在中國的普通文句上，應改做『呂刑之書曰』才合。因爲『於先王之書』『呂刑之書然曰』意義都是一樣，在修辭上爲求簡練起見，『於先王之書』這句話都是應該刪去的。

此種刪改，已覺武斷，且謂書經國語莊子等十書，均無此種句法，是亦未之思耳。按『呂刑之書然曰』之『然』字，亦猶尚書中『王若曰』『微子若曰』『周公若曰』之『若』字，同訓『乃』也。『於先王之書』則所以解釋呂刑爲何書者，蓋墨子之學，乃行於賤人（平民）社會，不加說明，無以使當時淺學之民共喻也。惟他書則限僻書始加解釋耳。莊子逍遙遊篇有曰：

齊諧者，志怪者也，諧之言曰。

與墨子之句其意正同。若改莊子爲『於志怪之書，齊諧之言曰』或改墨子爲『呂刑者先王之書也，呂刑之書乃曰』則毫髮無異矣。故墨與莊此類用法不異，特解釋之語，一爲前加，一爲後附而已。更有於所引之書解釋尤詳者，國語魯語云：

昔正考父校商之名頌十二篇於周太師，以那爲首，其輯之亂曰「自古在昔，先民有作，溫恭朝夕，執事有恪。』

欲引商頌那篇而詳加解釋，蓋商頌本宋人所作，（清儒魏源及近人王國維說。）當時尚未通行，故貴族中智子服景伯與閔馬父相語及之，亦解釋不厭其詳也。至『稱曰自古，古曰在昔，昔曰先民，』文辭累贅，陳君在修辭上爲求簡練起見，又不知應該如何刪去也？由莊子魯語及尚書各例觀之，則「於先王之書呂刑之書然曰」其用正同，何疑其爲外國文法乎？

陳君於墨子文法的研究，其大弊在此，若他小小缺點，不暇縷述；則其所得結果，謂特殊文句，在中國其他古籍裏找不到牠的文法，與其他古籍有異，固不足信矣。

夫陳君之研究，其所得結論本不極成，以此不極成之結果，持與外國文法比較，則又犯一大弊，曰標準。

不善。標準者，墨家謂之儀法。墨子有言曰：

凡出言談由文學之爲道也，則不可而(以)不先立義法。若言而無義，譬猶立朝夕於員鈞之上也，則雖有巧工，必不能得正焉。（非命中）

陳君用墨子特殊文句與外國文比較者，有蒙古文，西藏文，回文，日文，英文；而謂尤與回文句法相近。然墨子書二千餘年前之古籍也，回文則今日通行之文字也，如與歐洲文字比較，則宜取希臘，拉丁之古文，而不可取後起之英文。今日與回文句法尤近，試問墨子時代，是否有回文？有之而文法結構如何？若不能與墨子時代之回文比較，而徒取今日之回文，縱曰極相近，則陳君雖巧，而立朝夕於員鈞之上，必不能得正焉而已矣。故陳君用墨子與外國文比較之結果，直可謂無結果也。

或曰：陳君所得之結果，汝既批駁之如是，然則墨子中下篇之文法，與其上篇或他種古籍獨無以異乎？曰：有。當時白話與當時雅言之異耳。其論證已詳上卷（見第三章）茲不必復陳。至謂乃外國文之關係，則陳君一人之謬言，不足信也。

夫金君以護教精神而作墨子爲回教徒攷，亦猶道教中人謂老子化胡，西涉流沙而有釋迦牟尼，雖乖史實，其用意固可原也。陳君之墨子文法的研究，雖多疵病，然一時興到之作，亦未矛盾自陷。獨怪衛君以攷史爲的，自應實事求是，而收此兩篇，則不免與其自說相違，殊可異也。如衛君之墨子小傳謂墨子「因其自苦爲極，不合乎中國人的苟安性，」是以熱帶之印度婆羅門教徒始能有此刻苦精神也。今作墨子爲回教徒攷提要則曰：

近寒帶的大陸，物產不富，居其地的人民，非刻苦勤作，不足以謀生存，故所產的回教，主用武力傳教，與耶教佛教以循循善誘不同。墨子的非樂節葬節用，均表現寒帶『以自苦爲極』的精神。

『自苦爲極』既爲寒帶的精神，則所謂印度婆羅門教徒之說，不攻自破矣。回教用武力傳教，金君固反對之而有所辯護，衞君若承認其武力傳教，而非循循善誘，則與墨子之兼愛非攻，根本相反，尙得謂墨子爲回教徒乎？蓋墨子之生地，既非熱帶，亦非寒帶，而爲溫帶中較寒之魯國，且出賤人，其性更能耐苦，自得其實强求之國外，故有此矛盾之現象也。

衞君作墨子引書攷，以爲『墨子爲印度人之又一證』矣，於墨子文法研究提要亦曰『我們不能以現代的回文與古代墨子作比，以其相近就說墨子爲回教徒。』但在墨子爲回教徒攷提要中則曰：

至若墨子中下篇文法與回文爲近，亦可爲墨子爲回教徒的一證。

如果此可作墨子爲回教徒之證，則衞君其他數十萬言之著述，所以證墨子爲印度人者，皆可拉雜摧燒之矣，因其均與此說相矛盾也。

要之：金陳衞三君所以證墨子爲回教徒者，或謬誤或矛盾，故不憚詞費，辯之如右；墨子之非回教徒，可以灼然明矣。至墨子爲中國人之積極證據，則拙作墨子之生平及其學派已詳爲敷陳，閱者如有興趣，可以參閱，無庸贅述於此也。

墨學餘論

此稿既寫成，閱時已十月，重讀之猶有餘義未盡，試擇其要者，論述之如左：

一　禮運大同之義源於墨家說

自清季以來，中國學者喜言大同之說，至今「天下爲公」等語，隨處可見，足見其影響之深也。然大同之義，雖見於禮記之禮運，實原於墨家。吾曩有此說，而聞者尙不甚信，茲更一爲詳陳其理。

按禮運曰：

大道之行也，天下爲公，選賢與能，講信修睦。故人不獨親其親，不獨子其子；使老有所終，壯有所用，幼有所長，矜寡孤獨廢疾者，皆有所養；男有分，女有歸；貨惡其棄於地也，不必藏於己，力惡其不出於身也，不必爲己。是故謀閉而不興，盜竊亂賊而不作；故外戶而不閉：是謂大同。

此卽大同說之梗概也。然此乃儒家之「史觀」，謂古代有此一境，而非其理想之所在。故

孔子曰：大道之行也，與三代之英，丘未之逮也，而有志焉。

鄭玄注云：「志謂識古文，」孔穎達疏：「志是記識之名。」是謂古記有此一說，而非其志趣也。故禮運篇中

之所道，非大道之行，乃大道既隱，天下爲家，「未有不謹於禮者，」「如此乎禮之急也；」所述皆大道既隱後之禮而已。

此種大同思想，儒家平日所未有，惟於墨家則甚合。如天下爲公，選賢與能，則尙賢之義也。講信修睦，則兼愛非攻之說也。不獨親其親，不獨子其子，則孟子所詆爲兼愛無父，漢書藝文志所譏推兼愛之極而不知別親疏也。老有所終，以至孤獨廢疾者皆有所養，男有分，女有歸，則節用節葬之效果，而七患辭過所陳之理也，墨家注重生產，故有此象貨惡其棄於地也，不必藏於己；力惡其不出於身也，不必爲己，則尤爲墨子所常言。如「有力疾以助人，有財勉以分人，有道勸以敎人，」就正面言之也。就反面言之，則「手舍餘力，不以相勞；隱匿良道，不以相敎；腐朽餘財，不以相分：天下之亂，至如禽獸然。」此則愛而利之，乃不必藏於己，不必爲己也。謀閉不興，盜竊不作，外戶不閉，則「刑政治，萬民和，國家富，財用足，百姓皆得煖衣飽食，便寧無憂」也。大同之義雖與尙同不同，其名或與尙同有關。大同說與墨家之關係，觀此可以恍然矣。惟儒家以大同爲歷史上已過去之一境界，故偶爾說及，而不必求其實現也。墨家則以兼愛社會爲其理想，而欲實現之於今日明朝，故汲汲皇皇以奔赴之，此其大不同者耳。

以上乃就禮運與墨子書，兩相比勘，直接推證者也。此非予一人之私言，由宋儒以至今日之學者，知之者固甚多也。呂祖謙與朱元晦熹書曰：

蜡賓之嘆，自昔前輩共疑之，以爲非孔子語。蓋不獨親其親，子其子，而以堯舜禹湯爲小康，其眞是老聃墨翟之論。

是呂氏亦以此爲墨翟之論也。梁漱溟有禮運大同說之可疑論，其言曰：

我在民國五年夏天的時候，曾把孔家經籍都翻一遍，自覺頗得其意，按之於書，似無不合；祇有禮運大同一篇看着刺眼，覺得大不對。……所有孔子的話，我們都可以貫串爲一綫，祇有這裏就衝突了。不過我也疏於考證，無法證明他是假的，祇懷疑在心而已。後來才看見吳虞先生給陳仲甫先生一封信說及此事：（信略）

吳先生和他所舉諸家的話，其意思不必與我們同，然大家雖各有各的看法，都是覺得這個東西不對是同的。這篇東西其氣味太與孔家不對，殆無可辯。晚世所謂今文家者如康長素之流，其思想乃全在此。……他們根本不曾得到孔家意思，滿腹貪羡之私情，而見解與墨子，西洋，同其淺薄，所以全不留意孔子是怎樣大與釋迦，墨子，耶穌不同，而一例稱道，攪亂一團。（中西文化及其哲學頁一三五）

禮運大同說是否淺薄，別爲一問題，梁氏所謂與孔子的話相衝突，氣味與孔家不對，而見解與墨子同，『殆無可辯』矣。

或曰：孔子原有『均無貧，和無寡，安無傾』之說，禮運乃由此推衍，不得謂大同之義，非儒家所有也。按均無貧之說，見於論語季氏篇，其書亦正可疑，如章首「季氏將伐顓臾，冉有季路見於孔子，」朱熹集注云：「按左傳史記，二子仕季氏不同時，」是已疑之矣。淸儒崔述辯之尤力，曰「季氏篇文多俳偶，全與他篇不倫，而顓臾一章，至與經傳牴牾。……且孔子者，對君大夫之稱，自言與門人言則但稱『子』，此論語體例也。而季氏篇章首皆稱孔子，……尤其顯然而可見者。」（洙泗考信錄卷四遺型）顓臾章既不可信，則孔子是否有「均無貧」之語，亦正難言；然則謂大同說非孔門所有，是非過言也。

或者又曰：禮運大同說，如非儒家所有，安知不出於道家？呂氏固認爲老聃墨翟之論矣，吳虞亦有儒家大同之義本於老子說，引證甚廣，而汝獨謂原於墨家，豈非有所阿黨歟？曰：世以爲原於道家者，因鄭氏注禮運，曾引老子耳。殊不知黃老之學盛於漢世，而墨學已亡，鄭氏亦僅習聞老子之說，而未嘗注意墨子書也，故有是說。宋以來儒者亦多如是，其不知源於墨家，固無足怪也。且據近人考證，老子之學實後於墨翟；然則道家理想之邦，至治之世，雖謂受墨家之影響，亦無不可。至禮運大同說之源於墨家，似無可疑矣。

二　墨子與革命思想

有以墨子爲反革命派者，此乃郭沫若之言也，予曾引其說而加以商榷矣。（詳上卷第九章）頃見郭氏屈原時代一文，則於墨子之觀察，與前不同。其言曰：

在春秋末年，……文化的主體由後進的君子轉到了先進的野人，由統治者階級轉到了被統治者階級。當時的兩大學派的領袖孔子和墨子都是宋人而居於魯者。他們這些人物，由周人的立場上說來都是奴隸的子孫。近人有解釋墨子之墨爲刵墨之墨的，則墨子還是刑餘之人。儒家稱道堯舜，主張「有德者必在位」的哲人政治，墨家祖述夏禹，提倡尙賢尙同兼愛非命，在當時。都是反貴族的。革命思想。他們都不認周人爲絕對的權威，要在周人所誇耀的文武之上提出些偉大的傳說人物來。他們所用的表現思想的工具也是當時的白話，這是應該注意的。凡用「焉哉乎也」爲語助的這種文體，在現今看來雖是文言，而在春秋戰國時却是白話。周人的臺閣體的文字如誥命雅頌以及金文，「焉哉乎也」的語助幾乎是絕對不使用的。到了春秋戰國便猛然一變。那時候的文體的變革和近代的文學革命，由文言文改爲白話文的，實在是毫無二致。（文學第六卷第二號）

按墨子是否宋人及刵墨之墨，尙有問題，已詳拙著內（見上卷第一章及下卷第一章附論）其謂墨子爲「反貴族的革命思想」則確不可易也。即在語文方面，墨子書中多方言，視儒書尤白話化矣。因予書上卷已寫成，不欲改易，故節錄郭氏新說於此，以供參閱。

三　墨子與宗教戰爭

章炳麟蓟漢微言中，於墨子甚爲不滿而加以詆訾曰：

中國之民，徇通而少執著，學術宗教善斯受之，故終無涉血之爭。獨墨子主兼愛尚同尊天明鬼，而一人一義，在所必誅。其言非攻，亦施於同義者爾，苟與天志殊者，必伐之，大戮之，此莊生所謂中德者已。莊生云「爲義偃兵，造兵之本。」何者？常戰所因，徒爲疆場財利之事，勝負既決，禍亦不延。而爲宗教戰爭者，或亙數百年而不已。常法偃兵，如向戌宋牼所爲，或無大效，要之亦無害耳。其爲天志大義而偃兵者，非徒無效，又因以起宗教戰爭，是以爲兵之本。卒以非樂之故，其道大觳，墨學不用於世，自不然者，墨子之教實與天方基督同科，而「十字軍」之禍，夙見於禹域矣。（頁二十九）

是以墨子之學足致宗教戰爭也。章氏又曰：

墨子造攻之見，見其非儒諸篇。前此孔老並生，外有鄭子產之流，已見法家端緒，而未嘗以異同相爭也。自墨子强欲爲同，始與儒家爲敵，名爲非攻，豈非造攻之首乎？幸其不用，未至與戎也。（同上）

按蓟漢微言，章氏口說於縶居北京之日，由其弟子筆述，此或有所感慨而爲憤激之論也。否則其毀墨子已嫌過當，又與其平日之言論相戾矣。尚同固多可議，而謂一人一義，在所必誅，已稍過矣。非攻施於同義，苟與天志殊者必伐之，大戮之，此與事實不符。墨子嘗非楚之攻宋，伐鄭矣；非齊之太王項子牛攻魯矣。齊楚爲其所屢游之地，魯雖爲其祖國，宋鄭非必親於齊楚也。其「天志」何殊於齊楚與宋魯鄭乎？而謂必伐之，大戮之者，果何據耶？所謂天志大義，以起宗教戰爭，事已無徵，安可逆探未然而罪之耶？徇通而少執著，學術宗教善斯受之，乃章氏往日所反對。其所著諸子學略說有曰：

中國學說，其病多在汗漫。春秋以上，學說未興；漢武以後，定一尊於孔子，雖欲放言高論，猶必以無礙孔氏爲宗。强相援引，妄爲皮傅，愈調和者愈失其本眞，愈附會者愈違其解故。故中國之學，其失不在支離而在汗漫。自宋以後，理學肇興，明世推崇朱氏，過於素王；陽明起而相抗，其言致良知也，猶云「朱子晚年定論」。孫奇逢輩，遂以調和朱陸爲能，此皆汗漫之失也。

嚮所謂汗漫之失，非今所謂徇通耶？儒家尤爲汗漫，則章氏反對尤力。曰：

孔子干七十二君，已開游說之端，其後儒家率多兼縱横者。其自爲說曰，「無可無不可：」又曰，「可與立，未可與權；」又曰，「君子之中庸也，君子而時中。」孟子曰，「孔子聖之時者也。」荀子曰，「君子時詘則詘，時伸而伸也。」（見仲尼篇）然則孔子之教，惟在趨時，其行義從時而變。故曰「言不必信，行不必果。」……其詐僞既如此，及其對微生畝也，則又以疾固自文。此猶孫叔通對魯兩生曰，「若眞鄙儒，不知時變也。」所謂中庸，實無異於鄉愿。……君子時中，時伸時詘，故道德不必求其是，理想亦不必求其是，惟期便於行事則可矣。用儒家之道德，故艱苦卓厲者絕無，而冒沒奔競者皆是。……用儒家之理想，故宗旨多在可否之間，議論止於函胡之地。……儒術之害，則在殺亂人之思想，此程朱陸王諸家所以有權而無實也。嚮所謂趨時，兩胡甚至詆為詐偽者，又非今之所謂徇通耶？

至謂墨子非儒諸篇乃其造攻之見，如以此為罪，則孟子之「非墨，」猶視墨家為甚。而荀子之非十二子，其攻人尤甚墨孟矣。章氏於此種態度，向日不獨未加反對，且備致讚許，其言有曰：

周秦諸子，推迹古初，承受師法，各為獨立，無援引攀附之事。雖同在一家者，猶且矜己自貴，不相通融。故荀子非十二子，子思孟軻，亦在其列；或云子張氏之賤儒，子游氏之賤儒，子夏氏之賤儒，詬詈嘲弄，無所假借。……此可見當時學者，惟以師說為宗，小有異同，便不相附，非如後人之忌狹隘，喜寬容，惡門戶，矜曠觀也。蓋觀調和獨立之殊，而知古今學者遠不相及。……古學之獨立者，由其持論強盛，義證堅密，故不受『外熏』也。……諸子……所學者，主觀之學，要在尋求義理，不在攷迹異同。既立一宗，則必自堅其說，一切載籍，可以供我之用，非束書不觀也。雖異己者，亦必睹其籍，知其義趣，惟反復辯論，不稍假借而已。（外熏乃佛家語，見所引成唯識論。）

是今以為造攻之首者，嚮以為獨立之學所當然也。何必強獨立者而調和之乎？且嚮謂「墨子之道德，非孔老所敢窺視，」今此云云，直抹煞墨子之人格矣，何耶？

要之，章氏之書乃幽憂時之微言，或懲袁氏獨裁專制之弊，故於墨子尚同之義，深加譴責。豈所謂定哀之間多微辭歟？此則不暇深究矣。

四 「惠施與墨家」考辨

頃見錢穆先秦諸子繫年考辨，其中甚多獨得之見，足以顛撲不破者。惟勇於假設，極不可信者，亦所在多有也。關於墨家方面，大抵與其舊所著「墨子」一書相同，新說尚少。以許犯爲許行，田繫爲田鳩，予已辨之於上卷（第七章）矣。今又以呂氏春秋順說篇對宋康王以「孔墨之道」之惠盎，謂卽惠施之字（見考辨一〇八）乃濫用王引之春秋名字解詁之例，其失與犯行鳩繫等也。呂氏不屈篇盛毀惠施者，（引見上章第八章）則謂呂氏書成於衆手，『竊疑其誣』而極力辯之。（考辨九三）蓋以先已坐定惠施爲墨徒，故有此疑也。呂氏春秋雖成於衆手，其毀惠施則前後一致。墨家多非儒毀孔，惠盎對以孔墨之道，雖曰「順說」而然，究不能卽定盎爲墨家也。盎未必爲施，施之非墨家，況除呂覽以外，更有莊子之言可證耶？

民國二十六年四月印刷
民國二十六年四月發行

大學用書 墨學源流（全一冊）

◎實價國幣一元八角
（郵運匯費另加）

著者 方授楚
發行者 中華書局有限公司 代表人 路錫三
印刷者 上海澳門路 中華書局印刷所
總發行處 上海福州路 中華書局發行所
分發行處 各埠 中華書局